KB141198

한 권으로 끝내는
아두이노 입문 + 실전(종합편)

기초부터 수준 높은 프로젝트까지

한 권으로 끝내는

아두이노 입문 + 실전(종합편)

기초부터 수준 높은 프로젝트까지[아두이노 키트 22,900원 특별가]

초 판 발 행 | 2019년 02월 25일
초판 7쇄 발행 | 2022년 10월 20일

지은이 | 서민우 · 박준원
펴낸이 | 김병성
펴낸곳 | 앤써북

출판사 등록번호 | 제 382-2012-0007 호
주소 | 경기도 파주시 탄현면 방촌로 548번지
전화 | 070-8877-4177
FAX | 031-942-9852
도서문의 | 앤써북 http://answerbook.co.kr

가격 | 20,000원
ISBN | 979-11-85553-49-8 13000

[안내]

• 책에서 설명한 사례 그림 또는 캡처 화면 일부가 모자이크 처리되어 있는데, 이는 각 콘텐츠 개발사와 창작자의 권리를 보호하기 위해서입니다. 책을 보시는데 약간의 불편함이 있더라도 이점 양해바랍니다.

• 이 책은 다양한 전자 부품을 활용하여 예제를 실습할 수 있습니다. 단, 전자 부품을 잘못 사용할 경우 파손 외 2차적인 피해가 발생할 수 있으니, 실습 시 반드시 책에서 표시된 내용을 준수하여 사용해야 함을 고지합니다.

• 아두이노 키트 가격은 판매업체(코코랩스)의 사정 또는 부품 가격 변동에 따라 판매 가격이 변동될 수 있음을 안내드립니다. 구매 전 코코랩스에서 가격을 확인 후 구매하시기 바라며 가격 변동이 책 반품 사유가 될 수 없음을 안내드립니다.

Preface

머리말

아두이노를 주제로 독자 여러분과 다시 만나게 되어 반갑습니다. 이 책은 아두이노 입문으로 시작하여 실전 프로젝트로 끝납니다. 독자 여러분들이 시작은 쉽게 그러나 끝은 프로그래밍 실력을 갖출 수 있도록 책의 내용을 구성하였습니다. 이 책은 일관되게 아두이노의 속도에 초점을 맞추고 있습니다. LED를 깜빡이는 속도, 여러 개의 LED를 순차적으로 켜고 끄는 속도, 7 세그먼트의 각 LED를 순차적으로 켜고 끄는 속도, 도트 매트릭스의 LED 열을 순차적으로 켜고 끄는 속도를 점점 빨리함으로써 동시에 LED가 켜진 것처럼 느끼게 됩니다. 이 과정에서 독자 여러분은 빠른 속도에 의한 동시성의 원리를 알게 됩니다.

이 책은 다음과 같이 구성되어 있습니다.

Chapter 01에서는 아두이노에 대한 소개, 이 책에서 사용할 키트, 아두이노 개발 환경 구성, 아두이노 스케치 구조, 아두이노 핀에 대해 소개합니다.

Chapter 02에서는 아두이노 초수가 되기 위한 준비를 합니다. 아두이노가 사용자에게 메시지를 보내는 방법, LED를 깜빡이는 방법, LED 회로 구성방법, LED의 밝기를 조절하는 방법에 대해 소개합니다.

Chapter 03에서는 아두이노 중수가 되기 위한 준비를 합니다. 아두이노가 사용자 명령을 받는 방법, 버튼을 읽는 방법, 센서를 읽는 방법, 멜로디 연주 방법, 서보를 움직이는 방법, 초음파 센서를 이용하여 거리를 측정하는 방법을 소개합니다.

Chapter 04에서는 아두이노 고수가 되기 위한 준비를 합니다. Timer1 라이브러리를 이용하여 사각 파형 (PWM)의 원리를 이해해 보고, 외부 인터럽트와 핀 신호 변화 인터럽트에 대해 살펴봅니다. PWM의 원리와 인터럽트의 원리를 안다면 여러분은 아두이노의 고수라고 할 수 있습니다.

Chapter 05에서는 디스플레이 삼총사인 7세그먼트, 4자리 7세그먼트, 도트 매트릭스를 다루는 방법을 살펴봅니다. 도트 매트릭스를 이용하여 벽돌 깨기 애니메이션도 구현해봅니다.

Chapter 06에서는 도트 매트릭스를 이용하여 벽돌 깨기 게임 프로젝트를 수행해봅니다. 프로젝트를 수행하기 위해 필요한 millis 함수에 대해서 자세히 살펴보고, 사용자 정의 클래스도 만들어봅니다.

이 책에서는 아두이노를 활용하기 위한 C/C++ 언어에 대해서도 Special page를 통해 소개하고 있습니다. 독자 여러분은 C/C++ 언어의 여러 가지 요소의 필요성을 아두이노를 통해 느끼게 될 것입니다. 그 과정에서 C/C++ 언어에 대한 실력도 갖추게 될 것입니다.

이 책을 통해 독자 여러분이 아두이노를 활용한 프로그래밍의 재미를 느끼기를 바랍니다. 쉽게 시작하여 프로젝트를 수행할 수 있는 실력까지 갖출 수 있기를 바랍니다.

저자 씀

독자 지원 센터

책을 보시면서 궁금한 사항, 활용하시는 데 필요한 모든 것을 앤써북 독자지원센터에서 도와드립니다.

책 소스/자료받기

이 책과 관련된 모든 소스 파일은 앤써북 카페(http://answerbook.co.kr)의 [책 소스/자료 받기]–[책 소스 파일 받기] 게시판에서 "[소스 다운로드] 한 권으로 끝내는 아두이노 입문+실전(종합편)" 게시글에서 다운로드 받을 수 있습니다. [카페 가입하기] 버튼을 클릭하여 회원가입 후 다운로드 받습니다.

실습 동영상 보기

이 책의 실습 결과 동영상들은 유튜브(https://www.youtube.com)에서 "한 권으로 끝내는 아두이노 입문+실전(종합편)"을 검색하면 확인할 수 있습니다. 또는 앤써북 유튜브 채널(₩ https://www.youtube.com/answerbook01)에서 확인할 수 있습니다. 단, 실습 동영상은 순차적으로 제작해서 등록됩니다.

독자 문의

책을 보시면서 궁금한 점에 대해 서로 의견을 공유하고 질의응답 내용을 확인할 수 있고, 그 래도 궁금한 점이 해결되지 않으면 앤써북 카페(http://answerbook.co.kr)의 [독자 문의]– [책 내용 관련 문의] 게시판에 문의하세요. [카페 가입하기] 버튼을 클릭하여 회원가입 후 게 시판의 [글쓰기] 버튼을 클릭한 후 궁금한 사항을 문의합니다. 문의한 글은 해당 저자에게 문 자로 연결되어 이른 시간에 답변을 받아 볼 수 있습니다.

질문 글 작성 시 어떤 책과 관련된 질문인지 알 수 있도록 제목에 다음과 같이 "[책명]질문 내 용"을 작성해주세요. 여기서는 "[아두이노 입문+실전(종합편)]질문 내용"과 같이 작성합니다.

게시판	책 내용 관련 문의 ∨	말머리선택 ∨	말머리추가 ☐ 공지로 등록	
제목	[아두이노 입문+실전(종합편)]34페이지_아두이노 컴파일 오류 질문입니다.			임시 저장된 글 (3)
파일첨부	🖼 사진 ▶ 동영상 🔞 ◉ 지도 🗐 일정 🔗 링크 📎 파일 📊 투표 ◉ 음악			

Appendix

한 권으로 끝내는 아두이노 입문 + 실전(종합편) 키트 전체 부품

다음은 이 책에서 아두이노 실습 시 사용하는 전체 부품입니다. 부품은 〈한 권으로 끝내는 아두이노 입문+실전 (종합편) 키트〉에 모두 담겨 있습니다. 자세한 사항은 34~35 쪽을 참조합니다.

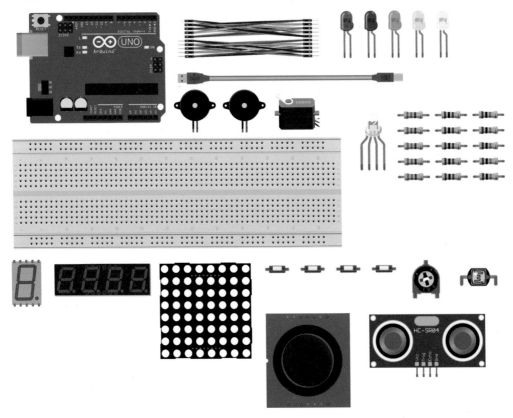

> ◘ **한 권으로 끝내는 아두이노 입문+실전〈종합편〉 키트 :** [한 권으로 끝내는 아두이노 입문+실전(종합편) 키트]에는 도서에서 설명하는 구성품을 모두 담고 있습니다.
>
> ◘ **키트 구매처**
> • 코코랩스 : http://www.kocolabs.co.kr
> • 키트명 : [한 권으로 끝내는 아두이노 입문+실전(종합편) 키트]
> • 가격 : ₩22,900원 (특별가)

부록으로 제공되는 아두이노 자율주행 RC카 키트 소개

다음은 아두이노 자율주행 RC카입니다. 이 책을 모두 공부하고 나서 좀 더 활동적인 프로젝트 수행 시 활용할 수 있습니다. 책의 뒷부분에 부록으로 아두이노 자율주행 RC카 기본 구동 예제를 수록했으니 필요할 경우 살펴보시기 바랍니다.

▲ 아두이노 자율주행 RC카 모습

▲ 메카넘 휠을 장착한 아두이노 자율주행 RC카의 모습입니다.

➡ 아두이노 자율주행 RC카 키트

[아두이노 자율주행 RC카 키트]에는 부록으로 제공하는 아두이노 자율주행 RC카 구성품을 모두 담고 있습니다.

➡ 키트 구매처

- 코코랩스 : http://www.kocolabs.co.kr
- 키트명 : 아두이노 자율주행 RC카 키트

아두이노 자율주행 RC카 부품 구성

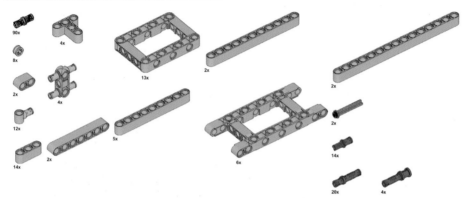

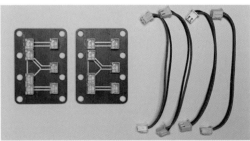

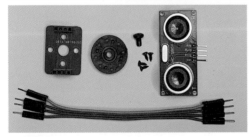

※ 초음파 센서 조립용 볼트 규격은 M1.7 x 5mm입니다.

※ 서보 모터 조립용 볼트 규격은 M3 x 14mm입니다.

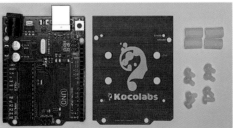

※ 볼트 규격은 M3 x 5mm, 지지대는 M3 x 10mm입니다.　　※ 배터리는 18650, 3A입니다.

Contents
목 차

Contents
목 차

Chapter 02

아두이노 초수되기

Contents
목 차

Contents
목 차

Chapter 03

아두이노 중수되기

Contents

목 차

Contents
목 차

Chapter 04

아두이노 고수되기

Contents

목 차

Contents
목 차

Chapter 05

디스플레이 삼총사 활용하기

Contents

목 차

Contents

목 차

Chapter 06

아두이노 프로젝트

Contents

목 차

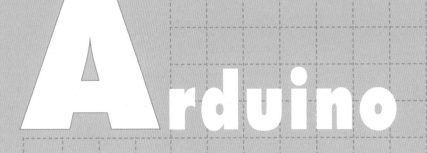

이번 장에서는 아두이노에 대해 알아보고, 아두이노를 이용한 프로젝트를 살펴보고, 이 책에서 사용할 키트를 살펴보고, 아두이노 개발 환경을 구성하고, 아두이노 스케치 구조를 살펴봅니다.

아두이노 기초 다지기

아두이노 기본기 다루기

여기서는 아두이노가 무엇인지 이해하고, 아두이노를 작동시키기 위한 준비물은 무엇이 있는지 알아본 후, 아두이노 I/O 보드 구성을 알아봅니다.

01 _ 아두이노란 무엇인가?

아두이노는 2005년 이탈리아의 IDII(Interaction Design InstotuteIvera)에서 하드웨어에 익숙치 않은 학생들이 자신들의 디자인 작품을 손쉽게 제어하기 위해 고안되었습니다.

다음은 가장 대중적인 아두이노 우노 보드입니다.

아두이노는 입력(센서), 출력(제어)을 할 수 있는 마이컴을 갖춘 소형 컴퓨터입니다.

※ 마이컴이란 micro–computer의 약자로 센서 입력이나 모터 제어 등의 하드웨어 제어용으로 사용하는 소형 컴퓨터를 말합니다.

아두이노는 회로가 오픈소스로 공개되어 있으므로 누구나 직접 보드를 만들고 수정할 수 있습니다.

아두이노는 다양한 스위치나 센서로부터 입력 값을 받아들여 LED나 모터와 같은 전자 장치들로 출력을 제어함으로써 환경과 상호작용이 가능한 물건을 만들어 낼 수 있습니다. 예를 들어 단순한 로봇, 온습도계, 동작 감지기, 음악 및 사운드 장치, 스마트 홈 구현, 유아 장난감 및 로봇 교육 프로그램 등의 다양한 제품들이 아두이노를 기반으로 개발 가능합니다.

아두이노는 다음과 같이 스위치나 센서로부터 다양한 입력을 받습니다.

※ 오픈소스란 기술을 공개하고 누구나 자유롭게 기술을 수정하고 배포 및 공유할 수 있는 것을 의미합니다.

아두이노는 다음과 같이 LED나 부저 등으로 다양한 출력을 내보냅니다.

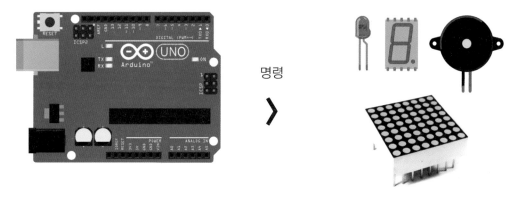

02 _ 아두이노로 무엇을 할 수 있을까?

아두이노를 이용하면 우리가 상상하는 많은 것들을 만들 수 있습니다. 아두이노를 컴퓨터에 연결한 후 명령어(코드)를 작성하여 메모리에 업로드하면 기판에 연결한 다양한 센서나 모터 등의 장치를 제어할 수 있습니다. 예를 들어, 온도 측정 센서와 모터를 연결하여 비닐하우스를 제어하는 시스템을 만들 수 있습니다. 비닐하우스 내에 있는 작물을 키우는데 일정 온도 이상 올라가면 온도를 내려달라는 문자를 요청하거나 자동으로 비닐하우스를 개방시키도록 할 수 있습니다. 온도가 원하는 온도일 경우엔 정상이라는 문자를 보내도록 할 수 있습니다. 또 실생활에 필요한 로봇을 만들 수도 있습니다. 예를 들어 로봇 청소기, 애완동물에게 정해진 시간에 먹이를 주는 장치, 광량에 따라 베란다나 거실의 커튼을 자동으로 열었다 닫았다 할 수 있는 기구 등 실생활에 활용할 수 있는 다양한 장치나 기구들을 만들 수 있습니다. 이런 기구들은 하드웨어에 대한 고도의 지식을 요구하지 않습니다. 일반인들도 아두이노에 대해서 조금만 공부하면 직접 이런 장치를 만들 수 있습니다.

02-1 아두이노 프로젝트

다음은 아두이노를 이용한 몇 가지 프로젝트입니다.

❶ 쿼드콥터 프로젝트

❷ 스마트 RC 자동차 프로젝트

❸ 이족 로봇 프로젝트

❹ 밸런싱 로봇 프로젝트

❺ 6족 로봇 프로젝트

이 외에도 다양한 분야에서 아두이노를 활용할 수 있습니다.

02-2 아두이노 프로젝트 키트

다음은 손쉽게 구성할 수 있는 아두이노 프로젝트 키트입니다.

❶ 스마트 화분 키트

아두이노, 토양 수분 센서, LCD 모듈, 펌프 모터 등을 이용하여 화분의 수분량을 측정하고 표시하며
물이 부족하면 모터를 이용하여 물을 공급할 수 있는 키트입니다.

▲ 스마트 화분 키트 완성품　　▲ 스마트 화분 키트 부품

❷ 물고기 밥 주기 키트

아두이노, 물고기 밥 주는 기구, RGB 센서, LCD 모듈 등을 이용한 물고기 밥 주기 키트입니다. 물고기 밥 주는 기구 내부에 있는 스위치가 눌린 것이 감지되면 일정 시간 이후 모터가 다시 한 바퀴를 회전하여 통 안에 있던 물고기 밥이 나오게 합니다. 스위치 값을 LCD를 통해 확인할 수 있으며 RGB LED로 알려줍니다.

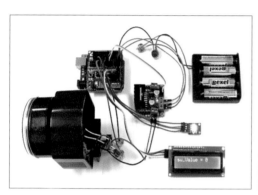

▲ 물고기 밥 주기 키트 완성품

▲ 물고기 밥 주기 키트 부품

❸ 가스 감지 키트

아두이노, 가스 감지 센서, LCD 모듈, 서보 모터 등을 이용하여 유해 가스를 감지할 수 있는 키트입니다. 가스 감지 센서가 가스를 감지하면 그 값을 LCD에 표시하고 지정한 값을 넘어가면 부저와 RGB LED로 알려주며 서보 모터를 돌려 가스 밸브를 잠급니다.

▲ 가스 감지 키트 완성품

▲ 가스 감지 키트 부품

❹ 미세 먼지 키트

아두이노, 미세 먼지 센서, 온습도 센서, LCD 모듈, 펜 모듈 등을 이용하여 실내 온습도와 미세먼지 값을 측정하고 LCD에 표시한 후 기준 값에 맞게 부저를 울려주고 RGB LED로 알려주는 아두이노 미세먼지 키트입니다.

▲ 미세 먼지 키트 완성품　　　　　　▲ 미세 먼지 키트 부품

이상 아두이노 프로젝트 키트에 대해서 살펴보았습니다. 위에서 소개된 4가지 아두이노 키트들은 코코랩스(http://www.kocolabs.co.kr)의 제품을 참조하였습니다.

03 _ 아두이노를 작동시키기 위한 준비물

아두이노를 작동시키기 위해서는 아두이노 보드, 아두이노 소프트웨어, 브레드보드와 점프선 및 기타 부품 등이 준비되어 있어야 합니다. 각각의 준비물의 특징에 대해서 알아봅니다.

03-1 아두이노 보드

아두이노는 하드웨어 구조가 모두 개방된 오픈소스 플랫폼이기 때문에 다양한 종류의 공식 보드들이 있고, 그 공식 보드들과 호환되는 수많은 보드들이 있습니다. 대표적인 공식 아두이노 보드에 대해 살펴봅니다.

❶ 아두이노 우노(Arduino Uno)

- 가장 많이 사용되는 기본적인 아두이노 보드이며, 이 책에서 사용하는 아두이노 보드입니다.
- 8 비트 atmega328p 마이컴을 사용합니다.
- 보드의 핀 배열이 표준과 같이 사용됩니다.

❷ 아두이노 나노(Arduino Nano)

- 아두이노 우노 보드와 거의 동일한 구성이고, 우노 보드보다 크기가 훨씬 작습니다.
- 8 비트 atmega328 마이컴을 사용합니다.
- USB 2.0 미니 B 타입의 케이블을 사용합니다.

❸ 아두이노 레오나르도(Arduino Leonardo)

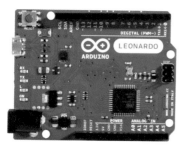

- USB 기능이 내장된 8 비트 atmega32u4 마이컴을 사용합니다.
- 2 개의 하드웨어 시리얼 포트를 사용할 수 있습니다.

❹ 아두이노 메가(Arduino Mega)

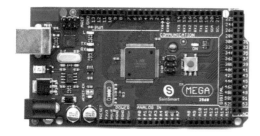

- 8 비트 atmega2560 마이컴을 사용합니다.
- 우노 보드보다 기능과 핀수가 많습니다.

❺ 아두이노 두에(Arduino Due)

• 32 비트 Cortex-M3 마이컴을 사용합니다.
• 기능과 성능이 높고 핀 수가 매우 많아서 전문적인 제품 개발과 연구 목적으로 사용할 수 있습니다.

03-2 아두이노 소프트웨어

아두이노 소프트웨어는 아두이노 공식 웹사이트에서 다운로드 받을 수 있습니다. 다음은 아두이노 공식 웹사이트의 주소입니다.

■ https://www.arduino.cc/en/Software

지원되는 OS는 Windows, Mac OS X, Linux이며 자신의 시스템에서 사용하는 OS에 맞는 소프트웨어를 다운로드받으면 됩니다.

아두이노 소프트웨어는 아두이노 스케치에서 소스를 작성하고 컴파일한 후 아두이노 보드 상에 업로드할 수 있고 보드를 통해서 결과를 확인할 수 있습니다.

다음은 설치를 마친 아두이노 소프트웨어 실행 창입니다.

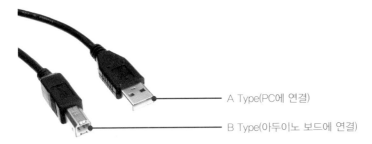

아두이노 소프트웨어는 다음 과정에서 설치합니다.

03-3 USB 케이블

아두이노 우노 보드를 PC에 연결하기 위해서는 다음과 같은 USB 케이블이 필요합니다.

A Type(PC에 연결)

B Type(아두이노 보드에 연결)

이 케이블은 USB 2.0 A Male B Male 케이블입니다. 아두이노 보드는 USB 케이블을 이용해서 컴퓨터와 통신 및 전원을 공급 받습니다.

USB 케이블 타입은 다음 그림을 참조합니다.

USB 2.0 Micro B   USB 3.0 Micro B

USB 2.0 Mini B

USB 2.0 B Male   USB 3.0 B Male

USB 2.0 A Male   USB 3.0 A Male

03-4 브레드 보드와 점프선 및 기타 부품

아두이노 보드와 외부 부품을 조합하기 위해서는 브레드 보드(breadboard)와 점프선(jump wire)이
필요합니다.

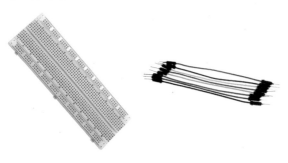

※ 점프선은 끝 부분이 암컷 또
는 수컷으로 구분됩니다. 수컷은
뾰족한 모양의 핀이고 암컷은 구
멍 모양입니다. 점프선은 양쪽 끝
이 수컷인 수수 점퍼선과 수컷과
암컷으로 구분된 암수 점퍼선으
로 구분됩니다. 아두이노의 소켓
에 점프선의 수컷 부분을 꽂을 수
있습니다.

브레드 보드는 부품을 납땜하지 않고도 회로를 쉽게 구성할 수 있게 해주는 전기 회로 개발 도구입
니다. 브레드 보드는 다음과 같이 내부적으로 연결되어 있어 전자 부품을 연결하기 편리합니다.

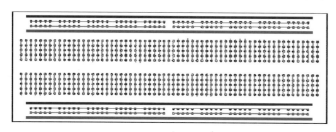

또한 만들고자 하는 프로젝트에 따라 버튼, LED, 저항, 부저 등 각종 부품이 필요합니다.

다음은 이 책에서 주로 사용할 부품들입니다. 부품에 대한 자세한 내용은 "02 아두이노 키트 소개"
를 참조합니다.

04 _ 아두이노 보드 살펴보기

아두이노 보드는 기본적으로 14개의 디지털 입출력 핀, 6개의 아날로그 입력 핀, 전원(5V, GND),
상태 표시 LED(L, TX, RX), 리셋 버튼으로 구성됩니다. 전원 공급은 USB 포트 또는 DC 전원으로
할 수 있습니다.

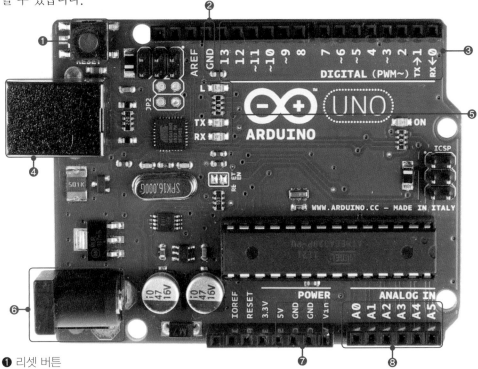

❶ 리셋 버튼
❷ 전원(GND)
❸ 디지털 입출력 × 14
❹ USB 커넥터
❺ 상태 표시 LED
❻ DC 전원 커넥터
❼ 전원(5V, GND)
❽ 아날로그 입력 × 6

디지털 입출력 핀들은 외부로 0V, 5V 값을 내보내거나 외부에서 0V, 5V 값을 받는 역할을 합니다.
외부로 0V, 5V를 내보낼 경우엔 LED 등을 연결해 켜거나 끄는 동작을 수행하며, 외부로부터 0V,
5V 값을 받을 경우엔 버튼 등을 연결하여 버튼을 누르거나 떼는 동작을 판별하게 됩니다. 아날로그
입력 핀은 외부로부터 아날로그 입력 값을 읽는 핀으로 주로 센서와 연결하여 사용됩니다. 아날로그
입력 값은 0~5V 사이의 전압 값을 256 단계로 구분하여 읽게 됩니다.

※ GND와 5V : 그라운드라는 표시로 전압이 0V인 곳을 의미합니다. 건전지에 비유하면 음(−)이고, 전기가 빠져 나가는 곳입
니다. 아두이노는 5V 전압을 사용하는데 건전지에 비유하면 플러스(+)입니다.

02

아두이노 키트 소개

이 책에서 아두이노 실습 시 사용하는 전체 부품에 대해서 알아보겠습니다. 부품은 그 성격에 따라 '전기로 작동하는 아두이노', 아두이노의 의사 표현 : 액추에이터', 아두이노의 눈, 코, 잎 : 센서'로 구분되어 있습니다.

이 책에서 사용하는 전체 부품은 《한 권으로 끝내는 아두이노 입문+실전(종합편) 키트》에 모두 포함되어 있다. 만약 아두이노 우노 보드 등을 가지고 있다면 필요한 부품만을 개별적으로 구매하셔도 됩니다.

01 _ 전기로 작동하는 아두이노

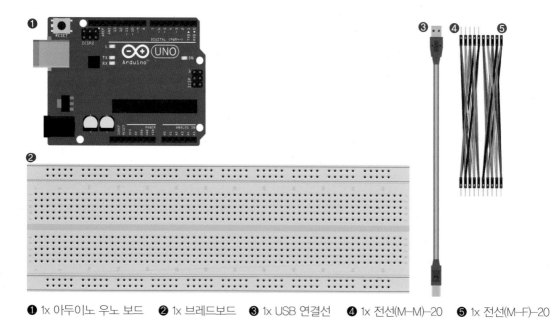

❶ 1x 아두이노 우노 보드　　❷ 1x 브레드보드　　❸ 1x USB 연결선　　❹ 1x 전선(M−M)−20　　❺ 1x 전선(M−F)−20

02 _ 아두이노의 의사 표현 : 액추에이터

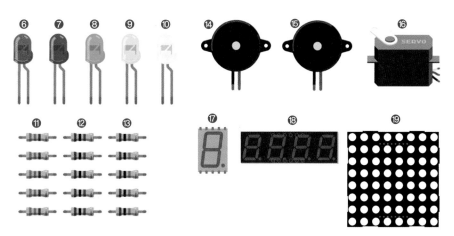

❻ 5x LED 빨간색   ❼ 5x LED 파란색   ❽ 5x LED 초록색   ❾ 5x LED 노란색

❿ 5x LED 투명   ⓫ 20x 저항 330 Ω   ⓬ 5x 저항 1K Ω   ⓭ 5x 저항 10K Ω

⓮ 1x 피에조 능동 부저   ⓯ 1x 피에조 수동 부저   ⓰ 1x 서보 모터 SG90

⓱ 1x 7 세그먼트(공통 음극 : common cathode)   ⓲ 1x 4 자리 7 세그먼트(공통 음극 : common cathode)

⓳ 1x LED 도트 매트릭스(공통 음극 : common cathode)

03 _ 아두이노의 눈, 코, 입 : 센서

⓴ 10x 푸시버튼   ㉑ 1x 가변저항 10K Ω

㉒ 1x CDS 빛 센서   ㉓ 1x 조이 스틱   ㉔ 1x 초음파 센서

▶ **한 권으로 끝내는 아두이노 입문+실전〈종합편〉 키트** : [한 권으로 끝내는 아두이노 입문+실전(종합편) 키트]에는 도서에서 설명하는 구성품을 모두 남고 있습니다.

▶ **키트 구매처**
  • 코코랩스 : http://www.kocolabs.co.kr
  • 키트명 : [한 권으로 끝내는 아두이노 입문+실전(종합편) 키트]
  • 가격 : ₩22,900원 (특별가)

▲ 한 권으로 끝내는 아두이노 입문+실전〈종합편〉 키트

※ 아두이노 키트 가격은 판매업체(코코랩스)의 사정 또는 부품 가격 변동에 따라 판매 가격이 변동될 수 있음을 안내드립니다. 구매 전 코코랩스에서 가격을 확인 후 구매하시기 바라며 가격 변동이 책 반품 사유가 될 수 없음을 안내드립니다.

03

아두이노 개발 환경 구성하기

여기서는 아두이노 개발에 필요한 아두이노 소프트웨어를 설치하고, 아두이노 소프트웨어를 이용한 개발 순서를 꼼꼼하게 살펴봅니다. 아두이노 보드를 컴퓨터에 연결하는 방법, 보드와 포트를 선택하는 방법, 스케치 작성법, 작성한 스케치를 보드에 업로드하여 결과를 확인하는 방법을 차례대로 살펴봅니다.

01 _ Arduino IDE 설치하기

이제 아두이노 스케치를 구현하고, 컴파일하고, 업로드하기 위한 개발 환경을 구성하기 위해 Arduino IDE를 설치합니다.

다음과 같은 Arduio IDE를 설치합니다.

우리는 이 프로그램을 이용하여

❶ 아두이노 스케치를 작성하고,

❷ 작성한 스케치를 확인(Verify)하고,

❸ 확인(Verify)한 스케치를 아두이노 보드 상에 업로드하고,

❹ 시리얼 모니터를 통해 결과를 확인하게 됩니다.

01 아두이노 소프트웨어를 설치하기 위해 아두이노 사이트에 접속합니다.

- www.arduino.cc

02 홈페이지가 열립니다. [SOFTWARE] 메뉴를 찾아 선택합니다.

03 새로 열린 페이지에서 아래로 조금 이동하여 다음 부분을 찾습니다.

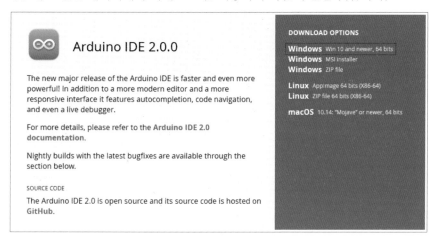

※ 2022년 10월 기준 ARDUINO IDE 2.0.0이 사용되며, 버전은 다운로드 시점에 따라 변경될 수 있습니다.

04 [Windows Win 10 and newer, 64bits]를 마우스 클릭합니다.

Windows Win 10 and newer, 64 bits

05 다음 페이지로 연결됩니다. 하단에 있는 [JUST DOWNLOAD] 버튼을 누릅니다.

- 맥 OS 사용자의 경우엔 다음을 선택합니다.

macOS 10.14: "Mojave" or newer, 64 bits

- 리눅스 OS 사용자의 경우엔 다음 중 하나를 선택합니다.

Linux AppImage 64 bits (X86-64)
Linux ZIP file 64 bits (X86-64)

06 다운로드가 완료되면 마우스 클릭하여 설치 프로그램을 실행시킵니다.

07 다음과 같이 [Arduino IDE 설치] 창이 뜹니다. 사용 조건 동의에 대한 내용입니다. [동의함] 버튼을 눌러 동의합니다.

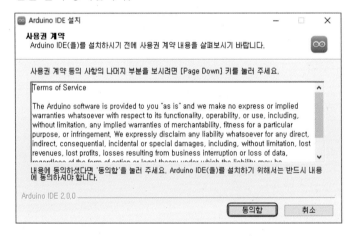

08 다음과 같이 [설치 옵션 선택] 창이 뜹니다. 기본 상태로 둔 채 [다음>] 버튼을 누릅니다.

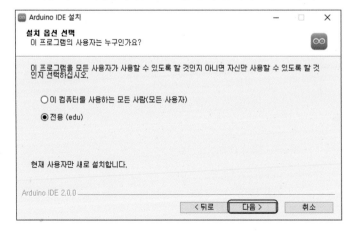

09 다음과 같이 [설치 위치 선택] 창이 뜹니다. 설치 폴더 선택 창입니다. 기본 상태로 둔 채 [설치] 버튼을 누릅니다.

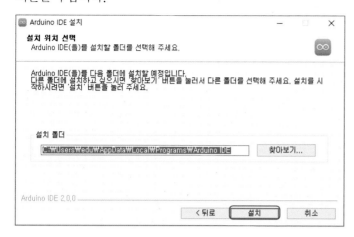

10 다음과 같이 설치가 진행됩니다.

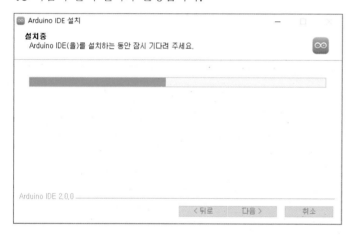

11 설치 마지막 단계에 다음과 같은 창이 하나 이상 뜹니다. 아두이노 보드에 접근하기 위해 필요한 드라이버 설치 창입니다. [설치(I)] 버튼을 눌러줍니다.

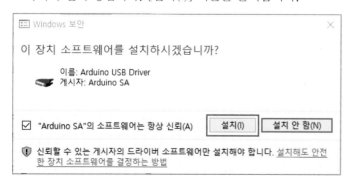

12 다음과 같이 [Arduino IDE 설치 완료] 창이 뜹니다. [마침] 버튼을 눌러 설치를 마칩니다.

13 바탕 화면에 다음 아이콘이 설치됩니다. 이후에는 이 아이콘을 눌러 [Arduino IDE]를 실행시킬수 있습니다.

14 처음엔 다음과 같은 보안 경고 창이 뜹니다. 아두이노 소프트웨어를 사용하기 위해 필요한 부분이기 때문에 [액세스 허용(A)] 버튼을 누릅니다.

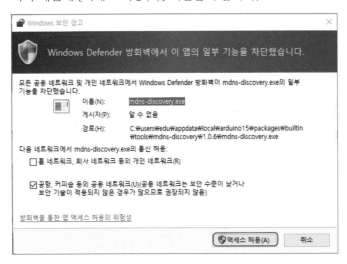

15 다음과 같이 아두이노 소프트웨어 프로그램이 실행되는 것을 볼 수 있습니다.

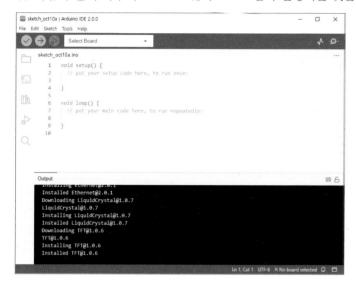

01-1 CH340 USB 드라이버 설치하기

아두이노 보드에 따라 CH340 드라이버를 설치해야 합니다.

01 다음과 같이 [ch340 driver download]를 검색합니다.

02 다음 사이트로 들어갑니다.

https://sparks.gogo.co.nz › ch340 ▾
CH340 Drivers for Windows, Mac and Linux - Gogo:Tronics

03 다음 부분을 찾아 마우스 클릭합니다.

04 다음과 같이 드라이버 프로그램을 다운로드 받습니다.

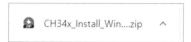

05 압축을 푼 후, 다음 파일을 실행합니다.

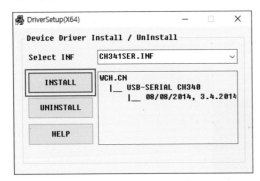

06 다음과 같은 창이 뜨면 [INSTALL] 버튼을 눌러 설치를 진행합니다.

02 _ 아두이노 보드에 컴퓨터 연결하기

이제 아두이노 보드와 컴퓨터를 연결해 봅니다. 아두이노 보드의 USB는 다음과 같이 세 가지 기능을 제공합니다.

❶ 전원을 공급 받을 수 있고,
❷ 시리얼 포트를 통해 프로그램을 업로드할 수 있고,
❸ 시리얼 포트를 통해 디버깅 메시지를 볼 수 있습니다.

아두이노 보드는 USB 케이블 하나로 컴퓨터로 연결될 수 있으며, 간단한 인터페이스를 이용하여, 개발을 진행할 수 있습니다.

01 아두이노 우노 보드를 준비합니다. 아두이노 우노 보드는 가장 먼저 나온 아두이노 보드로 많은 사람들이 사용하고 있는 보드입니다.

02 다음과 같은 모양의 USB 케이블을 준비합니다. 이 케이블을 이용하여 아두이노 보드와 컴퓨터를 연결합니다.

컴퓨터에 연결   아두이노에 연결

03 USB 케이블의 한쪽 끝을 아두이노 보드에 연결합니다.

04 USB 케이블의 다른 쪽 끝을 컴퓨터에 연결합니다.

03 _ 아두이노 보드와 시리얼 포트 선택하기

여기서는

❶ 아두이노 소프트웨어에서 사용할 보드로 아두이노 우노를 선택하고,

❷ 아두이노 스케치 프로그램을 업로드 할 포트를 선택하는

방법을 살펴봅니다.

01 다음과 같이 윈도우 검색 창에 [장치]를 입력한 후, [장치 관리자]프로그램을 실행시킵니다.

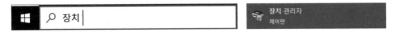

02 [장치 관리자] 창에서 다음과 같이 [포트(COM & LPT)]를 확인합니다.

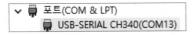

※ USB 연결을 해제하고 연결하고를 반복하면서 아두이노의 포트를 확인합니다. 필자의 경우 COM13으로 표시되고 있습니다.

03 다음과 같이 아두이노 IDE에서 ❶[Select Board]-❷[Select other board and port...] 메뉴를 선택합니다.

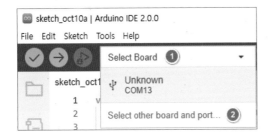

04 계속해서 ❸[uno]를 검색한 후, ❹[Arduino Uno]를 선택하고, 2 단계에서 확인한 ❺[Serial Port]를 선택하고, ❻[OK] 버튼을 누릅니다.

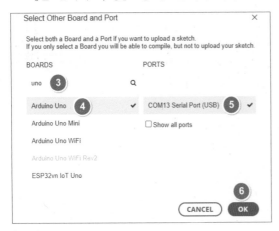

05 다음과 같이 [Arduino Uno]가 선택된 것을 확인합니다.

04 _ 스케치 작성해 보기

여기서는

❶ Hello PC 스케치를 작성한 후,

❷ 확인(Verify)하고,

❸ 아두이노 보드에 업로드하고,

❹ 시리얼 모니터를 통해 결과를 확인해 봅니다.

04-1 스케치 작성하기

01 다음과 같이 예제를 작성합니다.

```
sketch_oct10a.ino
   1    void setup() {
   2      Serial.begin(115200);
   3
   4    }
   5
   6    void loop() {
   7      Serial.println("Hello PC^^. I'm an Arduino~");
   8
   9    }
```

02 : 아두이노가 Serial.begin 명령을 수행하여 PC로 연결된 Serial의 통신 속도를 115200bps로 설정하게 합니다. 115200bps는 초당 115200 비트를 보내는 속도입니다. 시리얼 포트를 통해 문자 하나를 보내는데 10비트가 필요합니다. 그러므로 1초에 115200/10 = 11520 문자를 보내는 속도입니다. 11520 문자는 A4 용지 기준 5~6페이지 정도의 양입니다. 비트는 0 또는 1을 담을 수 있는 데이터 저장의 가장 작은 단위입니다.

07 : 아두이노가 Serial.println 명령을 수행하여 "Hello PC^^. I'm an Arduino~" 문자열을 PC로 출력하게 합니다. println은 print line의 약자입니다. ln의 l은 영문 대문자 아이(I)가 아니고 소문자 엘(l)입니다.

시리얼 통신은 다음 부분을 통해서 이루어집니다.

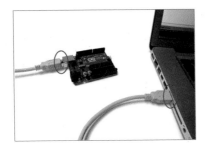

시리얼 통신의 원리는 종이컵과 실을 이용하여 말하고 들을 수 있는 원리와 같습니다. 우리가 하는 말이 실을 통해 순차적으로 전달되는 원리로 아두이노 보드와 컴퓨터도 통신을 하게 됩니다.

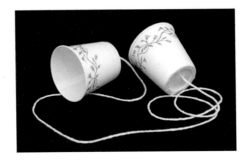

04-2 스케치 저장하기

02 [File]--[Save] 메뉴를 누릅니다.

03 다음과 같은 창이 뜹니다.

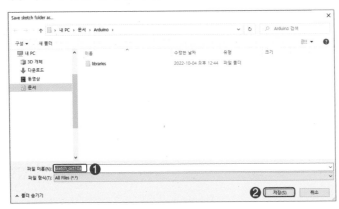

04 프로젝트 디렉터리를 만들기 위해 오른쪽 상단에 있는 [새 폴더] 버튼을 누릅니다.

05 디렉터리 이름을 [exercises]로 합니다. 한글 이름은 오류가 발생할 수 있으므로 사용하지 않습니다.

06 [exercises] 디렉터리로 이동하여 [00_hello_pc]를 입력한 후, [저장] 버튼을 누릅니다.

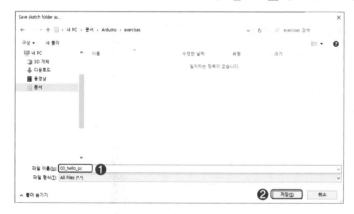

04-3 스케치 확인하기

07 첫 번째 아이콘인 [Verify] 버튼을 눌러 스케치를 올바로 작성했는지 확인합니다.

08 하단에 있는 [Output] 창을 확인합니다.

04-4 스케치 업로드하기

[Verify]한 스케치를 아두이노 보드 상에 있는 아두이노에 쓰는 작업입니다. 업로드를 하면 전원을
꺼도 스케치의 내용은 아두이노 상에 남아 있습니다.

09 [Upload] 버튼을 눌러줍니다.

04-5 시리얼 모니터 확인하기

이제 결과를 시리얼 모니터를 통해 확인합니다.

10 [아두이노 IDE] 오른쪽 상단에 있는 [시리얼 모니터] 버튼을 눌러줍니다.

11 처음엔 다음과 같은 [Windows 보안 경고] 창이 뜹니다. [액세스 허용(A)] 버튼을 눌러줍니다.

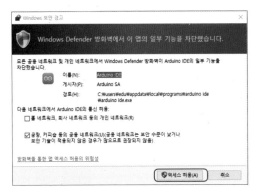

12 하단에 ❶[Serial Monitor] 창이 열리면, 오른쪽에서 통신 속도를 ❷115200으로 맞춰줍니다.

13 다음과 같은 메시지가 반복적으로 뜨는 것을 확인합니다.

```
Hello PC^^. I'm an Arduino~
Hello PC^^. I'm an Arduino~
Hello PC^^. I'm an Arduino~
Hello PC^^. I'm an Arduino~
Hello PC^^. I'm an Arduino~
Hello PC^^. I'm an Arduino~
Hello PC^^. I'm an Arduino~
Hello PC^^. I'm an Arduino~
```

loop 함수가 반복돼서 호출되기 때문에 메시지도 반복돼서 뿌려지게 됩니다.

05 _ 아두이노 오류 발생 시 대처방법

앞으로 여러분은 아두이노를 다루는 과정에서 몇 가지 정형화된 오류를 반복적으로 접하게 됩니다. 이때는 다음 순서로 문제를 해결해 보도록 합니다.

❶ USB 포트 연결에 문제가 발생하는 경우가 있습니다. 이 경우엔 USB 연결을 해제한 후 다시 연결합니다.

❷ 아두이노 소프트웨어에서 설정이 제대로 안되어 있는 경우가 있습니다. 이 경우엔 아두이노 소프트웨어의 tool 메뉴에서 보드와 포트가 제대로 선택되어 있는지 확인합니다.

❸ 아두이노 스케치에 C 문법 오류가 있는 경우가 있습니다. 이 경우엔 반점(;–세미콜론), 괄호(소괄호(), 중괄호{}, 대괄호[]), 점(.), 함수 색상 순서로 확인해 봅니다.

❹ 아두이노 보드 자체에 하드웨어적인 문제가 있는 경우가 있습니다. 이 경우엔 blink 예제로 아두이노 보드의 상태를 확인합니다.

아두이노 스케치 구조 이해하기

여기서는 아두이노 스케치 구조에 대해서 자세히 살펴보도록 합니다. 아두이노 스케치는 C/C++언어 기반이며, C/C++ 프로그램은 main 함수로 시작합니다. 그래서 아두이노 스케치와 main 함수의 관계를 살펴봅니다.

01 _ 아두이노 스케치 기본 함수

아두이노 스케치는 다음과 같이 크게 setup과 loop 두 개의 기본 함수로 구성됩니다.

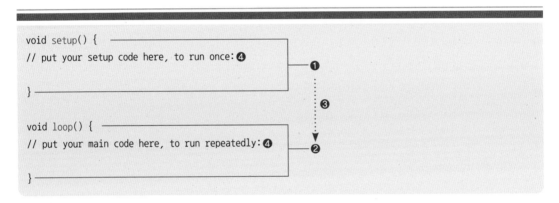

❶ setup 함수는 코드 실행을 시작할 때 한 번만 수행되며, 사용하고자 하는 하드웨어(입출력 모듈 : 센서, 모터 등)를 초기화시키는 부분입니다. 모든 함수는 '{'로 시작해서 '}'로 끝을 맺어줍니다.

❷ loop 함수는 반복적으로 수행(무한 반복)되며, 하드웨어를 반복적으로 동작 시키는 부분입니다.

❸ 아두이노 보드에 전원이 켜지면(on) 위의 setup 함수가 한 번 실행하고 난 뒤 loop 함수가 계속 실행됩니다. setup 함수 안에는 핀 설정 등과 같은 것이 들어가고, loop 함수에는 실제 어떤 작동을 일으키는 함수가 들어갑니다.

아두이노 보드 ON(Start) ▶ setup() 함수 1번 실행 ▶ loop 함수 실행(무한 반복)

❹ '//'는 프로그램에 대한 설명, 즉 주석이라고 표현합니다. 프로그램 실행과는 무관하며 소스 코드를 좀 더 효율적으로 작업하기 위해 작성하는 설명문입니다.

※ 함수는 기능이라는 의미로 수학에서 유래하였으며 원하는 기능을 수행하기 위한 명령의 집합으로 구성됩니다. 함수에 대해서는 바로 뒤에서 살펴보도록 합니다.

01 setup 함수를 다음과 같이 수정해 봅니다.

2 : 시리얼 포트의 통신 속도를 115200으로 설정합니다.
4 : setup 문자열을 시리얼 포트로 출력합니다.

02 컴파일과 업로드를 수행합니다.

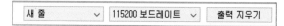

03 [시리얼 모니터] 버튼을 클릭합니다.

04 시리얼 모니터 창이 뜨면, 우측 하단에서 통신 속도를 115200으로 맞춰줍니다.

새 줄	115200 보드레이트	출력 지우기

05 setup 문자열이 한 번 출력되는 것을 확인합니다.

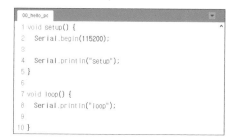

06 이번엔 loop 함수를 다음과 같이 수정합니다.

```
00_hello_pc
1 void setup() {
2   Serial.begin(115200);
3
4   Serial.println("setup");
5 }
6
7 void loop() {
8   Serial.println("loop");
9
10 }
```

8 : loop 문자열을 시리얼 포트로 출력합니다.

07 컴파일과 업로드를 수행합니다.

08 [시리얼 모니터] 버튼을 클릭합니다.

09 시리얼 모니터 창이 뜨면, 우측 하단에서 통신 속도를 115200으로 맞춰줍니다.

| 새 줄 | 115200 보드레이트 | 출력 지우기 |

10 loop 문자열이 계속해서 출력되는 것을 확인합니다.

02 _ 숨겨진 main 함수

setup, loop 함수는 다음과 같이 main 함수에서 호출됩니다.

```c
int main(void)
{
    init();

    initVariant();

#if defined(USBCON)
    USBDevice.attach();
#endif

    setup();                    →  void setup() {

    for (;;) {                      }
        loop();            →  void loop() {
        if (serialEventRun) serialEventRun();
    }
                                    }
    return 0;
}
```

※ 아두이노는 C/C++ 언어로 작성합니다. C/C++ 언어로 작성하는 프로그램의 시작은 main 함수로 시작합니다. 아두이노 스케치에서 main 함수는 숨겨져 있습니다. 아두이노에서 사용하는 기초 C언어는 관련 스페셜 페이지를 참고합니다.

main 함수의 내용을 확인하기 위해 다음 폴더로 이동합니다.

| > 내 PC > 로컬 디스크 (C:) > Program Files (x86) > Arduino > hardware > arduino > avr > cores > arduino |

main.cpp 파일을 열어 main 함수의 내용을 확인합니다.

| 📄 main.cpp | 2018-09-10 오후 6:48 | CPP 파일 | 2KB |

※ main.cpp 파일은 아두이노 스케치를 컴파일하는 과정에서 같이 포함됩니다.

함수와 변수 알아보기

❶ 함수와 변수란?

여러분은 이 책을 보면서 변수와 함수란 용어를 자주 접하게 됩니다. 아두이노 스케치는 C/C++ 언어를 이용하여 작성하는 프로그램입니다. C/C++ 프로그램은 변수와 함수로 구성됩니다. 변수와 함수란 말은 수학에서 유래하였습니다. 다음은 중학교 때 배운 함수식입니다.

y = f(x) = x + 1 (x는 정수)

이 식에서

x가 1일 때 y = f(1) = 1 + 1이 되어 y는 2가 됩니다.

x가 2일 때 y = f(2) = 2 + 1이 되어 y는 3이 됩니다.

x가 −1일 때 y = f(−1) = −1 + 1이 되어 y는 0이 됩니다.

이와 같이 x는 정수 범위 내에서 임의의 값을 가질 수 있기 때문에 변수라고 합니다. f(x)는 x 값에 따라 내부적으로 1을 더해 그 결과 값을 주는 기능을 한다고 하여 함수라고 합니다.

이 함수를 그림으로 표현하면 다음과 같습니다.

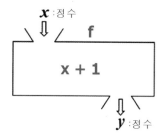

위의 수식에서 f 함수에 대한 정의는 아두이노 스케치로 다음과 같이 표현합니다.

$$\underset{❽}{\text{int}}\ \underset{❶}{\text{f}}\ \underset{❷}{(}\ \underset{❸}{\text{int x}}\ \underset{❷}{)}\ \underset{❹}{\{}\ \underset{❻}{\text{return}}\ \underset{❺}{\text{x+1}}\ \underset{❼}{;}\ \underset{❹}{\}}$$

❶ f는 함수명입니다.

❷ 소괄호 ()는 f 함수로 넘어가는 입력을 나타냅니다.

❸ 함수 f의 입력으로 넘어가는 x는 정수이기 때문에 integer(정수)의 약자인 int라고 명시해줍니다. 즉, 정수를 담은 변수 x가 f 함수로 들어간다는 의미입니다.

❹ 중괄호 {}는 함수의 범위를 나타냅니다. 수학의 집합 기호와 같다고 생각할 수 있습니다.

❺ 입력으로 넘어온 x에 1을 더한다는 의미로 f 함수의 내부 동작입니다.

❻ return은 x + 1의 결과 값을 돌려주며 함수를 빠져 나간다는 의미입니다.

❼ ';'기호는 한 줄이 완료되었다는 표시입니다. 즉 아두이노가 가져다 사용하는 C언어의 기본 문법입니다. C
언어는 문장의 끝을 항상 반점(세미콜론)으로 끝냅니다.

❽ 함수의 출력 값이 정수라는 의미입니다. 정수 x에 1을 더한 결과 값은 정수가 됩니다.

위의 수식에서 f 함수에 대한 사용은 아두이노 스케치로 다음과 같이 표현합니다.

$$\underset{❶}{\underline{\text{int}}} \ \underset{❷}{\underline{x}} \ \underset{❸}{\underline{=}} \ \underset{❹}{\underline{2}};$$

$$\underset{❶}{\underline{\text{int}}} \ \underset{❷}{\underline{y}} \ \underset{❸}{\underline{=}} \ \underset{❺}{\underline{f(x)}} \ \underset{❹}{\underline{;}}$$

❶ int는 정수 값을 가질 수 있는 변수의 한 종류로 integer(정수)의 약자입니다.

❷ 변수명입니다. 즉, x라는 int형 변수를 선언한 것입니다. x는 정수 값을 가질 수 있습니다.

❸ '=' 기호는 우측의 값을 좌측 변수에 할당하라는 의미입니다. 여기서는 2를 x 변수에 넣은 것입니다.

❹ ';'기호는 한 줄이 완료되었다는 표시입니다. 즉 아두이노가 가져다 사용하는 C언어의 기본 문법입니다. C
언어는 문장의 끝을 항상 세미콜론으로 끝냅니다.

❺ 함수 f에 2 값을 갖는 x를 넣는다는 의미입니다. 이렇게 함수를 사용하는 것을 함수를 호출한다고 합니다.
2 값을 넘겨받은 함수 f는 결과 값으로 3을 내어주며 3은 y 변수에 할당됩니다. 즉, y는 f 함수를 수행한 결
과 정수 3 값을 할당 받게 됩니다.

이상에서 아두이노 스케치는 함수와 변수를 이용하여 작성되며 독자 여러분은 함수와 변수에 대해
익숙해야 합니다.

이제 f 함수에 대한 테스트를 수행해 봅니다.

01 다음과 같이 예제를 작성합니다.

135_1.ino

```
int f(int x) {
  return x+1;
}

void setup() {
  Serial.begin(115200);

  int x = 2;
  int y = f(x);

  Serial.println(y);
}

void loop() {

}
```

02 컴파일과 업로드를 수행합니다.

03 [시리얼 모니터] 버튼을 클릭합니다.

시리얼 모니터 🔍

04 시리얼 모니터 창이 뜨면, 우측 하단에서
통신 속도를 115200으로 맞춰줍니다.

| 새 줄 ⌄ | 115200 보드레이트 ⌄ | 출력 지우기 |

05 출력결과를 확인합니다.

3

3이 시리얼 모니터로 출력됩니다.

❷ 변수의 형식이란?

중학교 때 우리는 여러 가지 수를 배웁니다. 자연수, 정수, 분수, 유리수, 무리수, 실수, 복소수 등을 배웁니다. C/C++에서 다루는 수를 저장하기 위한 기본 변수의 형식은 크게 2 가지입니다. 앞에서 보았던 정수형의 int와 지금부터 살펴볼 실수형의 float가 그것들입니다.

이제 다음 식에서 x가 실수인 경우를 살펴봅니다.

y = g(x) = x + 1 (x는 실수)

이 식에서

x가 1.1일 때 y = g(1.1) = 1.1 + 1이 되어 y는 2.1이 됩니다.

x가 2.2일 때 y = g(2.2) = 2.2 + 1이 되어 y는 3.2가 됩니다.

x가 −1.1일 때 y = gf(−1.1) = −1.1 + 1이 되어 y는 −0.1이 됩니다.

이와 같이 x는 실수 범위 내에서 임의의 값을 가질 수 있기 때문에 변수라고 합니다. g(x)는 x 값에 따라 내부적으로 1을 더해 그 결과 값을 주는 기능을 한다고 하여 함수라고 합니다.

이 함수를 그림으로 표현하면 다음과 같습니다.

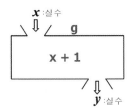

위의 수식에서 f 함수에 대한 정의는 아두이노 스케치로 다음과 같이 표현합니다.

$$\underset{\underset{❽}{}}{\underline{\text{float}}} \; \underset{\underset{❶}{}}{\text{g}} \underset{\underset{❷}{}}{(} \; \underset{\underset{❸}{}}{\underline{\text{float x}}} \; \underset{\underset{❷❹}{}}{)} \; \underset{\underset{}{}}{\{} \; \underset{\underset{❻}{}}{\underline{\text{return}}} \; \underset{\underset{❺}{}}{\text{x+1}} \; \underset{\underset{❼}{}}{;} \; \underset{\underset{❹}{}}{\}}$$

❶ g는 함수명입니다.

❸ 함수 g의 입력으로 넘어가는 x는 실수이기 때문에 float이라고 명시해줍니다. 즉, 실수를 담은 변수 x가 g 함수로 들어간다는 의미입니다. 아두이노에서 주로 사용하는 실수형은 float입니다. 일반적으로 C/C++에서는 float보다 큰 double을 사용합니다.

❽ 함수의 출력 값이 실수라는 의미입니다. 실수 x에 1을 더한 결과 값은 실수가 됩니다.

위의 수식에서 g 함수에 대한 사용은 아두이노 스케치로 다음과 같이 표현합니다.

$$\underset{\underset{❶}{}}{\underline{\text{float}}} \; \underset{\underset{❷}{}}{\text{x}} \; \underset{\underset{❸}{}}{=} \; \underset{\underset{}{}}{2.1} \underset{\underset{❹}{}}{;}$$

$$\underset{\underset{❶}{}}{\underline{\text{float}}} \; \underset{\underset{❷}{}}{\text{y}} \; \underset{\underset{❸}{}}{=} \; \underset{\underset{❺}{}}{\text{g(x)}} \; \underset{\underset{❹}{}}{;}$$

❶ float는 실수 값을 가질 수 있는 변수의 한 종류입니다.

❷ 변수명입니다. 즉, x라는 float형 변수를 선언한 것입니다. x는 실수 값을 가질 수 있습니다.

❸ '=' 기호는 우측의 값을 좌측 변수에 할당하라는 의미입니다. 여기서는 2.1을 x 변수에 넣은 것입니다.

❹ ';'기호는 한 줄이 완료되었다는 표시입니다. 즉 아두이노가 가져다 사용하는 C언어의 기본 문법입니다. C 언어는 문장의 끝을 항상 세미콜론으로 끝냅니다.

❺ 함수 g에 2.1 값을 갖는 x를 넣는다는 의미입니다. 이렇게 함수를 사용하는 것을 함수를 호출한다고 합니다. 2.1 값을 넘겨받은 함수 g는 결과 값으로 3.1을 내어주며 3.1은 y 변수에 할당됩니다. 즉, y는 g 함수를 수행한 결과 실수 3.1 값을 할당 받게 됩니다.

이상에서 아두이노 스케치에서 사용하는 기본 변수형 int, float에 대해 살펴보았습니다.

이제 g 함수에 대한 테스트를 수행해 봅니다.

01 다음과 같이 예제를 작성합니다.

135_2.ino

```
float g(float x) {
  return x+1;
}

void setup() {
  Serial.begin(115200);

  float x = 2.1;
  float y = g(x);

  Serial.println(y);
}

void loop() {

}
```

02 컴파일과 업로드를 수행합니다.

03 [시리얼 모니터] 버튼을 클릭합니다.

시리얼 모니터 🔎

04 시리얼 모니터 창이 뜨면, 우측 하단에서 통신 속도를 115200으로 맞춰줍니다.

| 새 줄 ∨ | 115200 보드레이트 ∨ | 출력 지우기 |

05 출력결과를 확인합니다.

```
3.10
```

3.10이 시리얼 모니터로 출력됩니다.

❸ 함수의 형식이란?

변수에도 int, float가 있는 것처럼 함수도 여러 가지로 표현할 수 있습니다. 예를 들어, 앞에서 보았던 f, g 함수는 서로 다른 함수입니다. 중학교, 고등학교 때 배웠던 수학에서도 여러 가지 형태의 함수가 있었습니다. 이 함수들은 아두이노 스케치에서 모두 표현할 수 있습니다.

다음 식을 살펴봅니다.

z = h(x, y) = x + y (x는 실수, y는 정수)

이 식에서

x가 1.1이고 y가 1일 때 z = h(1.1, 1) = 1.1 + 1이 되어 z는 2.1이 됩니다.

x가 2.2이고 y가 2일 때 z = h(2.2, 2) = 2.2 + 2가 되어 z는 4.2가 됩니다.

x가 −1.1이고 y가 −1일 때 z = h(−1.1, −1) = −1.1 + −1이 되어 z는 −2.1이 됩니다.

이 함수를 그림으로 표현하면 다음과 같습니다.

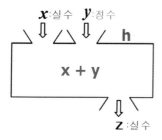

위의 수식에서 h 함수에 대한 정의는 아두이노 스케치로 다음과 같이 표현합니다.

$$\underset{\text{❽}}{\underline{\text{float}}}\ \underset{\text{❶}}{\underline{\text{h}}}\ \underset{\text{❷}}{(}\ \underset{\text{❸}}{\underline{\text{float x,}}}\ \underset{\text{❸}}{\underline{\text{int y}}}\ \underset{\text{❷}}{)}\ \underset{\text{❹}}{\{}\ \underset{\text{❻}}{\underline{\text{return}}}\ \underset{\text{❺}}{\text{x+y}}\ \underset{\text{❼}}{;}\ \underset{\text{❹}}{\}}$$

❶ h는 함수명입니다.

❸ 함수 h의 입력으로 넘어가는 x는 실수, y는 정수이기 때문에 float, int라고 명시해줍니다. 즉, 실수를 담은 변수 x와 정수를 담은 변수 y가 h 함수로 들어간다는 의미입니다.

❽ 함수의 출력 값이 실수라는 의미입니다. 실수 x에 정수 y를 더한 결과 값은 실수가 됩니다.

위의 수식에서 h 함수에 대한 사용은 아두이노 스케치로 다음과 같이 표현합니다.

```
float x = 2.1;
int y = 2;
float z = h(x, y) ;
```

2.1, 2 값을 넘겨받은 함수 h는 결과 값으로 4.1을 내어주며 4.1은 z 변수에 할당됩니다. 즉, z는 h 함수를 수행한 결과 실수 4.1 값을 할당 받게 됩니다.

이상에서 하나 이상의 입력을 받을 수 있는 함수에 대해 살펴보았습니다.

이제 h 함수에 대한 테스트를 수행해 봅니다.

01 다음과 같이 예제를 작성합니다.

```
135_3.ino
```

```
float h(float x, int y) {
  return x+y;
}

void setup() {
  Serial.begin(115200);

  float x = 2.1;
  int y = 2;
  float z = h(x, y);

  Serial.println(z);
}

void loop() {

}
```

02 컴파일과 업로드를 수행합니다.

03 [시리얼 모니터] 버튼을 클릭합니다.

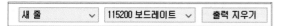

04 시리얼 모니터 창이 뜨면, 우측 하단에서 통신 속도를 115200으로 맞춰줍니다.

새 줄 ∨	115200 보드레이트 ∨	출력 지우기

05 출력결과를 확인합니다.

```
4.10
```

4, 10이 시리얼 모니터로 출력됩니다.

❹ 함수의 정의와 변수의 선언

함수의 정의 형식은 아래와 같습니다.

```
자료형 함수명 ( 자료형 인자, 자료형 인자, ... ) {
   실행문 ;
}
```

함수로 넘어가는 값들을 인자 또는 매개변수라고 합니다.

변수의 선언 형식은 아래와 같습니다.

```
자료형 변수명 ;
자료형 변수명 = 변수값 ;
```

05

아두이노 핀 살펴보기

이 책에서는 아두이노 보드 상에 있는 핀을 이용하여 회로를 구성합니다. 그래서 아두이노 핀의 이름을 보는 법을 알아야 합니다. 다음은 아두이노 핀 맵을 나타냅니다.

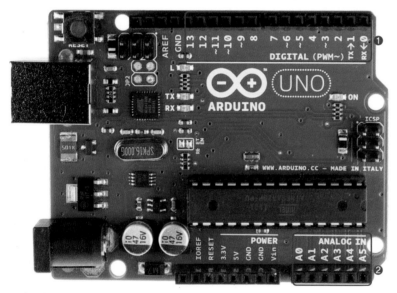

▲ 아두이노 보드의 핀 맵

디지털 출력과 입력

위 그림에 표시된 아두이노의 모든 핀❶(0~13, A0~A5)은 디지털 출력과 디지털 입력을 받을 수 있습니다. A0~A5의 경우 디지털 출력과 입력으로 사용할 경우 핀 번호를 14~19로 사용합니다. 디지털 출력은 0과 1을 표시하는 방법이며 디지털 입력은 0과 1을 읽을 수 있는 방법입니다. 디지털 출력은 digitaWrite를 통해서 명령을 내릴 수 있습니다. 예를 들어, LED를 켜기 위해서는 다음과 같이 명령을 내릴 수 있습니다.

```
digitalWrite(LED, 1);
```

1이 들어가는 자리에 0 또는 1을 쓸 수 있습니다.

디지털 입력은 digitaRead를 통해서 명령을 내릴 수 있습니다. 예를 들어, BUTTON 값을 읽기 위해서는 다음과 같이 명령을 내릴 수 있습니다.

```
int buttonValue = digitalRead(BUTTON);
```

0과 1은 정수이기 때문에 정수형의 buttonValue 변수에 값을 받습니다. int는 integer의 약자로 정수형을 의미합니다. buttonValue는 정수 값을 담을 수 있는 변수입니다. 변수란 0도 담을 수 있고 1도 담을 수 있는 것처럼 값이 변할 수 있다는 것을 의미합니다.

아날로그 출력(PWM 출력)

위 그림(아두이노 보드의 핀 맵)의 위쪽에 표시된 핀❶ 들 중에서 ～ 표시가 된 핀(3, 5, 6, 9, 10, 11)은 아날로그 출력도 할 수 있는 핀입니다. 이 핀들은 PWM 핀이라고도 하며 0~255까지 2의 8승 범위의 값을 내보낼 수 있습니다. 아날로그 출력은 analogWrite를 통해서 명령을 내릴 수 있습니다. 예를 들어, LED의 밝기를 최대로 하기 위해서는 다음과 같이 명령을 내릴 수 있습니다.

```
analogWrite(LED, 255);
```

아날로그 입력

위 그림(아두이노 보드의 핀 맵)의 아래쪽에 표시된 A로 시작하는 핀❷(A0~5)은 아날로그 입력도 받을 수 있는 핀입니다. 이 핀들은 센서로부터 입력을 받기 위해 사용하며 0~1023까지 2의 10승 범위의 값을 받을 수 있습니다. 아날로그 입력은 analogRead를 통해서 명령을 내릴 수 있습니다. SENSOR 값을 읽기 위해서는 다음과 같이 명령을 내릴 수 있습니다.

```
int sensorValue = analogRead(SENSOR);
```

0~255는 정수이기 때문에 정수 형의 sensorValue 변수에 값을 받습니다. int는 integer의 약자로 정수형을 의미합니다. sensorValue는 정수 값을 담을 수 있는 변수입니다. 변수란 0~255 값을 담을 수 있는 것처럼 값이 변할 수 있다는 것을 의미합니다.

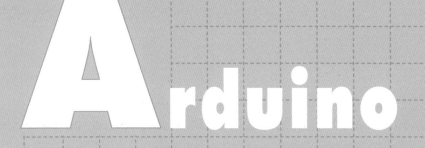

Arduino

이번 장에서는 아두이노를 편하게 접근하며 아두이노와 친해집니다. 아두이노가 PC를 통해 우리한테 메시지를 보내는 방법을 알아보고, LED를 깜빡이며 아두이노의 속도에 대해 체감해 보고, LED 회로를 구성하는 방법을 살펴보고, 하트 LED 회로를 구성해 보고, LED의 밝기를 조절하며 아두이노에 대해서 알아가도록 합니다.

Chapter 02

아두이노 초수되기

아두이노의 입 : Serial.println

우리는 아두이노를 이용하여 여러가지 일을 시킬 수 있습니다. 아두이노가 일을 어떻게 진행하고 있는지 궁금할 때는 어떻게 해야 할까요? 이 때는 Serial.println 함수를 사용할 수 있습니다. 여기서는 Serial.println 함수를 이용하여 말하는 방법에 대해 살펴 봅니다.

앞에서 우리는 Serial.println 함수를 사용하여 다음과 같은 메시지를 PC로 보냈습니다.

```
Hello PC^^. I'm an Arduino~
Hello PC^^. I'm an Arduino~
Hello PC^^. I'm an Arduino~
Hello PC^^. I'm an Arduino~
Hello PC^^. I'm an Arduino~
```

아두이노가 PC에게 인사를 한 것입니다. Serial.println 함수는 아주 유용한 함수입니다. 아두이노의 상태가 어떤지 우리에게 알려주는 주인공이 바로 Serial.println 함수입니다. 여러분은 앞으로 아두이노 스케치를 작성하다가 버튼이나 센서의 값을 알고 싶은 경우가 있을 수 있습니다. 이 때 필요한 함수가 바로 Serial.println 함수입니다.

다음 핀은 Serial.println 함수 등을 통해 PC로 문자열을 내보내는 핀입니다.

아두이노는 TX 핀과 USB 단자를 통해 PC로 메시지를 보냅니다.

여러분은 아두이노 스케치를 통해 메시지를 출력할 때 다음 세 함수를 주로 사용하게 됩니다.

```
Serial.begin(speed)
Serial.println(val)
Serial.print(val)
```

Serial.begin

Serial.begin은 PC로 메시지를 보낼 때 데이터의 속도를 설정하는 함수입니다.

```
Serial.begin(speed);
              ❶
❶ PC로 메시지를 보낼 때 데이터 속도
  (300, 600, 1200, 2400, 4800, 9600, 14400, 19200, 28800, 38400, 57600, 115200)
```

Serial.begin 함수는 PC로 메시지를 보낼 때 데이터의 속도를 설정합니다. speed 인자를 통해 설정할 수 있는 속도 값은 다음과 같습니다.

```
300, 600, 1200, 2400, 4800, 9600, 14400, 19200, 28800, 38400, 57600, 115200
```

이 책에서는 주로 115200을 사용합니다. 115200bps는 초당 115200 비트를 보내는 속도입니다. 시리얼 포트를 통해 문자 하나를 보내는데 10비트가 필요합니다. 그러므로 1초에 115200/10 = 11520 문자를 보내는 속도입니다. 11520 문자는 A4 용지 기준 5~6페이지 정도의 양입니다. 비트는 0 또는 1을 담을 수 있는 데이터 저장의 가장 작은 단위입니다.

PC로 메시지를 보내기 위해서는 Serial.print 또는 Serial.println 함수를 사용합니다.

Serial.println

Serial.println은 PC로 메시지를 보내는 함수입니다.

```
Serial.println(val);
               ❶
❶ PC로 보낼 메시지로 정수, 실수, 문자열을 보낼 수 있다.
```

Serial.println 함수는 메시지 출력 후, 커서 위치를 다음 줄 첫 번째 칸으로 옮기는 엔터 키 입력 효과를 줍니다. val 인자를 통해 보낼 수 있는 값은 문자열, 정수 값, 실수 값을 보낼 수 있습니다.

Serial.print 함수는 메시지만 출력하고, 커서의 위치는 옮기지 않습니다.

다음과 같이 형식(format) 인자를 이용하여 메시지 형식을 좀 더 자세하게 줄 수도 있습니다.

```
Serial.println(val, format)
Serial.print(val, format)
```

format 인자의 경우 val 인자가 정수일 경우엔 진법(DEC, HEX, OCT, BIN)을 설정할 수 있으며, 실수인 경우엔 소수점 이하 표시할 자리수를 설정할 수 있습니다. 뒤에서 예제를 통해 사용법을 살펴봅니다.

우리는 이 함수들을 이용하여 문자열과 숫자를 출력하게 됩니다. 숫자의 경우는 정수와 실수로 나눌수 있습니다. 정수의 경우는 주로 10진수와 16진수로 표현할 수 있으며, 아두이노의 경우엔 2진수 표현도 가능합니다. 실수의 경우는 자릿수를 얼마나 나타낼지를 결정할 수 있습니다. 우리가 주로 사용하게 될 방법들을 위주로 몇 가지 예를 살펴보도록 합니다.

01 _ 여러 형식의 자료 내보내기

여기서는 Serial.println 함수를 이용하여 문자열, 숫자, 문자를 출력해봅니다.

01 다음과 같이 예제를 작성합니다.

211_0.ino

```
1     void setup() {
2        Serial.begin(115200);
3
4        Serial.println("Hello PC^^. I'm an Arduino~");
5        Serial.println(78);
6        Serial.println(1.23456);
7        Serial.println('N');
8     }
9
10    void loop() {
11
12    }
```

4 : 문자열을 출력합니다.
5 : 정수 78을 10진수 문자열로 변환하여 출력합니다.
6 : 실수 1.23456을 10진 실수 문자열로 변환하여 출력합니다.
7 : 문자 N을 문자열로 변환하여 출력합니다.

02 [툴] 메뉴를 이용하여 보드, 포트를 다음과 같이 선택합니다.

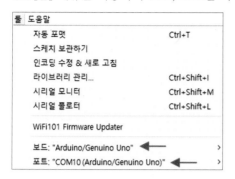

03 컴파일과 업로드를 수행합니다.

04 [시리얼 모니터] 버튼을 클릭합니다.

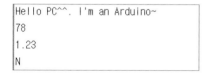

05 시리얼 모니터 창이 뜨면, 우측 하단에서 통신 속도를 115200으로 맞춰줍니다.

06 출력결과를 확인합니다.

```
Hello PC^^. I'm an Arduino~
78
1.23
N
```

1.23456 실수의 경우 기본적으로 소수점 아래 두 자리만 출력하는 것을 볼 수 있습니다.

※ C언어의 자료형이란?
C언어에서 일반적으로 사용하는 자료형은 int, double, char *, char입니다. int는 정수 값을 담을 수 있는 자료 형을, double은 실수 값을 담을 수 있는 자료 형을, char *는 문자열의 첫 문자의 주소를 담을 수 있는 자료 형을, char는 한 문자를 담을 수 있는 자료 형을 나타냅니다. 정수의 경우엔 10진수와 16진수 두 종류가 있습니다. 10진수의 경우엔 개수나 번호 등에 사용되며, 16진수는 메모리 주소 값이나 특정한 비트의 값을 나타낼 때 사용합니다. 10진수는 주로 사칙연산자나 비교연산자와 같이 사용되며, 16진수는 주로 비트연산자와 같이 사용됩니다.

02 _ 여러 형식의 숫자 내보내기

여기서는 Serial.println 함수를 이용하여 10진수와 16진수 정수를 출력해 봅니다. 또, 10진 실수의 소수점이하 출력을 조절해 봅니다.

01 다음과 같이 예제를 작성합니다.

`212_0.ino`

```
1      void setup() {
2       Serial.begin(115200);
3
4       Serial.println(78, DEC);
5       Serial.println(78, HEX);
6       Serial.println(78, BIN);
7
8       Serial.println(1.23456, 0);
9       Serial.println(1.23456, 2);
10      Serial.println(1.23456, 4);
11      }
12
13     void loop() {
14
15      }
```

4 : 정수 78을 10진수 문자열로 변환하여 출력합니다.
5 : 정수 78을 16진수 문자열로 변환하여 출력합니다.
6 : 정수 78을 2진수 문자열로 변환하여 출력합니다.
8 : 실수 1.23456을 소수점 이하 0개까지 10진 실수 문자열로 변환하여 출력합니다.
9 : 실수 1.23456을 소수점 이하 2개까지 10진 실수 문자열로 변환하여 출력합니다.
10 : 실수 1.23456을 소수점 이하 4개까지 10진 실수 문자열로 변환하여 출력합니다.

02 컴파일과 업로드를 수행합니다.

03 [시리얼 모니터] 버튼을 클릭합니다.

시리얼 모니터 🔎

04 시리얼 모니터 창이 뜨면, 우측 하단에서 통신 속도를 115200으로 맞춰줍니다.

05 출력결과를 확인합니다.

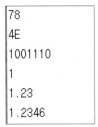

```
78
4E
1001110
1
1.23
1.2346
```

02

아두이노의 윙크 : digitalWrite

예쁜 LED가 깜빡깜빡 윙크하는 듯한 동작을 보신적이 있습니까? 아두이노는 이러한 동작을 digitalWrite 함수를 이용하여 수행할 수 있습니다. 여기서는 digitalWrite 함수를 이용하여 아두이노가 윙크하는 방법을 살펴봅니다.

여러분은 유튜브 등에서 다음과 같이 아두이노를 이용하여 LED를 깜빡이는 동영상을 본적이 있습니까?

LED를 깜빡이게 하는 주인공은 바로 digitalWrite 함수입니다.

다음 핀들은 digitalWrite 함수를 통해 HIGH 또는 LOW 값을 내보낼 수 있는 핀들입니다.

여러분은 아두이노 스케치를 통해 LED를 제어할 때 다음 세 함수를 주로 사용하게 됩니다.

```
pinMode(pin, mode)
digitalWrite(pin, value)
delay(ms)
```

pinMode

pinMode란 특정 핀을 출력 또는 입력 모드로 설정하는 명령어입니다.

```
pinMode(pin, mode);
        ❶    ❷
❶ 설정하고자 하는 핀 번호
❷ 설정하고자 하는 모드로 입력일 때는 INPUT, 출력일 때는 OUTPUT
```

pinMode 함수는 특정한 핀을 출력으로 사용할지 입력으로 사용할지를 설정합니다. pin 인자로는 보드 상에 나와 있는 숫자 2~13을 사용합니다. 0, 1 핀의 경우 시리얼 통신용으로 할당되어 있기 때문에 사용하지 않도록 합니다. A0~A5의 경우도 사용할 수 있습니다. 이때는 숫자 14~19를 사용해야 합니다. mode 인자로는 OUTPUT, INPUT, INPUT_PULLUP을 사용할 수 있습니다. LED를 켜기 위해서는 0 또는 1을 LED로 쓰는 개념이기 때문에 OUTPUT으로 설정합니다. 버튼의 경우 버튼의 값을 읽는 개념이기 때문에 INPUT으로 설정합니다. 버튼의 경우 외부에 저항을 이용하여 회로를 구성하는데, 외부에 저항을 사용하지 않고 아두이노의 마이컴 내부에 있는 저항을 이용할 경우엔 INPUT_PULLUP으로 설정합니다. 마이컴 내부의 저항은 칩 내부에 있기 때문에 볼 수 없습니다.

digitalWrite

digitalWrite란 특정 핀을 HIGH 또는 LOW로 설정하는 명령어입니다.

```
digitalWrite(pin, value);
             ❶    ❷
❶ 제어하고자 하는 핀 번호
❷ HIGH 또는 LOW
```

digitalWrite 함수는 디지털 핀으로 HIGH(=1) 또는 LOW(=0) 값을 씁니다. pinMode 함수를 통해 해당 핀이 OUTPUT으로 설정되었을 때, HIGH 값의 경우엔 해당 핀이 5V로 설정되며, LOW 값의 경우엔 0V로 설정됩니다. 마치 우리가 거실에 있는 전등을 켜기 위해 스위치를 껐다 켰다 하는 원리와 같은 것입니다.

delay

delay란 인자로 주어진 시간만큼 프로그램의 진행을 멈춥니다.

```
delay(ms);
      ❶
❶ 멈춰야할 밀리초(ms : unsigned long 형)
```

※ unsigned long은 변수형의 한 종류로 아두이노 스케치에서 0~4,294,967,295 (2의 32승) 범위의 0과 양의 정수값을 갖습니다.

여기서는 digitalWrite 함수를 이용하여 LED를 켜보고 꺼보는 예제를 수행해 봅니다. 또 반복적으로 켜고 끄는 주기를 짧게 해가며 아래 그림과 같은 사각 파형에 대해서도 알아보도록 합니다.

01 _ 아두이노 눈뜨기 : LED 켜기

먼저 digitalWrite 함수를 이용하여 LED를 켜봅니다.

여기서는 아두이노 우노의 13번 핀에 연결된 LED를 켜 봅니다. 아두이노 우노의 13번 핀은 다음과 같이 보드 상에 L로 표시된 LED와 연결되어 있습니다.

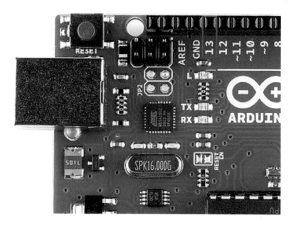

01 다음과 같이 예제를 작성합니다.

`221_0.ino`

```
1       const int LED = 13;
2
3       void setup() {
4        pinMode(LED, OUTPUT);
5
6        digitalWrite(LED, HIGH);
7       }
8
9       void loop() {
10
11
12      }
```

1 : LED 상수에 아두이노 보드 상의 13번 핀을 할당합니다.

4 : pinMode 함수를 이용하여 LED를 출력으로 설정하고 있습니다. pinMode 함수는 digitalWrite 함수를 이용하여 HIGH,
LOW 값을 쓰고자 할 때 사용하는 함수입니다.

6 : digitalWrite 함수를 이용하여 LED에 HIGH 값을 씁니다. 그러면 LED는 켜지게 됩니다.

02 [툴] 메뉴를 이용하여 보드, 포트를 다음과 같이 선택합니다.

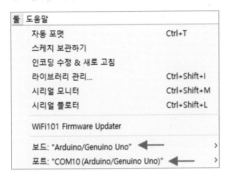

03 컴파일과 업로드를 수행합니다.

04 메시지 영역에 업로드 완료라고 뜨면 아두이노의 L(❶)로 표시된 기본 LED가 켜진 것을 확인합
니다.

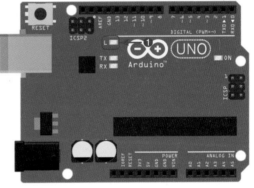

02 _ 아두이노 눈감기 : LED 끄기

이번엔 digitalWrite 함수를 이용하여 LED를 꺼봅니다.

01 다음과 같이 예제를 수정합니다.

```
222_0.ino
1        const int LED = 13;
2
3        void setup() {
4         pinMode(LED, OUTPUT);
5
6         digitalWrite(LED, LOW);
7        }
8
9        void loop() {
10
11
12        }
```

6 : digitalWrite 함수를 이용하여 LED에 LOW 값을 씁니다. 그러면 LED는 꺼지게 됩니다.

02 컴파일과 업로드를 수행합니다.

03 L로 표시된 LED가 꺼진 것을 확인합니다.

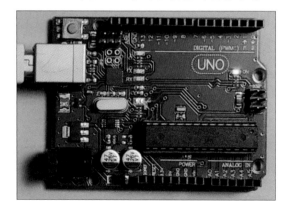

03 _ 아두이노 눈뜨고 감기 : LED 켜고 끄기 반복하기

이번엔 digitalWrite 함수를 이용하여 LED 켜고 끄기를 반복해 봅니다.

01 다음과 같이 예제를 작성합니다.

223_0.ino

```
1       const int LED = 13;
2
3       void setup() {
4        pinMode(LED, OUTPUT);
5       }
6
7       void loop() {
8        digitalWrite(LED, HIGH);
9        digitalWrite(LED, LOW);
10       }
```

8 : digitalWrite 함수를 이용하여 LED를 켭니다.
9 : digitalWrite 함수를 이용하여 LED를 끕니다. 켜고 끄는 동작을 반복하기 위해 loop 함수에서 수행합니다.

02 컴파일과 업로드를 수행합니다.

03 L로 표시된 LED를 확인합니다.

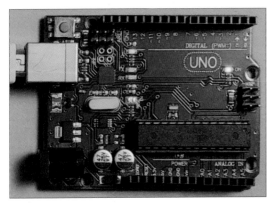

LED가 희미하게 켜진 것처럼 보입니다. 아두이노의 켜고 끄는 동작이 너무 빠르기 때문에 희미하게
보입니다. 완전하게 켜지기 전에 끄기 때문입니다.

04 _ 천천히 눈뜨고 감기 : LED 켜고 *끄기* 확인하기

LED가 켜지고 꺼지는 것을 확실하게 볼 수 있도록 예제를 수정해 봅니다.

01 다음과 같이 이전 예제를 수정합니다.

224_0.ino

```
1       const int LED = 13;
2
3       void setup() {
4        pinMode(LED, OUTPUT);
5       }
6
7       void loop() {
8        digitalWrite(LED, HIGH);
9        delay(500);
10       digitalWrite(LED, LOW);
11       delay(500);
12       }
```

9, 11 : 0.5초간 지연을 줍니다. delay 함수는 아두이노가 아무것도 수행하지 않고 일정시간을 기다리게 하는 함수입니다. 함수의 인자로 주어지는 500은 밀리 초 단위입니다. 여기서는 500 밀리 초 동안 아두이노가 아무것도 수행하지 않습니다.

02 컴파일과 업로드를 수행합니다.

03 LED의 동작을 확인합니다.

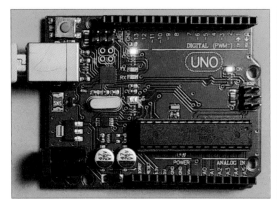 

1초 주기로 LED가 켜졌다 꺼졌다 하는 것을 확인합니다. 즉, 1Hz의 주파수로 LED가 점멸하는 것을 확인합니다.

LED의 점등은 LED(=13) 핀을 통해 나오는 HIGH 값에 의해 발생합니다. LED의 소등은 LED 핀을 통해 나오는 LOW 값에 의해 발생합니다. 즉, LED 핀으로는 위 그림과 같이 HIGH값과 LOW 값이 1초 주기로 나오게 되며, 이 값들에 의해 LED는 점멸을 반복하게 됩니다. 그리고 이 경우 여러분은 LED가 점멸 하는 것을 느낄 수 있습니다.

- Hz : 같은 동작이 1초에 1번씩 반복될 때 우리는 1Hz로 동작한다고 합니다. 같은 동작이 1초에 2번씩 반복될 때 우리는 2Hz로 동작한다고 합니다.

05 _ 빨리 눈뜨고 감기 : LED 켜고 끄기 간격 줄여보기

여기서는 digitalWrite 함수를 이용하여 아래와 같은 사각 파형에 대한 주파수와 상하비의 개념을 이해해 보도록 합니다.

주파수란 1초간 반복되는 사각 파형의 개수를 의미하며, 상하비란 사각 파형의 HIGH 값과 LOW 값의 비를 의미합니다. 이제 LED의 점멸 간격을 줄여보도록 합니다. 그러면 여러분은 좀 더 조밀하게 LED가 점멸하는 것을 느낄 것입니다.

01 다음과 같이 이전 예제를 수정합니다.

225_0.ino

```
1       const int LED = 13;
2
3       void setup() {
4        pinMode(LED, OUTPUT);
5       }
6
7       void loop() {
8        digitalWrite(LED, HIGH);
9        delay(50);
10       digitalWrite(LED, LOW);
11       delay(50);
12      }
```

9, 11 : 500을 50으로 변경합니다.

02 컴파일과 업로드를 수행합니다.

03 LED의 동작을 확인합니다.

이 예제의 경우 LED는 초당 10번 점멸하게 됩니다. 즉, 10Hz의 주파수로 점멸하게 됩니다.

그림과 같은 파형이 초당 10개가 생성됩니다. 이 경우에도 여러분은 반복적으로 LED가 점멸하는 것을 느낄 것입니다. 그러나 그 간격은 더 조밀하게 느껴질 것입니다.

06 _ 눈을 떴을까 감았을까? : LED 켜고 끄기를 밝기로 느껴보기

LED의 점멸 간격을 더 줄여보도록 합니다. 여기서 여러분은 LED의 점멸을 느끼지 못하게 될 것입니다. 오히려 LED가 일정한 밝기로 켜져 있다고 느낄 것입니다.

01 다음과 같이 예제를 수정합니다.

226_0.ino

```
1    const int LED = 13;
2
3    void setup() {
4      pinMode(LED, OUTPUT);
```

```
5        }
6
7        void loop() {
8        digitalWrite(LED, HIGH);
9        delay(5);
10       digitalWrite(LED, LOW);
11       delay(5);
12       }
```

9, 11 : 50을 5로 변경합니다.

02 컴파일과 업로드를 수행합니다.

03 LED의 동작을 확인합니다.

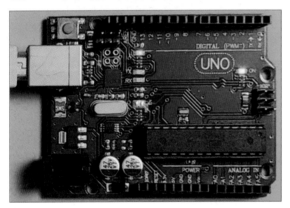

이 예제의 경우 LED는 초당 100번 점멸 하게 됩니다. 즉, 100Hz의 주파수로 점멸하게 됩니다.

그림과 같은 파형이 초당 100개가 생성됩니다. 이제 여러분은 LED가 점멸하는 것을 느끼지 못할 것입니다. 오히려 LED가 일정하게 켜져 있다고 느낄 것입니다.

일반적으로 이러한 파형이 초당 50개 이상이 되면 즉, 50Hz 이상의 주파수로 LED 점멸을 반복하면 우리는 그것을 느끼기 어렵습니다.

07 _ LED 어둡게 하기

이제 delay 함수를 조절하여 LED의 밝기를 어둡게 해 봅니다. 이전 예제의 경우 LED는 100Hz의 속도로 50%는 점등을, 50%는 소등을 반복하였습니다. 그리고 이 경우 우리는 LED의 밝기를 평균 값인 50%의 밝기로 느꼈습니다. 만약 LED에 대해 10%는 점등을, 90%는 소등을 반복한다면 우리는 LED의 밝기를 어떻게 느낄까요? 평균 10%의 밝기로 느끼게 되지 않을까요? 예제를 통해 확인해 보도록 합니다.

01 다음과 같이 예제를 수정합니다.

227_0.ino

```
1       const int LED = 13;
2
3       void setup() {
4        pinMode(LED, OUTPUT);
5        }
6
7       void loop() {
8        digitalWrite(LED, HIGH);
9        delay(1);
10       digitalWrite(LED, LOW);
11       delay(9);
12        }
```

9 : 5를 1로 변경합니다.
11 : 5를 9로 변경합니다.

02 컴파일과 업로드를 수행합니다.

03 LED의 동작을 확인합니다.

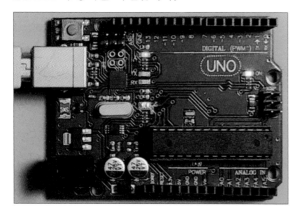

이 예제의 경우도 LED는 초당 100번 점멸 하게 됩니다. 즉, 100Hz의 주파수로 점멸하게 됩니다. 그러나 10%는 점등 상태로, 90%는 소등 상태로 있게 됩니다. 그래서 우리는 LED의 밝기가 이전 예제보다 낮다고 느끼게 됩니다.

```
    ┌─┐            10%(HIGH)
    │ │
────┘ └────────────
         90%(LOW)
```

그림에서 LED는 실제로 10%만 점등 상태이지만 100Hz의 주파수로 점멸하기 때문에 우리는 10%의 평균 밝기로 느끼게 됩니다. 10%는 HIGH 값에 의해 켜져있고 90%는 LOW 값에 의해 꺼져있으며, 이 경우 (HIGH:LOW)=(1:9)가 되게 됩니다. 즉, 상하비가 1:9이 됩니다.

08 _ LED 밝게 하기

이제 반대로 LED의 밝기를 밝게 해 봅니다.

01 다음과 같이 예제를 수정합니다.

228_0.ino

```
1       const int LED = 13;
2
3       void setup() {
4        pinMode(LED, OUTPUT);
5       }
6
7       void loop() {
8        digitalWrite(LED, HIGH);
9        delay(9);
10       digitalWrite(LED, LOW);
11       delay(1);
12       }
```

9 : 1를 9로 변경합니다.
11 : 9를 1로 변경합니다.

02 컴파일과 업로드를 수행합니다.

03 LED의 동작을 확인합니다.

이 예제의 경우도 LED는 초당 100번 점멸 하게 됩니다. 즉, 100Hz의 주파수로 점멸하게 됩니다. 그러나 90%는 점등 상태로, 10%는 소등 상태로 있게 됩니다. 그래서 우리는 LED가 이전 예제에 비해 아주 밝다고 느끼게 됩니다.

그림에서 LED는 실제로 90%만 점등 상태이지만 100Hz의 주파수로 점멸하기 때문에 우리는 90%의 평균 밝기로 느끼게 됩니다. 90%는 HIGH 값에 의해 켜져 있고 10%는 LOW 값에 의해 꺼져 있으며, 이 경우 (HIGH:LOW)=(9:1)이 되게 됩니다. 즉, 상하비가 9:1이 됩니다.

상하비가 2:8이 되면 우리는 LED가 20%의 밝기로 켜져 있다고 느끼게 됩니다. 1:9에 해당되는 부분을 차례대로 다음과 같이 바꾸어 볼 수 있습니다.

```
0:10, 1:9, 2:8, 3:7 ... 10:0
```

우리는 HIGH와 LOW의 상하비에 따라 LED의 밝기를 조절할 수 있습니다.

09 _ LED 밝기 조절해 보기

여기서는 1초 간격으로 다음의 상하비로 LED의 밝기를 조절해 보도록 합니다.

```
0:10, 1:9, 2:8, 3:7 ... 10:0
```

즉, HIGH의 개수는 0부터 10까지 차례로 늘어나며, 반대로 LOW의 개수는 10부터 0까지 차례로 줄게 됩니다.

09-1 0.01초 간격으로 LED 밝기를 11단계로 조절해보기

먼저 0.01초 간격으로 LED의 밝기를 11단계로 조절해 봅니다.

01 다음과 같이 예제를 수정합니다.

`229_1.ino`

```
1    const int LED = 13;
2
3    void setup() {
4     pinMode(LED, OUTPUT);
5    }
6
7    void loop() {
8     for(int t_high=0;t_high<=10;t_high++) {
9            digitalWrite(LED, HIGH);
10           delay(t_high);
11           digitalWrite(LED, LOW);
12           delay(10-t_high);
13     }
14    }
```

8　　: t_high 변수를 0부터 10까지 1씩 증가시켜가면서, 중괄호 안쪽(8줄~13줄)의 동작을 수행합니다. for 문에 대해서는 바로 뒤에서 살펴봅니다.

9, 10 : LED를 켜고 t_high 시간만큼 기다립니다.

11, 12 : LED를 끄고 (10-t_high) 시간만큼 기다립니다.

10, 12 : t_high + (10 - t_high) = 100이 되어 for문을 한 번 도는 데는 10밀리 초 정도가 되며 for문 전체를 도는 데는 110밀리 초 정도가 됩니다.

02 컴파일과 업로드를 수행합니다.

03 LED의 동작을 확인합니다.

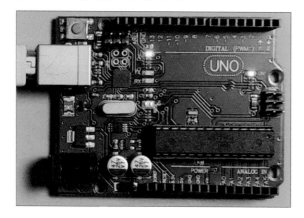

10밀리 초 간격으로 다음의 비율로 LED가 밝아집니다.

```
0%, 10% 20%, 30%, ... 100%
```

아래와 같은 형태의 파형이 반복되면서 LED의 밝기가 변합니다.

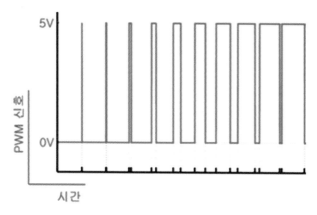

이 예제의 경우 밝기의 변화가 너무 빨라 밝기가 변하는 것을 느끼기 힘듭니다. 깜빡임으로 느낄 수 있습니다.

for 문 알아보기

❶ for 문 살펴보기 : 여기부터 저기까지 반복해!

앞의 예제에서는 for 문이 처음으로 사용되었습니다. 여기서는 for 문에 대해서 살펴봅니다.

for 문은 어떤 범위에 있는 변수 하나 하나에 대해 반복적인 동작을 수행할 때 사용합니다. 즉, 일정한 간격으로 같은 동작이 여러 번 반복될 때 사용합니다.

다음은 아두이노 스케치에서 사용하는 for 문의 한 형태입니다.

```
for ( int t_high=0 ; t_high<=10 ; t_high++ ) {
❶   ❷    ❸      ❻      ❹     ❻    ❺      ❷ ❼
        Serial.println(t_high) ;
                      ❾
}
❽
```

❶ for 문을 나타냅니다.

❷ 소괄호 ()는 for 문에 적용될 조건식을 담습니다.

❸ 변수의 시작 값을 나타냅니다. 즉, t_high 변수의 시작 값은 0입니다.

❹ 변수의 마지막 값을 나타냅니다. 즉, t_high 변수의 마지막 값은 10입니다.

❺ 변수의 증감을 나타냅니다. t_high 값을 하나 증가시키라는 의미입니다.

❻ for 문의 조건식도 반점(세미콜로) ';'으로 구분합니다.

❼ ❽ for 문의 조건식이 적용될 for 문의 범위를 나타냅니다. 수학의 집합기호와 같다고 생각할 수 있습니다.

❾ for 문에서 반복적으로 실행할 동작을 나타냅니다. 여기서는 Serial.println 함수를 호출하여 t_high 값을 출력하고 있습니다.

for 문의 실행은 다음 순서로 진행합니다.

❸ -> ❹ -> ❼ -> ❺ -> ❹ -> ❼ -> ❺ -> ... -> ❹ -> for 문 종료

❸의 동작은 for 문을 시작할 때 한 번 수행하고 ❹에서 for 문의 계속 실행 조건을 확인한 후, 계속 실행 조건에 맞으면 ❼ 전체를 실행하고 ❺의 증감 조건을 실행합니다. 그리고 다시 ❹의 조건을 확인합니다. 이 과정(❼ -> ❺ -> ❹)을 반복하다가 ❹의 조건에 맞지 않으면 for 문을 빠져 나옵니다. 즉, ❽ 다음 줄로 빠져 나갑니다.

for 문을 사용하지 않을 경우 위의 예제는 다음과 같이 작성해야 합니다.

```
Serial.println(0);
Serial.println(1);
Serial.println(2);
Serial.println(3);
Serial.println(4);
```

```
Serial.println(5);
Serial.println(6);
Serial.println(7);
Serial.println(8);
Serial.println(9);
Serial.println(10);
```

0~10까지 1 단위로 Serial.println 함수를 이용하여 출력합니다. 즉, 0~10까지 1씩 증가시켜가면서 Serial.println 함수를 반복적으로 수행합니다. 0~10까지는 개수가 많지 않으므로 위와 같이 스케치를 작성할 수 있지만 0~100, 0~1000, 0~10000까지 등의 숫자의 범위가 되면 for 문은 반드시 필요해집니다.

❷ for 문 실행해보기

이제 for 문에 대한 테스트를 수행해 봅니다.

01 다음과 같이 예제를 작성합니다.

229_2.ino
```
void setup() {
  Serial.begin(115200);

  for(int t_high=0;t_high<=10;t_high++) {
        Serial.println(t_high);
  }
}

void loop() {

}
```

02 컴파일과 업로드를 수행합니다.

03 [시리얼 모니터] 버튼을 클릭합니다.

시리얼 모니터 🔎

04 시리얼 모니터 창이 뜨면, 우측 하단에서 통신 속도를 115200으로 맞춰줍니다.

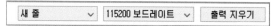

05 출력결과를 확인합니다.

```
0
1
2
3
4
5
6
7
8
9
10
```

0~10까지 시리얼 모니터로 출력됩니다.

❸ for 문 풀어보기

이제 for 문을 사용하지 않고 같은 동작을 수행해 보도록 합니다.

01 다음과 같이 예제를 작성합니다.

229_3.ino

```
void setup() {
  Serial.begin(115200);

  Serial.println(0);
  Serial.println(1);
  Serial.println(2);
  Serial.println(3);
  Serial.println(4);
  Serial.println(5);
  Serial.println(6);
  Serial.println(7);
  Serial.println(8);
  Serial.println(9);
  Serial.println(10);
}
```

02 컴파일과 업로드를 수행합니다.

03 [시리얼 모니터] 버튼을 클릭합니다.

시리얼 모니터 🔍

04 시리얼 모니터 창이 뜨면, 우측 하단에서 통신 속도를 115200으로 맞춰줍니다.

| 새 줄 ∨ | 115200 보드레이트 ∨ | 출력 지우기 |

05 출력결과를 확인합니다.

```
0
1
2
3
4
5
6
7
8
9
10
```

0~10까지 시리얼 모니터로 출력됩니다.

두 예제의 관계를 다음 그림을 통해서 이해해 봅니다.

```
void setup() {                          void setup() {
  Serial.begin(115200);                   Serial.begin(115200);

  Serial.println(0);                      for(int t_high=0;t_high<=10;t_high++) {
  Serial.println(1);                        Serial.println(t_high);
  Serial.println(2);                      }
  Serial.println(3);                    }
  Serial.println(4);
  Serial.println(5);                    void loop() {
  Serial.println(6);
  Serial.println(7);                    }
  Serial.println(8);
  Serial.println(9);
  Serial.println(10);
}

void loop() {

}
```

오른쪽 예제의 빨간 박스에서 숫자가 0~10까지 1씩 증가하는 것을 볼 수 있습니다. 이것은 왼쪽 예제의 빨간 박스의 for 문으로 대체됩니다. 오른쪽 예제의 파란 박스에서 반복적으로 호출되는 Serial.println 함수는 왼쪽 예제의 파란 박스의 Serial.println 함수 하나로 대체됩니다.

이제 다음 예제를 다시 한번 살펴봅니다.

```
for(int t_high=0;t_high<=10;t_high++) {
    digitalWrite(LED, HIGH);
    delay(t_high);
    digitalWrite(LED, LOW));
    delay(10-t_high);
}
```

t_high 값이 0~10까지 1씩 증가하면서 중괄호 안쪽이 반복적으로 수행됩니다. 이 때 중괄호 안쪽의 t_high 값은 0~10까지 1씩 증가하는 값으로 대체되게 됩니다.

❹ for 문의 형식

일반적인 for 문의 형식은 아래와 같습니다.

```
for ( 변수의 초기값 ; 변수의 마지막 조건 ; 변수의 증감치 )
{
    실행문 ;
}
```

이상 for 문에 대해서 살펴보았습니다.

09-2 0.1초 간격으로 LED 밝기 11단계 조절해보기

다음은 0.1초 간격으로 LED의 밝기를 11단계로 조절해 봅니다.

01 다음과 같이 예제를 수정합니다.

`229_4.ino`

```
1       const int LED = 13;
2
3       void setup() {
4        pinMode(LED, OUTPUT);
5       }
6
7       void loop() {
8        for(int t_high=0;t_high<=10;t_high++) {
9               int cnt=0;
10              while(true) {
11                digitalWrite(LED, HIGH);
12                delay(t_high);
13                digitalWrite(LED, LOW);
14                delay(10-t_high);
15
16                cnt++;
17                if(cnt==10) break;
18              }
19        }
20       }
```

8 : for 문을 사용하여 t_high 변수 값을 0부터 10까지 주기적으로 변경하고 있습니다. t_high 변수 값은 12, 14번째 줄에서 사용되며, LED를 통해 HIGH, LOW 값이 나가는 시간 값을 가집니다.

10 : 조건이 없는 while 문을 수행합니다. while 문을 나오는 조건은 17번째 줄에 있으며, 1초 간격으로 나오게 됩니다.

9 : cnt 변수 생성 후, 0으로 초기화합니다.

16 : cnt 변수를 하나씩 증가시킵니다.

17 : cnt 변수가 10이 되면 break 문을 수행하여 while 문을 벗어납니다.

이렇게 하면 11~17줄을 cnt값이 0에서 9까지 10회 반복하게됩니다. 그러면 0.001*t_high 값을 유지하는 시간을 10밀리초(0.01초)에서 100밀리초(0.1초)로 늘릴 수 있습니다. for 문을 수행하는 시간두 110밀리초(0.11초)에서 1100밀리초(1.1초)로 늘릴 수 있으며, 우리는 LED 밝기의 변화를 느낄 수 있습니다.

02 컴파일과 업로드를 수행합니다.

03 LED의 동작을 확인합니다.

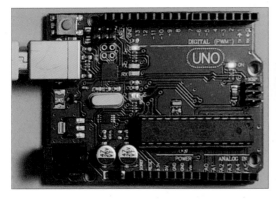 

1.1 초 주기로 다음의 비율로 LED가 밝아집니다.

```
0%, 10% 20%, 30%, ... 100%
```

❶ while 문 살펴보기 : 그만하라고 할 때까지 계속해서 반복해!

앞의 예제에서는 while 문이 처음으로 사용되었습니다. 여기서는 while 문에 대해서 살펴봅니다.
while 문은 주어진 조건이 만족될 때까지 반복적인 동작을 수행할 때 사용합니다.
다음은 아두이노 스케치에서 사용하는 while 문의 한 형태로 앞에서 수행했던 for 문을 while 문으
로 변형한 형태입니다.

```
int t_high=0;
        ❸
while ( t_high<=10 ) {
 ❶    ❷    ❹    ❷ ❺
   Serial.println(t_high) ;
                ❻
   t_high++;
     ❻
}
❺
```

❶ while 문을 나타냅니다.

❷ 소괄호 ()는 while 문에 적용될 조건식을 담습니다.

❸ 조건 변수의 초기 값을 나타냅니다. 즉, t_high 변수의 초기 값은 0입니다.

❹ 조건을 나타냅니다. 즉, t_high 변수의 값이 10보다 작아야 중괄호 {}로 싸여진 ❺ 부분을 수행합니다.

❺ while 문의 조건식이 적용될 while 문의 범위를 나타냅니다. 수학의 집합기호와 같다고 생각할 수 있습니다.

❻ while 문에서 반복적으로 실행할 동작을 나타냅니다. 여기서는 Serial.println 함수를 호출하여 t_high 값을
   출력하고 있습니다. 그리고 t_high 변수 값을 하나 증가시키고 있습니다.

while 문은 for 문에 비해 상대적으로 언제까지 수행될지 모를 때 주로 사용합니다. 예를 들어, 프로
그램의 종료는 사용자가 결정하는데 언제 결정할지 모릅니다. 이 때, while 문이 주로 사용됩니다.

❷ if 문 살펴보기 : 이 경우는 이거해!

위의 예제는 if 문을 이용하여 다음과 같이 변경할 수도 있습니다.

```
int t_high=0;
while ( true ) {
 ❶      ❷
   Serial.println(t_high);

   t_high++;
   if ( t_high>10 ) break ;
   ❹ ❼   ❺   ❼    ❻
}
❸
```

❶ while (true) 는 계속해서라는 의미입니다. 예제에서는 계속해서 중괄호 {}로 싸여진 ❷~❸ 부분을 반복수
   행하라는 의미입니다. while 문을 빠져 나오는 조건은 ❺ 부분으로 옮겨갑니다. while 문은 상대적으로 언

제까지 수행될지 모르기 때문에 while (true)로 시작한 다음 ❺와 같이 조건을 넣는 것이 생각하기 편합니다. 주의할 점은 앞의 예제의 조건의 반대가 되어야 합니다. 앞의 예제에서는 조건 부분이 (t_high<=10)이었지만, 현재 예제에서는 (t_high>10)이 됩니다.

❹ if 문을 나타냅니다. 만약이라는 의미로 ❹❺를 합치면 [만약 t_high값이 10보다 크면]의 의미가 됩니다.

❻ break 문은 반복된 동작을 깨고 나가라는 의미로 예제에서는 while 문을 빠져 나가 ❸ 다음 부분으로 가라는 의미입니다.

❼ 소괄호 ()는 if 문에 적용될 조건식을 담습니다.

❺ if 문의 조건을 나타냅니다. 즉, t_high 변수의 값이 10보다 크면 ❻을 수행하고 그렇지 않으면 ❻을 수행하지 않습니다.

❸ while 문 실행해보기

이제 while 문에 대한 테스트를 수행해 봅니다.

01 다음과 같이 예제를 작성합니다.

`229_5.ino`

```
void setup() {
  Serial.begin(115200);

  int t_high=0;
  while(t_high<=10) {

    Serial.println(t_high);

    t_high++;
  }
}

void loop() {

}
```

02 컴파일과 업로드를 수행하고 [시리얼 모니터] 버튼을 클릭합니다.

03 시리얼 모니터 창이 뜨면, 우측 하단에서 통신 속도를 115200으로 맞춰줍니다.

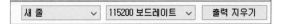

04 출력결과를 확인합니다.

```
0
1
2
3
4
5
6
7
8
9
10
```

0~10까지 시리얼 모니터로 출력됩니다.

❹ while(true) 문 실행해보기

이제 while(true) 문을 이용한 같은 동작을 수행해 보도록 합니다.

01 다음과 같이 예제를 작성합니다.

229_6.ino
```
void setup() {
  Serial.begin(115200);

  int t_high=0;
  while(true) {
    Serial.println(t_high);

    t_high++;
    if(t_high>10) break;
  }
}

void loop() {

}
```

02 컴파일과 업로드를 수행하고 [시리얼 모니터] 버튼을 클릭합니다.

03 시리얼 모니터 창이 뜨면, 우측 하단에서 통신 속도를 115200으로 맞춰줍니다.

| 새 줄 ∨ | 115200 보드레이트 ∨ | 출력 지우기 |

04 출력결과를 확인합니다.

```
0
1
2
3
4
5
6
7
8
9
10
```

0~10까지 시리얼 모니터로 출력됩니다.

이제 다음 예제를 다시 한 번 살펴봅니다.

```
int cnt=0;
while(true) {
digitalWrite(LED, HIGH);
delay(t_high);
digitalWrite(LED, LOW);
delay(10-t_high);

cnt++;
if(cnt==10) break;
}
```

cnt 값을 0으로 초기화한 후, while 문을 계속해서 수행합니다. while 문 내부에서는 digitalWrite, delay 함수를 이용하여 LED를 켜고 끈 후, cnt 값을 하나 증가시킵니다. 이 동작을 반복하다가 cnt 값이 10이 되면 while 문을 빠져 나갑니다.

❺ while 문의 형식

일반적인 while 문의 형식은 아래와 같습니다.

```
while ( 조건문 )
{
    실행문 ;
}
```

❻ if 문의 형식

일반적인 if 문의 형식은 아래와 같습니다. 다음은 단순 if 문입니다.

```
if ( 조건문 )
{
    실행문 ;
}
```

단순 if 문은 조건문에 맞을 때만 실행문 부분을 수행합니다.

다음은 if-else 문입니다.

```
if ( 조건문 )
{
    실행문 ;
}
else
{
    실행문 2;
}
```

if-else 문은 조건문에 맞으면 실행문 부분을 수행하고 그렇지 않을 경우 실행문 2 부분을 수행합니다.

다음은 다중 if 문입니다.

```
if ( 조건문 )
{
    실행문 ;
}
else if ( 조건문 2)
{
    실행문 2;
}
else
{
    실행문 3;
}
```

다중 if 문은 조건문에 맞으면 실행문 부분을 수행하고 그렇지 않고 조건문 2에 맞으면 실행문 2부분을 수행하고 그렇지 않을 경우 실행문 3 부분을 수행합니다.

if 문에 대해서는 뒤에서 다양하게 사용이 되며 그 때 다시 살펴보도록 합니다.

03

LED 회로를 구성해보자!

여기서는 LED 회로를 구성하는 방법에 대해서 소개합니다. 간단하게 13번 핀에 LED를 연결하는 방법을 소개하고 이전에 작성했던 예제를 이용하여 테스트를 수행해 봅니다. 그리고 8개의 LED를 한 줄로 연결한 후 몇 가지 예제를 작성해 봅니다. 마지막으로 하트 모양으로 LED 회로를 구성한 후 예제를 작성해 테스트해 봅니다.

01 _ LED, 저항, 브레드 보드 살펴보기

먼저 LED, 저항, 브레드 보드에 대해 살펴봅니다.

01-1 LED

LED는 크기나 색깔, 동작 전압에 따라 여러 가지 형태가 존재합니다.

LED의 모양은 다음과 같으며, 긴 핀과 짧은 핀을 갖습니다.

LED는 방향성이 있습니다. 즉, 회로에 연결할 때 방향을 고려해야 합니다. 긴 핀을 전원의 양극 (VCC, 5V), 짧은 핀을 음극(GND, 0V)으로 연결합니다. 반대로 연결할 경우 전류가 흐르지 못해 LED가 켜지지 않습니다.

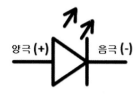

LED를 나타내는 기호는 다음과 같습니다. 양극(+)에서 음극(−)으로 전류가 흐릅니다.

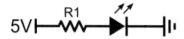

LED는 저항과 직렬로 연결해야 하며, 아두이노 보드에서는 5V와 0V 사이에 연결해 줍니다. LED를 위한 저항은 보통 220 Ohm 또는 330 Ohm을 사용합니다.

01-2 저항

다음 저항은 220 Ohm 저항입니다. 저항은 전류의 양을 조절하는 역할을 합니다. 저항은 방향성이 없기 때문에 VCC와 GND에 어떤 방향으로도 연결할 수 있습니다.

다음은 저항 기호를 나타냅니다.

❶ 저항 읽는 법

저항 값은 저항에 표시된 띠를 보고 확인할 수 있습니다. 다음 그림을 이용하면 저항 값을 알 수 있습니다. 저항은 4~5개의 색상 띠가 표시되어 있고, 그 띠색을 보고 저항 값을 읽을 수 있습니다. 저항 띠색 반대쪽에 금색 또는 은색 띠가 표시되어 있는데 금색은 5%의 오차, 은색은 10%의 오차가 있다는 의미입니다.

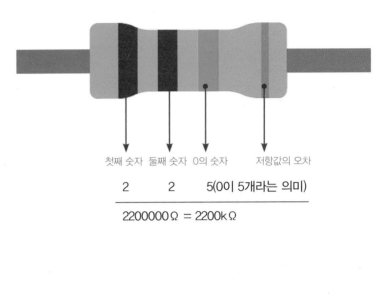

색		값
	검정색	0
	갈색	1
	빨강색	2
	주황색	3
	노란색	4
	초록색	5
	파란색	6
	보라색	7
	회색	8
	흰색	9
	은색	±10%
	금색	±5%

첫째 숫자　둘째 숫자　0의 숫자　　저항값의 오차

2　　　　2　　　　5(0이 5개라는 의미)

2200000 Ω = 2200k Ω

❷ 자주 사용하는 저항

다음은 이 책에서 주로 사용하는 저항의 종류입니다.

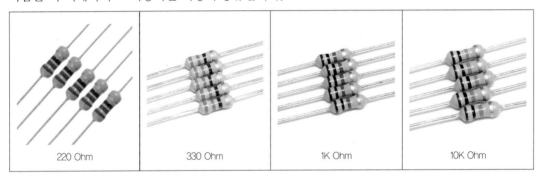

| 220 Ohm | 330 Ohm | 1K Ohm | 10K Ohm |

01-3 브레드 보드

다음은 브레드 보드 그림입니다. 브레드 보드를 사용하면 납땜을 하지 않고, 시험용 회로를 구성할 수 있습니다. 일반적으로 빨간 선을 VCC, 파란 선을 GND에 연결합니다.

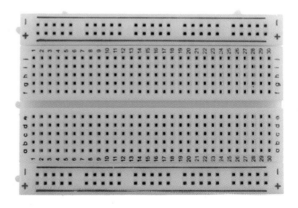

브레드 보드의 내부 구조는 다음과 같으며, 전선의 집합으로 이해할 수 있습니다.

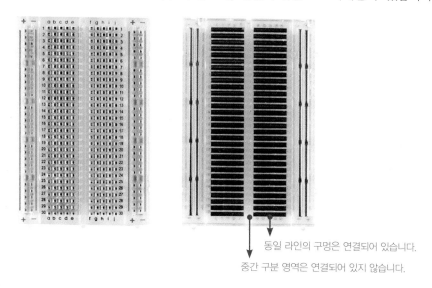

동일 라인의 구멍은 연결되어 있습니다.

중간 구분 영역은 연결되어 있지 않습니다.

02 _ 간단한 LED 회로 구성하기

여기서는 보드 상의 L로 표시된 LED(❶)에 연결된 13번 핀에 외부 LED를 연결하여 이전에 작성했던 예제를 이용하여 테스트를 수행해 봅니다. 그 과정에서 LED 회로 연결법에 대해 이해해 봅니다.

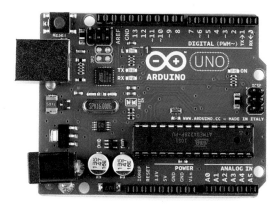

다음과 같이 회로를 구성합니다.

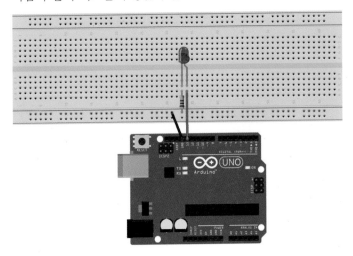

LED의 긴 핀(+)을 아두이노 우노 보드의 13번 핀에 연결합니다. LED의 짧은 핀(−)은 220 또는 330 Ohm 저항을 통해 GND 핀에 연결합니다.

※ 회로도에 맞게 점퍼선, LED, 저항 등 전자 부품을 연결할 때는 아두이노 보드가 OFF인 상태에서 연결해야 합니다. 아두이노 보드가 ON 상태에서 부품을 연결하면 간혹 아두이노 보드와 부품 등이 고장날 수 있습니다.

회로 구성 시 LED와 저항의 핀은 니퍼를 이용해 다음과 같이 적당하게 잘라줍니다.

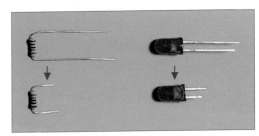

그리고 다음과 같이 브레드 보드에 LED와 저항을 연결합니다.

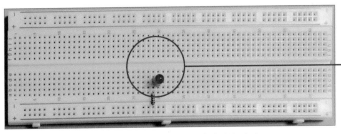

※ LED의 긴 다리와 짧은 다리를 제대로 구분해서 꽂습니다.

마지막으로 다음과 같이 아두이노 보드와 연결합니다.

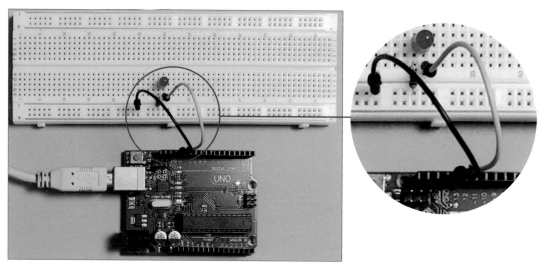

※ 브레드 보드에 부품을 먼저 꽂은 후 아두이노와 연결은 가장 마지막에 점퍼선으로 연결합니다. 특히 아두이노 보드가 0ff인 상태에서 연결해야 합니다. ON 상태에서 연결하면 부품은 물론 컴퓨터와 아두이노 보드가 손상될 수 있기 때문입니다.

02-1 LED 켜고 끄기

LED가 켜지고 꺼지는 것을 확인하기 위해 다음 예제를 수행합니다.

01 앞에서 작성했던 다음 예제를 사용합니다.

232_0.ino

```
1    const int LED = 13;
2
3    void setup() {
4     pinMode(LED, OUTPUT);
5    }
6
7    void loop() {
8     digitalWrite(LED, HIGH);
9     delay(500);
10    digitalWrite(LED, LOW);
11    delay(500);
12   }
```

8 : digitalWrite 함수를 이용해 LED에 HIGH 값을 주면 다음과 같이 LED 전류가 흐릅니다.

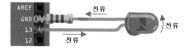

10 : digitalWrite 함수를 이용해 LED에 LOW 값을 주면 전류의 흐름이 멈춥니다.

02 컴파일과 업로드를 수행합니다.

03 LED의 동작을 확인합니다.

1초 주기로 외부 LED가 켜졌다 꺼졌다 하는 것을 확인합니다.

03 _ 복잡한 LED 회로 구성하기

여기서는 8개의 LED를 한 줄로 연결해 보고 몇 가지 예제를 작성해 봅니다. 이 과정에서 8개의 LED를 효율적으로 표현하기 위해 배열을 소개하고 활용해 봅니다.

먼저 다음과 같이 회로를 구성합니다.

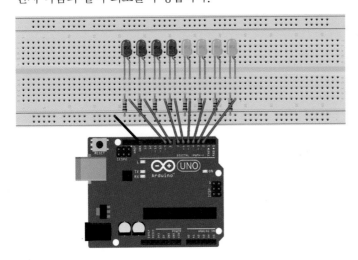

8개의 LED를 그림과 같이 배치합니다. 각각의 LED의 음극은 저항을 통해 GND로 연결합니다. 8개의 LED의 양극을 왼쪽부터 차례대로 아두이노 우노 보드의 2~9번 핀에 그림과 같이 전선으로 연결합니다.

다음과 같이 연결합니다.

03-1 전체 LED 켜 보기

여기서는 8개의 LED 전체를 초기화하고 켜보도록 합니다.

01 다음과 같이 예제를 작성합니다.

233_1.ino

```
1      const unsigned int led_0 = 2;
2      const unsigned int led_1 = 3;
3      const unsigned int led_2 = 4;
4      const unsigned int led_3 = 5;
5      const unsigned int led_4 = 6;
6      const unsigned int led_5 = 7;
7      const unsigned int led_6 = 8;
8      const unsigned int led_7 = 9;
9
10     void setup() {
11      // led 초기화
12      pinMode(led_0, OUTPUT);
13      pinMode(led_1, OUTPUT);
14      pinMode(led_2, OUTPUT);
15      pinMode(led_3, OUTPUT);
16      pinMode(led_4, OUTPUT);
17      pinMode(led_5, OUTPUT);
18      pinMode(led_6, OUTPUT);
19      pinMode(led_7, OUTPUT);
20
21      // led 켜기
22      digitalWrite(led_0, HIGH);
23      digitalWrite(led_1, HIGH);
24      digitalWrite(led_2, HIGH);
```

```
25        digitalWrite(led_3, HIGH);
26        digitalWrite(led_4, HIGH);
27        digitalWrite(led_5, HIGH);
28        digitalWrite(led_6, HIGH);
29        digitalWrite(led_7, HIGH);
30      }
31
32      void loop() {
33
34      }
```

1~8 : led_0, led_1, led_2, led_3, led_4, led_5, led_6, led_7 상수에 아두이노 핀 2~9번 핀을 할당합니다. const unsigned int 는 0 또는 양의 정수인 상수라는 의미입니다.

12~19 : pinMode 함수를 호출하여 led_0 ~ led_7 핀을 출력으로 설정합니다.

22~29 : digitalWrite 함수를 호출하여 led_0 ~ led_7 핀에 HIGH 신호를 줍니다. 이렇게 하면 8개의 LED가 동시에 켜집니다.

02 [툴] 메뉴를 이용하여 보드, 포트를 다음과 같이 선택합니다.

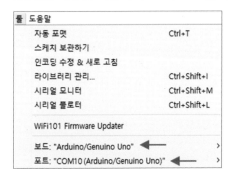

03 컴파일과 업로드를 수행합니다.

04 결과를 확인합니다. 8개의 LED가 모두 켜지는 것을 확인합니다.

03-2 변수 모여라! : 1차 배열 이용하기

여기서는 이전 예제의 led_0~led_7 상수를 1차 배열로 표현해 봅니다.

01 다음과 같이 예제를 수정합니다.

```
233_2.ino
1          const unsigned int led[8] = { 2, 3, 4, 5, 6, 7, 8, 9 };
2
3      void setup() {
4        // led 초기화
5        pinMode(led[0], OUTPUT);
6        pinMode(led[1], OUTPUT);
7        pinMode(led[2], OUTPUT);
8        pinMode(led[3], OUTPUT);
9        pinMode(led[4], OUTPUT);
10       pinMode(led[5], OUTPUT);
11       pinMode(led[6], OUTPUT);
12       pinMode(led[7], OUTPUT);
13
14       // led 켜기
15       digitalWrite(led[0], HIGH);
16       digitalWrite(led[1], HIGH);
17       digitalWrite(led[2], HIGH);
18       digitalWrite(led[3], HIGH);
19       digitalWrite(led[4], HIGH);
20       digitalWrite(led[5], HIGH);
21       digitalWrite(led[6], HIGH);
22       digitalWrite(led[7], HIGH);
23     }
24
25     void loop() {
26
27     }
```

1 : unsigned int led_0, led_1, led_2, led_3, led_4, led_5, led_6, led_7 상수를 led[8]로 대체합니다. 배열 기호 []는 같은 형태의 자료가 여러 개라는 의미입니다. 8은 똑같은 형태의 자료가 8개라는 의미입니다. 복수를 표현하는 "들"과 같은 의미입니다. 배열 기호 []이 하나일 경우 일차 배열이라고 합니다. 배열에서 각 상수에 대한 아두이노 핀 초기 값은 집한 기호 { }을 사용해서 초기화합니다. 아래 그림을 참조합니다.

5 ~ 12 : 배열의 각 항목인 led[0]~led[7] 핀을 출력으로 설정합니다. 꼭 기억해야 할 것은 배열의 항목은 1이 아닌 0에서 시작합니다. 즉, 배열의 개수는 8개 이지만 배열의 번호는 0~7이 됩니다. 이전 예제와는 다음과 같이 대응됩니다.

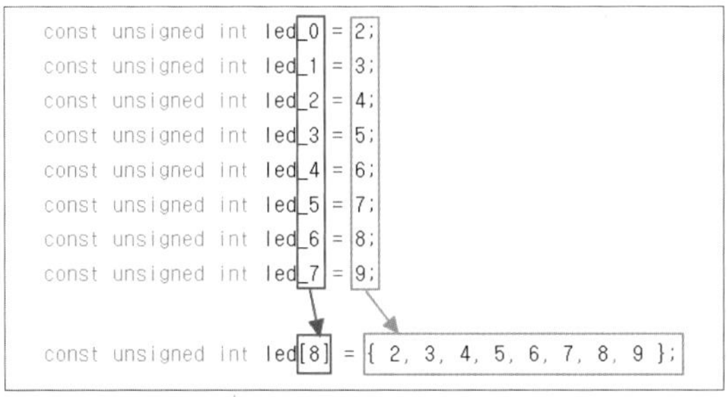

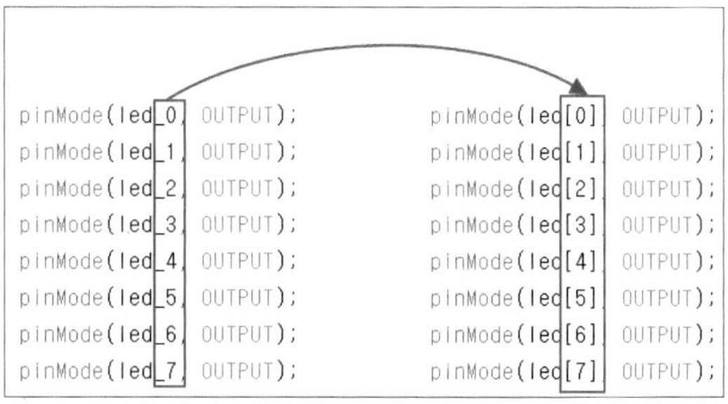

```
const unsigned int led_0 = 2;
const unsigned int led_1 = 3;
const unsigned int led_2 = 4;
const unsigned int led_3 = 5;
const unsigned int led_4 = 6;
const unsigned int led_5 = 7;
const unsigned int led_6 = 8;
const unsigned int led_7 = 9;


const unsigned int led[8] = { 2, 3, 4, 5, 6, 7, 8, 9 };
```

```
pinMode(led_0, OUTPUT);          pinMode(led[0], OUTPUT);
pinMode(led_1, OUTPUT);          pinMode(led[1], OUTPUT);
pinMode(led_2, OUTPUT);          pinMode(led[2], OUTPUT);
pinMode(led_3, OUTPUT);          pinMode(led[3], OUTPUT);
pinMode(led_4, OUTPUT);          pinMode(led[4], OUTPUT);
pinMode(led_5, OUTPUT);          pinMode(led[5], OUTPUT);
pinMode(led_6, OUTPUT);          pinMode(led[6], OUTPUT);
pinMode(led_7, OUTPUT);          pinMode(led[7], OUTPUT);
```

15 ~ 22 : digitalWrite 함수를 호출하여 배열의 각 항목인 led[0]~led[7] 핀에 HIGH 신호를 줍니다. 이렇게 하면 8개의 LED가 동시에 켜집니다. 이전 예제와는 다음과 같이 대응됩니다.

```
digitalWrite(led[0], HIGH);        digitalWrite(led[0], HIGH);
digitalWrite(led[1], HIGH);        digitalWrite(led[1], HIGH);
digitalWrite(led[2], HIGH);        digitalWrite(led[2], HIGH);
digitalWrite(led[3], HIGH);        digitalWrite(led[3], HIGH);
digitalWrite(led[4], HIGH);        digitalWrite(led[4], HIGH);
digitalWrite(led[5], HIGH);        digitalWrite(led[5], HIGH);
digitalWrite(led[6], HIGH);        digitalWrite(led[6], HIGH);
digitalWrite(led[7], HIGH);        digitalWrite(led[7], HIGH);
```

02 컴파일과 업로드를 수행합니다.

03 결과를 확인합니다.

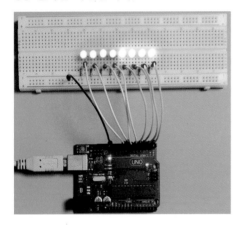

이전과 같이 led[0]~led[7]까지의 LED가 모두 켜지는 것을 확인합니다.

03-3 배열의 단짝 for문

배열은 for 문과 아주 밀접한 관계가 있습니다. 배열이 같은 형태의 자료의 집합이라면, for 문은 같은 동작의 반복 실행을 위한 제어문입니다. 그래서 배열과 for 문은 같이 사용되는 경우가 많습니다. 여기서는 for 문을 이용하여 배열 표현을 간단하게 합니다.

01 다음과 같이 예제를 수정합니다.

233_3.ino

```
1        const unsigned int led[8] = { 2, 3, 4, 5, 6, 7, 8, 9 };
2
3        void setup() {
```

```
4            // led 초기화
5            for(int x=0;x<=7;x++) {
6            pinMode(led[x], OUTPUT);
7            }
8
9            // led 켜기
10           for(int x=0;x<=7;x++) {
11           digitalWrite(led[x], HIGH);
12           }
13       }
14
15       void loop() {
16
17       }
```

5 ~ 7 : 배열의 각 항목인 led[0]~led[7] 핀을 출력으로 설정하기 위해서 for 문을 사용합니다. 아래 그림을 참조합니다.

```
pinMode(led[0], OUTPUT);
pinMode(led[1], OUTPUT);
pinMode(led[2], OUTPUT);
pinMode(led[3], OUTPUT);
pinMode(led[4], OUTPUT);
pinMode(led[5], OUTPUT);
pinMode(led[6], OUTPUT);
pinMode(led[7], OUTPUT);

for(int x=0;x<=7;x++) {
  pinMode(led[x], OUTPUT);
}
```

10 ~ 12 : 배열의 각 항목인 led[0]~led[7] 핀에 HIGH 값을 주기 위해서 for 문을 사용합니다. 아래 그림을 참조합니다.

```
digitalWrite(led[0], HIGH);
digitalWrite(led[1], HIGH);
digitalWrite(led[2], HIGH);
digitalWrite(led[3], HIGH);
digitalWrite(led[4], HIGH);
digitalWrite(led[5], HIGH);
digitalWrite(led[6], HIGH);
digitalWrite(led[7], HIGH);

for(int x=0;x<=7;x++) {
  digitalWrite(led[x], HIGH);
}
```

02 컴파일과 업로드를 수행합니다.

03 결과를 확인합니다.

이전과 같이 led[0]~led[7]까지의 LED가 모두 켜지는 것을 확인합니다.

for 문을 사용하면 LED의 개수가 바뀌더라도 for 문에서는 숫자만 변경해주면 됩니다. 이와 같이 for 문을 사용하면 간단하고 효율적으로 표현할 수 있습니다. 앞에서도 말했지만 배열과 for 문은 단 짝과도 같은 관계입니다. 배열은 반복된 자료, for 문은 반복된 동작이기 때문입니다.

03-4 전체 LED 켜고 꺼보기

여기서는 8개의 LED 전체를 켜고 끄고를 반복해 보도록 합니다.

01 다음과 같이 예제를 수정합니다.

233_4.ino

```
1      const unsigned int led[8] = { 2, 3, 4, 5, 6, 7, 8, 9 };
2
3      void setup() {
4       for(int x=0;x<=7;x++) {
5              pinMode(led[x], OUTPUT);
6       }
7      }
8
9      void loop() {
10     // led 켜기
11     for(int x=0;x<=7;x++) {
12             digitalWrite(led[x], HIGH);
13     }
14     delay(500);
```

```
15
16          // led 끄기
17          for(int x=0;x<=7;x++) {
18                  digitalWrite(led[x], LOW);
19          }
20          delay(500);
21      }
```

11 ~ 13 : digitalWrite 함수를 호출하여 led[0]~led[7] 핀에 HIGH 신호를 주어 8개의 LED를 켭니다.
14   : 0.5 초간 기다립니다.
17 ~ 19 : digitalWrite 함수를 호출하여 led[0]~led[7] 핀에 LOW 신호를 주어 8개의 LED를 끕니다.
20   : 0.5 초간 기다립니다.

02 컴파일과 업로드를 수행합니다.

03 결과를 확인합니다.

8개의 LED 전체가 0.5 초 간격으로 모두 켜지고 꺼지고를 반복합니다.

03-5 LED 차례대로 켜고 꺼보기

여기서는 8개의 LED를 차례대로 켜고 끄고를 반복해 봅니다. 그리고 켜고 끄는 시간 간격을 줄여가면서 8개의 LED 전체가 동시에 켜진 것처럼 보이게 해 봅니다.

01 다음과 같이 예제를 수정합니다.

`233_5.ino`

```
1       const unsigned int led[8] = { 2, 3, 4, 5, 6, 7, 8, 9 };
2
3       void setup() {
```

```
4           for(int x=0;x<=7;x++) {
5                   pinMode(led[x], OUTPUT);
6           }
7       }
8
9       void loop() {
10        for(int x=0;x<=7;x++) {
11
12                  // led 모두 끄기
13                  for(int x=0;x<=7;x++) {
14                   digitalWrite(led[x], LOW);
15                  }
16
17                  digitalWrite(led[x], HIGH);
18
19                  delay(500);//1/4=0.25Hz
20        }
21      }
```

10   : led[0]~led[7]까지 차례대로
12~14 : 전체 LED를 끈 후,
17   : digitalWrite 함수를 호출하여 각각의 LED를 켭니다.
19   : 0.5 초간 기다립니다.

이 예제는 10~20줄의 동작을 수행하는데 약 4초가 걸립니다. LED 8개를 1회 차례대로 켜고 끄는데
걸리는 시간이 4초이니 주파수는 Tf=1 식에 의해 f=1/T가 되어 1/4=0.25Hz가 됩니다.

02 컴파일과 업로드를 수행합니다.

03 결과를 확인합니다.

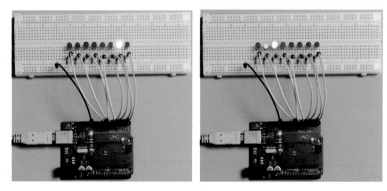

8개의 LED가 차례대로 0.5초 간격으로 커지고 꺼지는 것을 볼 수 있습니다.

04 이전 예제의 19번째 줄을 다음과 같이 수정합니다.

```
19              delay(50);//10/4=2.5Hz
```

19 : 지연 시간을 50으로 줄여 동작을 10배 빨리 하도록 합니다. 이렇게 하면 LED 8개를 1회 차례대로 켜고 끄는데 초당 2.5회 수행하게 됩니다. 즉, 2.5Hz가 됩니다.

05 컴파일과 업로드를 수행합니다.

06 결과를 확인합니다.

8개의 LED가 차례대로 0.05초 간격으로 켜지고 꺼지는 것을 볼 수 있습니다. 개별 LED가 켜지고 꺼지는 것을 볼 수 있습니다.

07 이전 예제의 19번째 줄을 다음과 같이 수정합니다.

```
19              delay(5);//100/4=25Hz
```

19 : 지연 시간을 5로 줄여 동작을 처음보다 100배 빨리 하도록 합니다. 이렇게 하면 LED 8개를 1회 차례대로 켜고 끄는 데 초당 25회 수행하게 됩니다. 즉, 25Hz가 됩니다.

08 컴파일과 업로드를 수행합니다.

09 결과를 확인합니다.

8개의 LED가 차례대로 0.005초 간격으로 켜지고 꺼지지만 제대로 볼 수 없습니다. 전체 LED가 흔들리는 것처럼 켜져 있다고 느껴집니다.

10 이전 예제의 19번째 줄을 다음과 같이 수정합니다.

```
19                     delay(1);//500/4=125Hz
```

19 : 지연 시간을 1로 줄여 동작을 처음보다 500배 빨리 하도록 합니다. 이렇게 하면 LED 8개를 1회 차례대로 켜고 끄는 데 초당 125회 수행하게 됩니다. 즉, 125Hz가 됩니다.

11 컴파일과 업로드를 수행합니다.

12 결과를 확인합니다.

8개의 LED가 차례대로 0.001초 간격으로 켜지고 꺼지지만 제대로 볼 수 없습니다. 전체 LED가 안정적으로 켜져 있다고 느껴집니다. 일반적으로 50Hz 이상으로 동작하면 우리 눈은 그것의 자세한 동작을 구분할 수 없습니다.

04 _ 하트 LED 회로 구성하기

여기서는 12 개의 LED를 하트 모양으로 연결해 보고 몇 가지 예제를 작성해 봅니다. 여기서도 12개의 LED를 제어하기 위해 배열과 for문을 사용합니다.

회로 구성이 복잡해 몇 단계로 나누어 회로 구성을 해 봅니다.

01 먼저 다음과 같이 LED를 배치합니다.

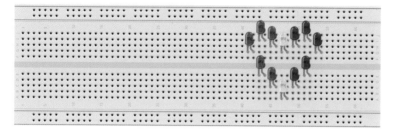

각 LED의 꺾인 다리 부분이 양극입니다. 다음 사진을 참조합니다.

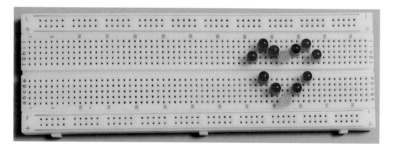

02 다음과 같이 저항을 배치합니다.

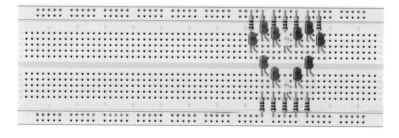

저항은 각 LED의 음극과 연결된 후, 브레드 보드의 공통 음극에 연결합니다.

다음 사진을 참조합니다.

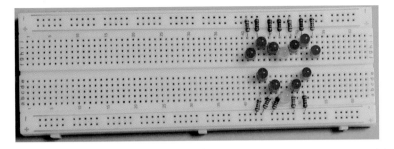

03 다음과 같이 선을 연결합니다.

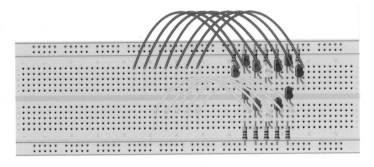

선을 LED의 양극에 그림과 같이 연결합니다.

다음 사진을 참조합니다.

04 다음과 같이 아두이노 보드와 연결합니다.

다음 사진을 참조합니다.

05 다음과 같이 GND를 연결합니다.

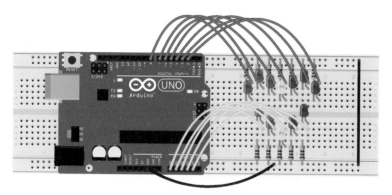

다음 사진을 참조합니다.

이상 회로 구성을 마쳤습니다.

※ 회로 구성 시 저항이나 LED의 핀이 서로 닿으면 합선이 될 수 있으니 주의합니다.

04-1 하트 LED 켜 보기

여기서는 하트 LED 전체를 초기화하고 켜 보도록 합니다.

01 다음과 같이 예제를 작성합니다.

234_1.ino

```
1      const unsigned int led[12] = { 8, 7, 6, 5, 4, 3, 2, 18, 17, 16, 15, 14 };
2
3      void setup() {
4        // led 초기화
5        for(int x=0;x<=11;x++) {
6              pinMode(led[x], OUTPUT);
7        }
8
9        // led 켜기
10       for(int x=0;x<=11;x++) {
11             digitalWrite(led[x], HIGH);
12       }
13     }
14
15     void loop() {
16
17     }
```

1   : 0과 양의 정수 상수의 배열인 led를 선언하고 아두이노 핀을 예제와 같이 초기화합니다.
5 ~ 7   : 배열의 각 항목인 led[0]~led[11] 핀을 출력으로 설정하기 위해서는 for 문을 사용합니다.
10 ~ 12 : 배열의 각 항목인 led[0]~led[11] 핀에 HIGH 값을 주기 위해서 for 문을 사용합니다.

02 [툴] 메뉴를 이용하여 보드, 포트를 다음과 같이 선택합니다.

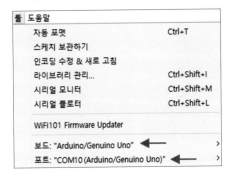

03 컴파일과 업로드를 수행합니다.

04 결과를 확인합니다.

하트 LED가 모두 켜지는 것을 확인합니다.

04-2 하트 LED 켜고 꺼보기

여기서는 하트 LED 전체를 켜고 끄고를 반복해 보도록 합니다.

01 다음과 같이 예제를 수정합니다.

234_2.ino

```
1    const unsigned int led[12] = { 8, 7, 6, 5, 4, 3, 2, 18, 17, 16, 15, 14 };
2
3    void setup() {
4     // led 초기화
5     for(int x=0;x<=11;x++) {
6            pinMode(led[x], OUTPUT);
7     }
8    }
9
10   void loop() {
11    // led 켜기
12    for(int x=0;x<=11;x++) {
13           digitalWrite(led[x], HIGH);
14    }
15    delay(500);
16
17    // led 끄기
18    for(int x=0;x<=11;x++) {
19           digitalWrite(led[x], LOW);
20    }
21    delay(500);
22   }
```

12 ~ 14 : digitalWrite 함수를 호출하여 led[0]~led[11] 핀에 HIGH 신호를 주어 12개의 LED를 켭니다.
15   : 0.5 초간 기다립니다.
18 ~ 20 : digitalWrite 함수를 호출하여 led[0]~led[11] 핀에 LOW 신호를 주어 12개의 LED를 끕니다.
20   : 0.5 초간 기다립니다.

02 [툴] 메뉴를 이용하여 보드, 포트를 다음과 같이 선택합니다.

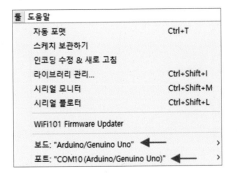

03 컴파일과 업로드를 수행합니다.

04 결과를 확인합니다.

하트 LED 전체가 0.5 초 간격으로 모두 켜지고 꺼지고를 반복합니다.

04-3 하트 LED 차례대로 켜고 꺼보기

여기서는 하트 LED 하나하나를 차례대로 켜고 끄고를 반복해 봅니다. 그리고 켜고 끄는 시간 간격을 줄여가면서 하트 LED 전체가 동시에 켜진 것처럼 보이게 해 봅니다.

01 다음과 같이 예제를 수정합니다.

234_3.ino

```
1    const unsigned int led[12] = { 8, 7, 6, 5, 4, 3, 2, 18, 17, 16, 15, 14 };
2
3    void setup() {
4     for(int x=0;x<=11;x++) {
5            pinMode(led[x], OUTPUT);
6     }
7    }
8
```

```
9       void loop() {
10       for(int x=0;x<=11;x++) {
11
12              // led 모두 끄기
13              for(int x=0;x<=11;x++) {
14               digitalWrite(led[x], LOW);
15              }
16
17              digitalWrite(led[x], HIGH);
18
19              delay(500);//1/6=0.167Hz
20        }
21      }
```

10   : led[0]~led[11]까지 차례대로
13~15 : 전체 LED를 끈 후,
17   : digitalWrite 함수를 호출하여 각각의 LED를 켭니다.
19   : 0.5 초간 기다립니다.

이 예제는 10~20줄의 동작을 수행하는데 약 6초가 걸립니다. LED 12개를 1회 차례대로 켜고 끄는데 걸리는 시간이 6초이니 주파수는 Tf=1 식에 의해 f=1/T가 되어 1/6=0.167Hz가 됩니다.

02 컴파일과 업로드를 수행합니다.

03 결과를 확인합니다.

하트 LED 하나하나가 차례대로 0.5초 간격으로 켜지고 꺼지는 것을 볼 수 있습니다.

04 이전 예제의 19번째 줄을 다음과 같이 수정합니다.

```
19              delay(50);//10/6=1.67Hz
```

19 : 지연 시간을 50으로 줄여 동작을 10배 빨리 하도록 합니다. 이렇게 하면 LED 12 개를 1회 차례대로 켜고 끄는데 초당 1.67회 수행하게 됩니다. 즉, 1.67Hz가 됩니다.

05 컴파일과 업로드를 수행합니다.

06 결과를 확인합니다.

하트 LED 하나하나가 차례대로 0.05초 간격으로 켜지고 꺼지는 것을 볼 수 있습니다. 개별 LED가 켜지고 꺼지는 것을 볼 수 있습니다.

07 이전 예제의 19번째 줄을 다음과 같이 수정합니다.

```
19            delay(5);//100/6=16.7Hz
```

19 : 지연 시간을 5로 줄여 동작을 처음보다 100배 빨리 하도록 합니다. 이렇게 하면 LED 12 개를 1회 차례대로 켜고 끄는 데 초당 16.7회 수행하게 됩니다. 즉, 16.7Hz가 됩니다.

08 컴파일과 업로드를 수행합니다.

09 결과를 확인합니다.

하트 LED 하나하나가 차례대로 0.005초 간격으로 켜지고 꺼지지만 제대로 볼 수 없습니다. 전체 LED가 흔들리는 것처럼 켜져 있다고 느껴집니다.

10 이전 예제의 19번째 줄을 다음과 같이 수정합니다.

```
19            delay(1);//500/6=83.3Hz
```

19 : 지연 시간을 1로 줄여 동작을 처음보다 500배 빨리 하도록 합니다. 이렇게 하면 LED 12개를 1회 차례대로 켜고 끄는 데 초당 83.3회 수행하게 됩니다. 즉, 83.3Hz가 됩니다.

11 컴파일과 업로드를 수행합니다.

12 결과를 확인합니다.

하트 LED 하나하나가 차례대로 0.001초 간격으로 켜지고 꺼지지만 제대로 볼 수 없습니다. 전체 LED가 안정적으로 켜져 있다고 느껴집니다.

이상 하트 LED에 대한 예제를 수행해 보았습니다. 여러분은 아래 그림과 같이 LED를 다이아몬드 모양으로 배치할 수도 있습니다. 또 화살표 모양으로 배치할 수도 있습니다.

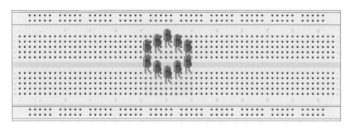

04

빛의 연주 : analogWrite

크리스마스 트리에 있는 여러 색깔의 전등의 밝기가 바뀌는 것을 본적이 있으십니까? 마치 빛의 연주같은 느낌이 들지 않나요? analogWrite은 함수가 바로 그런 역할을 합니다. 여기서는 analogWrite 함수를 이용하여 LED의 밝기를 조절하는 방법을 살펴봅니다.

독자 여러분은 2장 2절에서 digitalWrite 함수와 delay 함수를 이용하여 100Hz의 주파수와 0~10개의 HIGH 값으로 LED의 밝기를 조절해 보았습니다. analogWrite 함수를 사용할 경우 빠른 주파수와 더 조밀한 상하비로 LED의 밝기를 조절할 수 있습니다. 상하비의 경우 HIGH에 해당하는 구간을 듀티 사이클(duty cycle)이라고 합니다.

아두이노 우노 보드에서 analogWrite 함수는 마이컴 내부에 있는 Timer/Counter 모듈에 명령을 주어 아래와 같은 형태의 사각 파형을 내보낼 수 있습니다.

Timer/Counter 모듈은 마이컴 내부에 있는 시계와 같습니다. 그래서 Timer/Counter 모듈은 시간에 맞추어 정해진 파형을 내보내는 역할을 합니다.

다음 핀들은 사각 파형을 내보낼 수 있는 핀들입니다. PWM~이라고 표시된 핀(2, 5, 6, 9, 10, 번)들입니다.

여러분은 아두이노 스케치를 통해 LED의 밝기를 조절하거나 모터의 속도를 조절할 때 analogWrite 함수를 주로 사용합니다.

analogWrite

analogWrite란 특정 핀으로 일정한 모양의 사각 파형을 내보내는 명령어입니다.

```
analogWrite(pin, value);
           ❶    ❷
```

❶ 제어하고자 하는 핀 번호입니다. 정수형을 씁니다.

❷ 듀티 사이클로 0~255 사이의 값을 가집니다. 정수형을 씁니다.

analogWrite 함수는 내부 Timer/Counter 모듈에 명령을 주어 해당 핀으로 일정한 모양의 사각 파형을 내보내게 합니다. Timer/Counter 모듈은 새로운 analogWrite 명령을 받을 때까지 해당 핀으로 똑같은 사각 파형을 내보냅니다.

analogWrite 함수를 통해 여러분은 490Hz 또는 980Hz의 속도로 0~255의 HIGH 값으로 LED의 밝기를 조절할 수 있습니다. 즉, 더 빠른 주파수와 더 조밀한 상하비로 LED의 밝기를 조절할 수 있습니다. 그러나 주파수는 490Hz 또는 980Hz로 고정된 값이며 0~255의 상하비만 변경할 수 있습니다.

아두이노 우노의 경우 사각 파형의 주파수는 5, 6번 핀의 경우 약 980 Hz이고, 나머지 핀들은 약 490 Hz 정도로 정해져 있습니다.

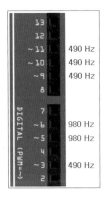

이전 예제를 analogWrite 함수를 이용하여 변경한 후, LED가 같은 형태로 동작하도록 해 봅니다.

01 _ LED 회로 구성하기

다음과 같이 회로를 구성합니다.

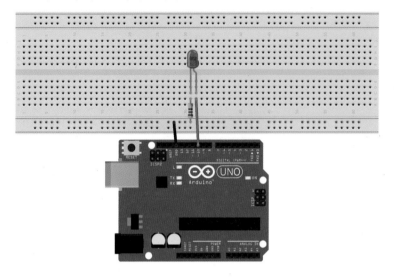

LED의 긴 핀(+)을 아두이노 우노 보드의 10번 핀에 연결합니다. LED의 짧은 핀(−)은 220 또는 330 Ohm 저항을 통해 GND 핀에 연결합니다. 10번 핀은 analogWrite를 통해 제어할 수 있는 PWM 핀입니다.

02 _ LED 어둡게 하기

여기서는 analogWrite 함수를 이용하여 PWM~ 핀에 연결된 LED의 밝기를 상대적으로 어둡게 해 봅니다.

01 예제를 다음과 같이 작성합니다.

`242_1.ino`

```
1      const int LED = 10;
2
3      void setup() {
4       analogWrite(LED, 25);
5
6      }
7
8      void loop() {
9
10     }
```

1 : LED 상수에 10번 핀을 할당합니다. 10번 핀은 PWM~ 핀입니다.

4 : analogWrite 함수를 이용해 LED 핀에 255중 25만큼 HIGH 값이 나가게 Timer/Counter 모듈을 설정합니다.

02 [툴] 메뉴를 이용하여 보드, 포트를 다음과 같이 선택합니다.

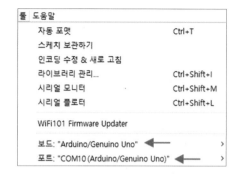

03 컴파일과 업로드를 수행합니다.

04 결과를 확인합니다.

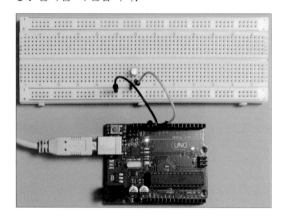

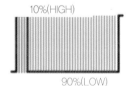

이 예제의 경우 25(약 10%) 만큼 점등 상태로, (255-25)(약 90%) 만큼 소등 상태로 있게 됩니다. 그래서 LED가 어둡다고 느낄 수 있습니다.

이 예제는 다음 예제와 같이 동작합니다.

`242_2.ino`

```
1    const int LED = 10;
2
3    void setup() {
4     pinMode(LED, OUTPUT);
5    }
6
7    void loop() {
8     digitalWrite(LED, HIGH);
9     delay(1);
10    digitalWrite(LED, LOW);
11    delay(9);
12   }
```

digitalWrite 함수로 LED의 밝기를 조절한 경우엔 아두이노 칩 내부에 있는 CPU가 직접 핀 제어를 통해 주파수와 상하비를 조절하였습니다. 그러나 analogWrite 함수의 경우에는 아두이노 칩 내부에 있는 Timer/Counter 모듈을 이용하여 사각 파형을 만들어 냅니다. 즉, Timer/Counter 모듈이 핀 제어를 통해 주파수와 상하비를 조절합니다. CPU는 다른 코드를 수행할 수 있습니다.

03 _ LED 밝게 하기

이번엔 analogWrite 함수를 이용하여 PWM~ 핀에 연결된 LED의 밝기를 상대적으로 밝게 해 봅니다.

05 다음과 같이 예제를 수정합니다.

```
243_1.ino
1    const int LED = 10;
2
3    void setup() {
4     analogWrite(LED, 225);
5
6    }
7
8    void loop() {
9
10    }
```

4 : analogWrite 함수를 이용해 LED 핀에 255중 225만큼 HIGH 값이 나가게 Timer/Counter 모듈을 설정합니다.

06 컴파일과 업로드를 수행합니다.

07 결과를 확인합니다.

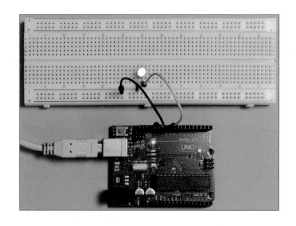

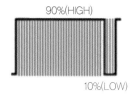
90%(HIGH)

10%(LOW)

이 예제의 경우 225(약 90%) 만큼 점등 상태로, 255-225(약 10%) 만큼 소등 상태로 있게 됩니다. 그래서 우리는 LED가 이전 예제에 비해 아주 밝다고 느끼게 됩니다.

이 예제는 다음 예제와 같이 동작합니다.

243_2.ino

```
1    const int LED = 10;
2
3    void setup() {
4     pinMode(LED, OUTPUT);
5     }
6
7    void loop() {
8     digitalWrite(LED, HIGH);
9     delay(9);
10    digitalWrite(LED, LOW);
11    delay(1);
12    }
```

04 _ LED 밝기 조절해보기

여기서는 analogWrite 함수를 이용하여 256단계로 LED 밝기를 변경해 봅니다. 다음의 상하비로 LED의 밝기를 조절해 보도록 합니다.

0:255, 1:254, 2:253, 3:252 ... 255:0

즉, HIGH의 개수는 0부터 255까지 차례로 늘어나며, 반대로 LOW의 개수는 255부터 0까지 차례로 줄게 됩니다.

04-1 LED 밝기를 11단계로 조절해 보기

먼저 0.1초 간격으로 LED의 밝기를 11단계로 조절해 봅니다.

01 이전 예제를 다음과 같이 수정합니다.

```
244_1.ino
1       const int LED = 10;
2
3       void setup() {
4
5       }
6
7       void loop() {
8        for(int t_high=0;t_high<=10;t_high++) {
9               analogWrite(LED, t_high*25);
10              delay(100);
11       }
12      }
```

8 : for 문을 사용하여 t_high 변수 값을 0부터 10까지 1 간격으로 변경하고 있습니다.
9 : analogWrite 함수를 호출하여 LED에 0, 25, 50, ... 250의 HIGH 값을 주고 있습니다.
10 : 100 밀리 초간 기다립니다.

02 컴파일과 업로드를 수행합니다.

03 결과를 확인합니다.

약 1.1초 간 0, 25, 50, ...250 단계로 LED의 밝기가 증가하는 것을 볼 수 있습니다.

04-2 LED 밝기를 256단계로 조절해 보기

이제 0.04초 간격으로 LED의 밝기를 256단계로 조절해 봅니다.

01 이전 예제를 다음과 같이 수정합니다.

244_2.ino

```
1       const int LED = 10;
2
3       void setup() {
4
5       }
6
7       void loop() {
8        for(int t_high=0;t_high<=255;t_high++) {
9               analogWrite(LED, t_high);
10              delay(4);
11       }
12       }
```

8 : for 문을 사용하여 t_high 변수 값을 0부터 255까지 1 밀리 초 간격으로 주기적으로 변경하고 있습니다.
9 : analogWrite 함수를 호출하여 LED에 0, 1, 2, ... 255의 HIGH 값을 주고 있습니다.
10 : 4 밀리 초간 기다립니다.

02 컴파일과 업로드를 수행합니다.

03 결과를 확인합니다.

약 1초간 0~255 단계로 LED의 밝기가 증가하는 것을 볼 수 있습니다.

05 _ LED의 연주

여기서는 6개의 LED를 한 줄로 연결해 보고 몇 가지 예제를 작성해 봅니다.

먼저 다음과 같이 회로를 구성합니다.

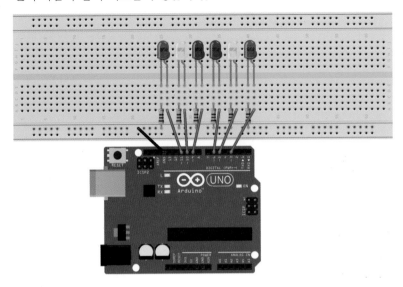

6개의 LED를 그림과 같이 배치합니다. 각각의 LED의 음극은 저항을 통해 GND로 연결합니다. 6개의 LED의 양극을 왼쪽부터 차례대로 아두이노 우노 보드의 PWM 핀인 ~3, ~5, ~6, ~9, ~10, ~11번 핀에 그림과 같이 전선으로 연결합니다.

다음과 같이 연결합니다.

05-1 빛의 징검다리

여기서는 6개의 LED가 징검다리를 건너듯이 차례대로 밝아지며 빛을 이동시켜봅니다.

01 다음과 같이 예제를 작성합니다.

245_1.ino

```
1    const unsigned int led[6] = { 3, 5, 6, 9, 10, 11 };
2
3    void setup() {
4
5    }
6
7    void loop() {
8
9      for(int t_high=0;t_high<=255;t_high++) {
10       analogWrite(led[0], t_high);
11       delay(2);
12       }
13       analogWrite(led[0], 0);
14
15       for(int t_high=0;t_high<=255;t_high++) {
16       analogWrite(led[1], t_high);
17       delay(2);
18       }
19       analogWrite(led[1], 0);
20
21       for(int t_high=0;t_high<=255;t_high++) {
22       analogWrite(led[2], t_high);
23       delay(2);
24       }
25       analogWrite(led[2], 0);
26
27       for(int t_high=0;t_high<=255;t_high++) {
28       analogWrite(led[3], t_high);
29       delay(2);
30       }
31       analogWrite(led[3], 0);
32
33       for(int t_high=0;t_high<=255;t_high++) {
34       analogWrite(led[4], t_high);
35       delay(2);
36       }
37       analogWrite(led[4], 0);
38
39       for(int t_high=0;t_high<=255;t_high++) {
40       analogWrite(led[5], t_high);
41       delay(2);
42       }
43       analogWrite(led[5], 0);
44    }
```

1 : 0과 양의 정수 상수의 배열인 led를 선언하고 아두이노 PWM 핀 3, 5, 6, 9, 10, 11로 초기화합니다.

9 ~ 12 : led[0]의 밝기를 2밀리 초 간격으로 0~255까지 밝아지게 합니다.

13 : led[0]을 끕니다.

15~43 : 나머지 led에 대해서도 같은 동작을 수행합니다.

02 컴파일과 업로드를 수행합니다.

03 결과를 확인합니다.

6개의 LED가 차례대로 밝아지고 꺼지며 빛이 이동합니다.

05-2 이중 for 문 사용해 보기

여기서는 이전 예제를 하나의 for 문을 더해 좀 더 간단하게 정리해보겠습니다.

이전 예제는 6개의 for 문으로 구성되었습니다. 즉, 6개의 for 문이 반복적으로 수행되고 있습니다.

반복적인 동작은 for 문을 이용하여 간단하게 표현할 수 있습니다.

01 다음과 같이 예제를 수정합니다.

```
245_2.ino
1       const unsigned int led[6] = { 3, 5, 6, 9, 10, 11 };
2
3       void setup() {
4
5       }
6
7       void loop() {
8        for(int n=0;n<=5;n++) {
9
10              for(int t_high=0;t_high<=255;t_high++) {
11              analogWrite(led[n], t_high);
```

```
12              delay(2);
13            }
14          analogWrite(led[n], 0);
15
16      }
17    }
```

8~16 : 6개의 반복된 for문을 더 큰 for 문 하나로 표현하였습니다.

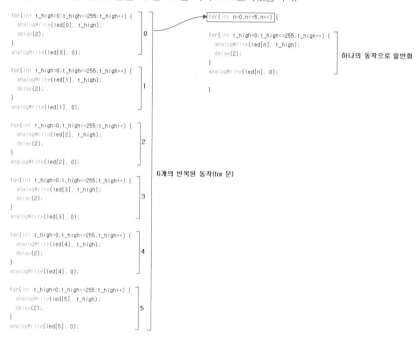

11, 14 : led[0]~led[5]는 led[n]으로 표현합니다.

02 컴파일과 업로드를 수행합니다.

03 결과를 확인합니다.

이전 예제의 동작과 같습니다. 즉, 6개의 LED가 차례대로 밝아지고 꺼지며 빛이 이동합니다.

05-3 LED 차례대로 밝아지기

여기서는 6개의 LED를 차례대로 밝아지게 하여 전체 LED가 켜지게 하는 동작을 반복해 봅니다.

01 다음과 같이 예제를 작성합니다.

`245_3.ino`

```
1    const unsigned int led[6] = { 3, 5, 6, 9, 10, 11 };
2
3    void setup() {
4
5    }
6
7    void loop() {
8
9      for(int t_high=0;t_high<=255;t_high++) {
10            analogWrite(led[0], t_high);
11            delay(2);
12     }
13
14     for(int t_high=0;t_high<=255;t_high++) {
15            analogWrite(led[1], t_high);
16            delay(2);
17     }
18
19     for(int t_high=0;t_high<=255;t_high++) {
20            analogWrite(led[2], t_high);
21            delay(2);
22     }
23
24     for(int t_high=0;t_high<=255;t_high++) {
25            analogWrite(led[3], t_high);
26            delay(2);
27     }
28
29     for(int t_high=0;t_high<=255;t_high++) {
30            analogWrite(led[4], t_high);
31            delay(2);
32     }
33
34     for(int t_high=0;t_high<=255;t_high++) {
35            analogWrite(led[5], t_high);
36            delay(2);
37     }
38
39     for(int n=0;n<=5;n++) {
40            analogWrite(led[n], 0);
41     }
42
43     delay(500);
44   }
```

1   : 0과 양의 정수 상수의 배열인 led를 선언하고 아두이노 PWM 핀 3, 5, 6, 9, 10, 11로 초기화합니다.

9 ～ 12 : led[0]의 밝기를 2밀리 초 간격으로 0～255까지 밝아지게 합니다.

14～37 : 나머지 led에 대해서도 같은 동작을 수행합니다.

39～41 : for 문을 이용하여 led[0]～led[5]를 모두 끕니다.

43   : 0.5 초 기다립니다.

02 컴파일과 업로드를 수행합니다.

03 결과를 확인합니다.

6개의 LED가 차례대로 밝아지며 전체 LED가 켜지고 동시에 꺼지는 동작을 반복합니다.

05-4 for 문으로 간단하게 표현하기

여기서는 이전 예제를 하나의 for 문을 더해 좀 더 간단하게 정리해보겠습니다.

이전 예제는 7개의 for 문으로 구성되었습니다. 이 중 6개 for 문이 반복적으로 수행되고 있습니다. 반복적인 동작은 더 큰 for 문을 이용하여 간단하게 표현할 수 있습니다.

01 다음과 같이 예제를 수정합니다.

`245_4.ino`

```
1    const unsigned int led[6] = { 3, 5, 6, 9, 10, 11 };
2
3    void setup() {
4
5    }
6
7    void loop() {
8     for(int n=0;n<=5;n++) {
9            for(int t_high=0;t_high<=255;t_high++) {
10             analogWrite(led[n], t_high);
11             delay(2);
12            }
13     }
14
```

```
15        for(int n=0;n<=5;n++) {
16                analogWrite(led[n], 0);
17        }
18
19        delay(500);
20      }
```

8~13 : 6개의 반복된 for문을 더 큰 for 문 하나로 표현하였습니다.

```
for(int t_high=0;t_high<=255;t_high++) {
  analogWrite(led[0], t_high);
  delay(2);                           }  0
}
```
```
for(int t_high=0;t_high<=255;t_high++) {
  analogWrite(led[1], t_high);
  delay(2);                           }  1
}
```
```
for(int t_high=0;t_high<=255;t_high++) {
  analogWrite(led[2], t_high);
  delay(2);                           }  2
}
```
```
for(int t_high=0;t_high<=255;t_high++) {
  analogWrite(led[3], t_high);
  delay(2);                           }  3
}
```
```
for(int t_high=0;t_high<=255;t_high++) {
  analogWrite(led[4], t_high);
  delay(2);                           }  4
}
```
```
for(int t_high=0;t_high<=255;t_high++) {
  analogWrite(led[5], t_high);
  delay(2);                           }  5
}
```

6개의 반복된 for 문

```
for(int n=0;n<=5;n++) {
  for(int t_high=0;t_high<=255;t_high++) {
    analogWrite(led[n], t_high);
    delay(2);
  }
}
```

10 : led[0]~led[5]는 led[n]으로 표현합니다.

02 컴파일과 업로드를 수행합니다.

✔ ➡ 📄 ⬆ ⬇ 확인   ✔ ➡ 📄 ⬆ ⬇ 업로드

03 결과를 확인합니다.

이전 예제의 동작과 같습니다. 즉, 6개의 LED가 차례대로 밝아지며 전체 LED가 켜지고 동시에 꺼지는 동작을 반복합니다.

05-5 LED 차례대로 밝아지고 어두워지기

여기서는 for 문을 하나 더 추가해 6개의 LED를 차례대로 밝아지게 하여 전체 LED가 켜진 후, 차례대로 어두워져 전체 LED가 꺼지는 동작을 반복해 봅니다. 추가되는 for 문은 이전 for 문에 대해 대칭되는 동작입니다.

01 다음과 같이 예제를 수정합니다.

245_5.ino

```
1      const unsigned int led[6] = { 3, 5, 6, 9, 10, 11 };
2
3      void setup() {
4
5      }
6
7      void loop() {
8       for(int n=0;n<=5;n++) {
9              for(int t_high=0;t_high<=255;t_high++) {
10               analogWrite(led[n], t_high);
11               delay(2);
12               }
13          }
14
15      for(int n=5;n>=0;n--) {
16              for(int t_high=255;t_high>=0;t_high--) {
17               analogWrite(led[n], t_high);
18               delay(2);
19               }
20          }
21
22      delay(500);
23      }
```

8   : led[0]~led[5]까지 차례대로
9 ~ 12 : led[n]의 밝기를 2밀리 초 간 격으로 0~255까지 밝아지게 합니다.
15   : led[5]~led[0]까지 차례대로 (순서가 반대입니다)
16 ~ 19 : led[n]의 밝기를 2밀리 초 간 격으로 255~0까지 어두워지게 합니다(순서가 반대입니다).
22   : 0.5 초간 기다립니다.

02 컴파일과 업로드를 수행합니다.

03 결과를 확인합니다.

6개의 LED가 차례대로 밝아져 전체 LED가 켜진 후, 차례대로 어두워져 전체 LED가 꺼지는 동작을 반복합니다.

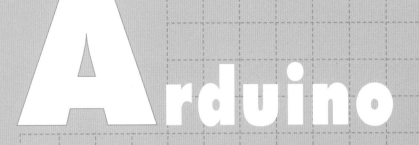

Arduino

이번 장은 아두이노에게 여러 가지 자극을 주며 아두이노가 반응하도록 하는 방법을 살펴봅니다. PC를 통해 아두이노에게 메시지를 보내 아두이노가 LED를 제어하는 방법, 버튼을 이용한 LED 주사위를 만드는 방법, 가변 저항를 통해 LED 막대 측정기를 만드는 방법, 부저를 통해 연주하는 방법, 서보 모터를 동작시키는 방법, 초음파 센서를 이용하여 거리를 감지하는 방법 등을 살펴보고 아두이노 중수가 되어 봅니다.

아두이노 중수되기

아두이노의 귀 : Serial.read

아두이노가 동작하는 도중에 무언가를 시키고 싶습니다. 어떻게 해야 할까요? 여러분의 명령을 아두이노가 들을 수 있어야 가능합니다. 사용자의 명령을 아두이노가 듣기 위해서는 Serial.read 함수가 필요합니다. 여기서는 Serial.read 함수를 통해 여러분의 명령을 아두이노가 알아듣는 방법을 살펴봅니다.

우리는 앞에서 Serial.println 함수를 통해서 아두이노의 이야기를 듣는 방법을 살펴보았습니다. 그러면 아두이노가 우리의 이야기를 듣는 방법을 없을까요? 아두이노가 우리의 이야기를 들어야 우리가 원하는 것을 아두이노에게 시킬 수 있지 않을까요? 이 때 필요한 함수가 바로 Serial.read 함수입니다.

여기서는 시리얼 입력을 살펴봅니다. 시리얼 입력은 사용자의 입력을 받기 위해 필요하며 Serial.available 함수와 Serial.read 함수를 이용합니다. 사용자의 입력을 받기 때문에 아주 중요한 기능입니다.

다음 핀은 Serial.read 함수 등을 통해 PC로부터 문자열을 받는 핀입니다.

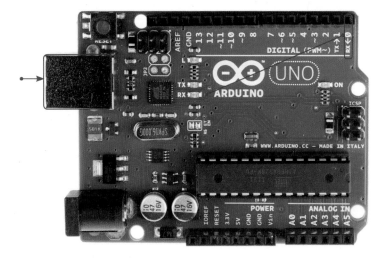

아두이노는 RX 핀과 USB 단자를 통해 PC로부터 메시지를 받습니다.

여러분은 아두이노 스케치를 통해 아두이노가 PC로부터 메시지를 받게 할 때 다음 세 함수를 주로 사용하게 됩니다.

```
Serial.begin(speed)
Serial.available()
Serial.read()
```

Serial.begin 함수는 앞에서 이미 살펴보았습니다. 여기서는 따로 설명하지 않습니다.

Serial.available은 PC로부터 도착한 데이터의 바이트 수를 돌려줍니다.

Serial.read는 PC로부터 받은 메시지의 첫 번째 바이트를 읽는 함수입니다.

01 _ 사용자 입력 받기

여기서는 Serial.available 함수와 Serial.read 함수를 이용하여 PC를 통해 사용자로부터 문자를 입력받은 후, PC로 사용자 입력을 돌려보내 봅니다.

01 다음과 같이 예제를 작성합니다.

311_0.ino

```
1  void setup() {
2        Serial.begin(115200);
3  }
4
5  void loop() {
6        if(Serial.available()) {
7                char userInput = Serial.read();
8                Serial.print(userInput);
9        }
10 }
```

6 : Serial.available 함수를 호출하여 시리얼을 통해 도착한 문자가 있는지 확인합니다. 도착한 문자가 있을 경우 6~9줄을 수행합니다. Serial.available 함수는 시리얼 입력 버퍼에 도착한 데이터의 개수를 주는 함수입니다.

7 : Serial.read 함수를 호출하여 키보드 입력 문자 하나를 userInput 변수로 받습니다. Serial.read 함수는 시리얼 입력 버퍼에 도착한 데이터를 한 바이트 읽어내는 함수입니다.

8 : Serial.print 함수를 호출하여 사용자로부터 전달된 문자를 출력합니다.

02 컴파일과 업로드를 수행합니다.

03 [시리얼 모니터] 버튼을 클릭합니다.

04 시리얼 모니터 창이 뜨면, 우측 하단에서 통신 속도를 115200으로 맞춰줍니다.

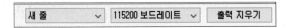

05 시리얼 모니터 창의 빨간 박스 입력 창에 1, 2, 3, 4를 입력해 봅니다.

입력 창에는 표시가 되지 않습니다. 출력 창에 표시가 되는 것을 볼 수 있습니다.

02 _ LED 켜고 *끄기*

여기서는 사용자 입력을 받아 13 핀에 연결된 LED를 켜고 꺼보도록 합니다.

01 다음과 같이 예제를 작성합니다.

312_0.ino

```
1    const int LED = 13;
2
3    void setup() {
4     Serial.begin(115200);
5     pinMode(LED, OUTPUT);
6    }
7
8    void loop() {
9     if(Serial.available()) {
10           char userInput = Serial.read();
11
12           switch(userInput) {
13            case 'n':
14                   digitalWrite(LED, HIGH);
15                   break;
16            case 'f':
17                   digitalWrite(LED, LOW);
18                   break;
19            default:
20                   break;
21           }
22     }
23    }
```

1   : LED 상수를 선언한 후, 13번 핀으로 초기화합니다.
5   : pinMode 함수를 호출하여 LED 핀을 출력으로 설정합니다.
12~21 : switch 문을 이용하여 사용자 입력을 처리합니다.
13   : 사용자 입력 값이 'n' 문자이면
14   : digitalWrite 함수를 호출하여 LED 핀을 HIGH에 해당되는 VCC로 연결해 LED를 켭니다.
15   : switch 문을 빠져 나옵니다.
16   : 사용자 입력 값이 'f' 문자이면
17   : digitalWrite 함수를 호출하여 LED 핀을 LOW에 해당되는 GND로 연결해 LED를 끕니다.
18   : switch 문을 빠져 나옵니다.
19   : 그 이외의 문자의 경우
20   : 그냥 빠져 나옵니다.

02 컴파일과 업로드를 수행합니다.

03 [시리얼 모니터] 버튼을 클릭합니다.

04 시리얼 모니터 창이 뜨면, 우측 하단에서 통신 속도를 115200으로 맞춰줍니다.

새 줄 ∨	115200 보드레이트 ∨	출력 지우기

05 결과를 확인합니다.

시리얼 모니터 창의 입력 창에 n, f를 입력해 봅니다. 그리고 다음과 같이 L로 표시된 LED가 켜지고
꺼지는 것을 확인합니다.

03 _ LED 밝기 조절하기

여기서는 사용자 입력을 받아 10 핀에 연결된 LED의 밝기를 10 단계로 조절해 봅니다.

01 다음과 같이 회로를 구성합니다.

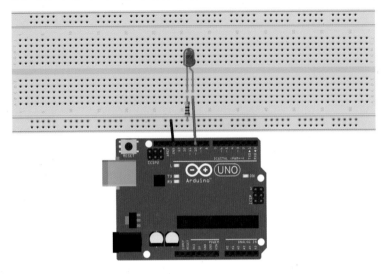

LED의 긴 핀(+)을 아두이노 우노 보드의 10번 핀에 연결합니다. LED의 짧은 핀(−)은 220 또는 330 Ohm
저항을 통해 GND 핀에 연결합니다. 10번 핀은 analogWrite를 통해 제어할 수 있는 PWM 핀입니다.

02 다음과 같이 예제를 작성합니다.

313_1.ino

```
1    const int LED = 10;
2
3    void setup() {
4     Serial.begin(115200);
5    }
6
7    void loop() {
8     if(Serial.available()) {
9            char userInput = Serial.read();
10
11           switch(userInput) {
12            case '0': analogWrite(LED, 0); break;
13            case '1': analogWrite(LED, 25*1); break;
14            case '2': analogWrite(LED, 25*2); break;
15            case '3': analogWrite(LED, 25*3); break;
16            case '4': analogWrite(LED, 25*4); break;
17            case '5': analogWrite(LED, 25*5); break;
18            case '6': analogWrite(LED, 25*6); break;
```

```
19              case '7': analogWrite(LED, 25*7); break;
20              case '8': analogWrite(LED, 25*8); break;
21              case '9': analogWrite(LED, 25*9); break;
22              default: break;
23          }
24      }
25  }
```

1   : LED 상수를 선언한 후, 10번 핀으로 초기화합니다.

4   : Serial.begin 함수를 호출하여 시리얼 통신 속도를 115200으로 설정합니다.

11~23 : switch 문을 이용하여 사용자 입력을 처리합니다.

12   : 사용자 입력 값이 '0' 문자이면 analogWrite 함수를 호출하여 LED 핀에 0을 써서 LED의 밝기를 0으로 한 후,
           break 문을 수행하여 23번째 줄다음 줄인 24번째 줄로 나옵니다.

13~21 : '1'~'9' 문자에 대해서도 LED의 밝기를 25*1~25*9 단계 밝기로 한 후, break 문을 수행하여 23번째 줄 다음 줄
           인 24번째 줄로 나옵니다.

22   : 그 이외의 경우엔 default 문에서 아무것도 수행하지 않고 break 문을 수행하여 switch 문을 빠져 나옵니다.

03 컴파일과 업로드를 수행합니다.

04 [시리얼 모니터] 버튼을 클릭합니다.

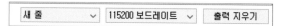

05 시리얼 모니터 창이 뜨면, 우측 하단에서 통신 속도를 115200으로 맞춰줍니다.

06 결과를 확인합니다.

키보드의 0~9 키를 눌러가며 LED의 밝기가 변하는 것을 확인합니다.

Switch 문 알아보기

❶ switch 문 살펴보기 : 사용자 입력은 내가 처리할게!

앞의 예제에서는 switch 문이 처음으로 사용되었습니다. 여기서는 switch 문에 대해서 살펴봅니다. switch 문은 사용자의 입력을 판단하고 처리하는 용도로 적합합니다. switch 문은 변수를 입력받는 구조로 되어 있는데, 이 변수는 키보드로부터 입력 받는 경우가 많습니다. 아두이노에서는 시리얼 통신을 통해 사용자 입력을 받게 됩니다.

다음은 아두이노 스케치에서 사용하는 swich 문의 한 형태입니다.

```
int userInput = Serial.read();
switch ( userInput ) {
  ❶        ❷
    case '1' :
        ❸
        Serial.println(1) ;
                ❹
        break ;
          ❼
    case '2' :
        Serial.println(2) ;
                ❽
    case '3' :
        ❾
        Serial.println(3) ;
                ❾
        break ;
          ❾
    default :
        ❺
        Serial.println(userInput) ;
                    ❻
        break ;
}
```

❶ switch 문은 ❷ 정수 변수를 입력받아 ❸ case 문의 값과 일치하는지를 검사하고 같다면 해당 case 문의 ❹ 실행 문을 수행합니다. ❺ 만약 해당하는 case 문이 하나도 없다면 default 문의 ❻ 실행 문을 수행합니다. switch 문의 실행 문에는 중괄호 { }가 없기 때문에 ❼ break 문으로 각 case 문에 대한 실행 문을 구분합니

다. ❽ break 문을 사용하지 않는다면 해당 case 문에 대한 실행 문을 수행하고 ❾ 다음에 나오는 case 문을 계속 수행하게 됩니다. if 문과 달리 구간을 가지는 연속적인 값의 비교에는 사용할 수 없습니다.

❶ switch 문을 나타냅니다.
❷ 소괄호 ()는 switch 문에 적용될 정수 값을 담습니다.
❸ case 문의 구분은 온점(: 콜론)입니다. 반점(; 세미콜론)이 아닙니다.
❼ 각 경우의 끝은 break 문으로 끝내주도록 합니다. break 문은 switch 문을 빠져나가도록 합니다.

switch 문은 실제로 if 문으로 표현할 수 있습니다. 그럼에도 불구하고 switch 문이 있는 이유는 사용자 입력을 처리하는데 직관적이기 때문입니다. 그래서 switch 문은 사용자 입력에 특화된 특수한 if 문으로 생각할 수도 있습니다.

❷ swich 문 실행해보기

이제 switch 문에 대한 테스트를 수행해 봅니다.

01 다음과 같이 예제를 작성합니다.

313_2.ino

```
void setup() {
  Serial.begin(115200);
}

void loop() {
  if(Serial.available()) {
    int userInput = Serial.read();

    switch(userInput) {
      case '1':
        Serial.println(1);
        break;
      case '2':
        Serial.println(2);
      case '3':
        Serial.println(3);
        break;
      default:
        Serial.println(userInput);
        break;
    }
  }
}
```

02 컴파일과 업로드를 수행합니다.

03 [시리얼 모니터] 버튼을 클릭합니다.

04 시리얼 모니터 창이 뜨면, 우측 하단에서 통신 속도를 115200으로 맞춰줍니다.

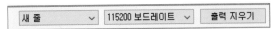

05 출력결과를 확인합니다.

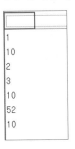

시리얼 모니터의 입력창에 차례대로 1, 2, 4를 입력해봅니다. 처음에 1을 입력하면 1, 10이 출력되는데 1은 Serial.println 함수를 통해 출력되었고, 10의 경우 엔터키의 입력을 나타내는데 default 문 부분에서 출력된 것입니다. 두 번째로 2를 입력하면 2, 3, 10이 출력됩니다. 2의 경우엔 break 문이 없으므로 3의 경우를 거쳐 수행된 후, 3의 break 문에 의해 빠져 나갑니다. 마지막으로 4를 입력하면 52, 10이 출력되는데 4가 아닌 52가 출력되는 이유는 '4' 문자에 대한 ascii 숫자 값이 52이기 때문입니다. 키보드를 통해 4를 입력하면 실제로는 아두이노로 '4' 문자를 나타내는 52 값이 전달됩니다. 이 52를 ascii 값이라고 합니다. 마찬가지로 1, 2를 입력하면 '1', '2' 문자를 나타내는 49, 50 값이 전달됩니다. 엔터키의 ascii 값은 10이 됩니다. ascii는 [American Standard Code for Information Interchange]의 약자로 [정보 교환을 위한 미국 표준 코드]를 의미합니다. 참고로 다음은 ascii 표입니다.

Dec	Hex	Char	Dec	Hex	Char	Dec	Hex	Char	Dec	Hex	Char
0	00	Null	32	20	Space	64	40	@	96	60	`
1	01	Start of heading	33	21	!	65	41	A	97	61	a
2	02	Start of text	34	22	"	66	42	B	98	62	b
3	03	End of text	35	23	#	67	43	C	99	63	c
4	04	End of transmit	36	24	$	68	44	D	100	64	d
5	05	Enquiry	37	25	%	69	45	E	101	65	e
6	06	Acknowledge	38	26	&	70	46	F	102	66	f
7	07	Audible bell	39	27	'	71	47	G	103	67	g
8	08	Backspace	40	28	(	72	48	H	104	68	h
9	09	Horizontal tab	41	29	)	73	49	I	105	69	i
10	0A	Line feed	42	2A	*	74	4A	J	106	6A	j
11	0B	Vertical tab	43	2B	+	75	4B	K	107	6B	k
12	0C	Form feed	44	2C	,	76	4C	L	108	6C	l
13	0D	Carriage return	45	2D	-	77	4D	M	109	6D	m
14	0E	Shift out	46	2E	.	78	4E	N	110	6E	n
15	0F	Shift in	47	2F	/	79	4F	O	111	6F	o
16	10	Data link escape	48	30	0	80	50	P	112	70	p
17	11	Device control 1	49	31	1	81	51	Q	113	71	q
18	12	Device control 2	50	32	2	82	52	R	114	72	r
19	13	Device control 3	51	33	3	83	53	S	115	73	s
20	14	Device control 4	52	34	4	84	54	T	116	74	t
21	15	Neg. acknowledge	53	35	5	85	55	U	117	75	u
22	16	Synchronous idle	54	36	6	86	56	V	118	76	v
23	17	End trans. block	55	37	7	87	57	W	119	77	w
24	18	Cancel	56	38	8	88	58	X	120	78	x
25	19	End of medium	57	39	9	89	59	Y	121	79	y
26	1A	Substitution	58	3A	:	90	5A	Z	122	7A	z
27	1B	Escape	59	3B	;	91	5B	[	123	7B	{
28	1C	File separator	60	3C	<	92	5C	\	124	7C		
29	1D	Group separator	61	3D	=	93	5D	]	125	7D	}
30	1E	Record separator	62	3E	>	94	5E	^	126	7E	~
31	1F	Unit separator	63	3F	?	95	5F	_	127	7F	□

Line feed는 엔터키를 의미하며 10으로 나타냅니다. Dec는 10진수, Hex는 16진수, Char은 문자를 나타냅니다.

❸ switch 문의 형식

일반적인 swich 문의 형식은 아래와 같습니다.

```
switch ( 정수 )
{
    case 값1 :
        실행문1 ;
        break;
    case 값2 :
        실행문2 ;
        break;
    ...
    case 값N :
        실행문N ;
        break;
    default :
        기본 실행문 ;
}
```

눌렀을까 뗐을까? : digitalRead

버튼을 아두이노에 연결한 후, 누르면 LED를 켜거나 모터를 회전시키려고 합니다. LED를 켜는 것은 전등을 켜는 동작이 될 수 있고, 모터를 회전시키는 것은 문을 여는 동작이 될 수 있습니다. 이 때 버튼의 값을 읽으려면 어떻게 해야 할까요? 여기서는 digitalRead 함수를 이용하여 버튼의 값을 읽는 방법을 살펴봅니다.

여러분 다음 그림은 뭘까요? 네! 바로 푸시 버튼입니다.

버튼을 이용해 LED를 켜거나 끄고 싶은데, 어떻게 버튼이 눌렸는지 뗐는지 알 수 있을까요? 주인공은 바로 digitalRead 함수입니다.

다음 핀들은 digitalRead 함수를 통해 1 또는 0을 읽을 수 있는 핀들입니다.

여러분은 아두이노 스케치를 통해 버튼이 눌렸는데 떼졌는지 알고자 할 때 다음 두 함수를 사용해야 합니다.

```
pinMode(pin, mode)
digitalRead(pin)
```

pinMode 함수는 앞에서 살펴보았습니다. 'Chapter 02의 Lesson 02'를 참조합니다.

digitalRead

digitalRead란 특정 핀의 값을 읽는 명령어입니다.

```
digitalRead(pin);
            ❶
❶ 읽고자 하는 핀 번호 HIGH 또는 LOW 값을 돌려줍니다.
```

digitalRead 함수는 할당된 핀이 VCC(=5V) 또는 GND에 연결된 상태에 따라 논리적으로 1, 0을 읽는 함수입니다. 할당된 핀이 VCC(=5V)에 연결되었을 경우엔 1이, GND에 연결되었을 때는 0을 읽게 됩니다.

01 _ 0, 1 읽어보기

여기서는 digitalRead 함수를 이용하여 간단하게 0과 1을 읽어봅니다.

01 다음과 같이 예제를 작성합니다.

321_0.ino

```
1     const int digitalPin = 2;
2
3     void setup() {
4       Serial.begin(115200);
5
6       pinMode(digitalPin, INPUT);
7     }
8
9     void loop() {
10      int digitalValue = digitalRead(digitalPin);
11      Serial.println(digitalValue);
12    }
```

1 : digitalPin 상수를 선언하고 2번 핀으로 초기화합니다.

6 : pinMode 함수를 이용하여 digitalPin을 입력으로 설정하고 있습니다. pinMode 함수는 digitalRead 함수를 이용하여 HIGH, LOW 값을 읽고자 할 때 사용하는 함수입니다.

10 : digitalRead 함수를 이용하여 digitlaPin 값을 읽은 후, digitalValue 변수에 저장합니다.

11 : digitalValue 변수 값을 시리얼 모니터로 출력합니다.

02 컴파일과 업로드를 수행합니다.

03 그림과 같이 2번 디지털 핀을 5V 핀에 연결합니다.

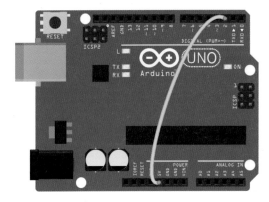

04 [시리얼 모니터] 버튼을 눌러줍니다.

05 시리얼 모니터 창이 뜨면, 우측 하단에서 통신 속도를 115200으로 맞춰줍니다.

06 결과를 확인합니다. 다음과 같이 1 값이 출력되는 것을 볼 수 있습니다.

아두이노 보드에서 디지털 입력 핀을 5V에 연결하면 논리적으로 1 값이 입력됩니다.

07 이번엔 2번 디지털 핀을 0V(GND) 핀에 연결합니다.

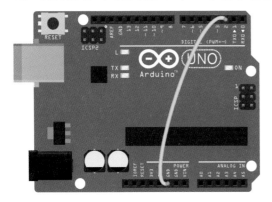

08 결과를 확인합니다. 다음과 같이 0 값이 출력되는 것을 볼 수 있습니다.

```
0
0
0
0
0
```

아두이노 보드에서 디지털 입력 핀을 0V에 연결하면 논리적으로 0 값이 입력됩니다.

※ 선이 연결되어 있지 않은 상태에서도 0 또는 1이 입력되기도 합니다. 이 경우 핀이 떠 있는 상태라고 하며 값이 정의되지 않은 상태입니다. 따라서 입력되는 값에 대해 논리적인 의미를 두지 않습니다.

02 _ 푸시 버튼 살펴보기

일반적인 푸시 버튼의 모양은 다음과 같습니다.

다음과 같이 두 쌍의 핀이 있으며, 각 쌍은 내부적으로 연결되어 있습니다.

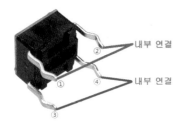

내부적인 연결은 다음과 같습니다.

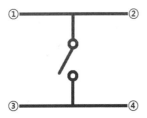

가운데 버튼을 누르면 양 쪽의 핀이 연결되는 구조입니다.

푸시 버튼을 나타내는 기호는 다음과 같고, 극성은 없습니다.

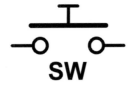

버튼 입력 회로는 일반적으로 다음과 같습니다.

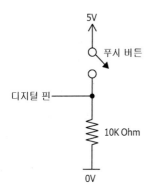

그림에서 디지털 핀은 버튼이 눌리지 않았을 때는 10K Ohm 저항을 통해 0V로 연결되며, 논리적으로 0 값이 입력됩니다(10K Ohm 저항 대신에 220 Ohm, 330 Ohm, 1K Ohm 저항을 사용하는 경우도 있습니다. 그러나 저항 값이 너무 낮으면 흐르는 전류량이 많아져 전력 소모가 심해집니다. 아두이노 우노의 경우 내부 저항 값이 크므로 보통 10K~100K Ohm범위의 저항을 사용합니다). 버튼을 눌렀을 경우에 디지털 핀은 5V로 연결되며, 논리적으로 1 값이 입력됩니다. 저항이 없는 상태에서 버튼을 누를 경우 5V와 0V가 직접 연결되는 단락 회로(short-circuit)가 만들어지며, 이 경우 저항이 0 Ω에 가까운 회로가 만들어집니다. 이럴 경우 옴의 법칙(I = V/R)에 의해 아주 큰 전류가 흐르게 되고, 보호 회로가 없을 경우에 칩이 망가질 수 있습니다. 저항은 단락 회로를 방지하는 역할을 하게 됩니다.

버튼 입력 회로는 다음과 같이 구성할 수도 있습니다.

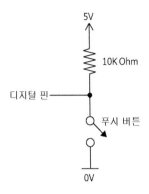

이 경우 디지털 핀은 버튼이 눌리지 않았을 때는 10K Ohm 저항을 통해 5V로 연결되며, 논리적으로 1 값이 입력됩니다. 버튼을 눌렀을 경우에 디지털 핀은 0V로 연결되며, 논리적으로 0 값이 입력됩니다.

03 _ 버튼 회로 구성하기

여기서는 버튼 회로를 구성해 보고 이전에 작성한 예제를 이용하여 버튼 값을 읽어봅니다.
다음과 같이 회로를 구성합니다.

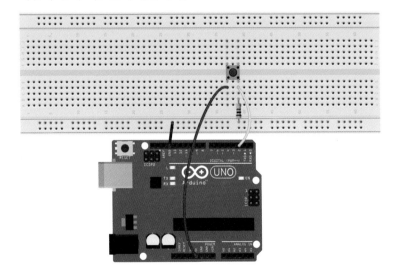

버튼의 한 쪽 핀을 5V로 연결합니다. 그림에서는 빨간색 전선 부분입니다. 버튼의 다른 쪽 핀을 10K Ohm 저항을 통해 GND로 연결해 줍니다. 그림에서는 검은색 전선 부분입니다. 저항의 다른 쪽 핀을 아두이노의 2번 핀에 연결합니다.

01 바로 전에 작성한 다음 예제를 이용합니다.

`323_0.ino`

```
const int digitalPin = 2;

void setup() {
  Serial.begin(115200);

  pinMode(digitalPin, INPUT);
}

void loop() {
  int digitalValue = digitalRead(digitalPin);
  Serial.println(digitalValue);
}
```

02 컴파일과 업로드를 수행합니다.

03 [시리얼 모니터] 버튼을 눌러줍니다.

04 결과를 확인합니다. 버튼을 누르지 않은 상태에서는 다음과 같이 0 값이 출력되는 것을 볼 수 있습니다.

```
0
0
0
0
0
```

버튼을 눌러 봅니다. 그러면 다음과 같이 1 값이 출력되는 것을 볼 수 있습니다.

```
1
1
1
1
1
```

04 _ 버튼 값에 따라 LED 켜고 끄기

여기서는 버튼을 누르면 13번 LED가 켜지고 버튼을 떼면 13번 LED가 꺼지도록 프로그램을 작성해 보도록 합니다.

01 다음과 같이 회로를 구성합니다. 이전 회로와 같습니다.

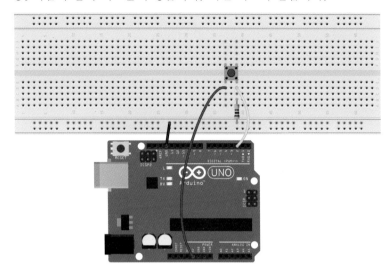

버튼의 한 쪽 핀을 5V로 연결합니다. 그림에서는 빨간색 전선 부분입니다. 버튼의 다른 쪽 핀을 10K Ohm 저항을 통해 GND로 연결해 줍니다. 그림에서는 검은색 전선 부분입니다. 저항의 다른 쪽 핀을 2번 핀에 연결합니다.

다음과 같이 브레드 보드에 버튼과 저항을 연결합니다.

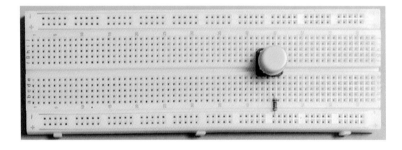

그리고 다음과 같이 아두이노 보드에 연결합니다.

02 다음과 같이 예제를 작성합니다.

```
324_0.ino
1    const int ledPin = 13;
2    const int buttonPin = 2;
3
4    void setup() {
5     pinMode(ledPin, OUTPUT);
6     pinMode(buttonPin, INPUT);
7    }
8
9    void loop() {
10    int buttonInput = digitalRead(buttonPin);
11    digitalWrite(ledPin, buttonInput);
12   }
```

1 : ledPin 상수를 선언한 후. 13번 핀을 할당합니다.

5 : pinMode 함수를 호출하여 ledPin을 출력으로 설정합니다.

10: digitalRead 함수를 호출하여 buttonPin 값을 buttonInput 변수로 읽습니다.

11 : digitalWrite 함수를 호출하여 ledPin에 buttonInput 변수 값을 씁니다.

03 컴파일과 업로드를 수행합니다.

04 결과를 확인합니다.

버튼을 누르면 LED가 켜지고 버튼을 떼면 LED가 꺼지는 것을 확인합니다.

05 _ 버튼 값에 따라 LED 밝기 조절하기

여기서는 버튼을 누르고 있으면 10번 LED의 밝기가 변하고 버튼을 떼면 LED가 꺼지도록 프로그램을 작성해 보도록 합니다.

01 다음과 같이 회로를 구성합니다.

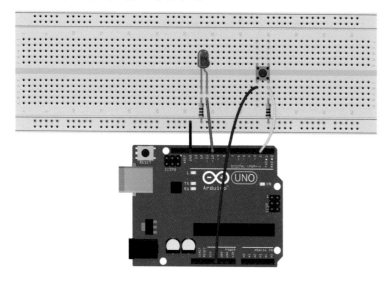

LED의 긴 핀(+)을 아두이노 우노 보드의 10번 핀에 연결합니다. LED의 짧은 핀(−)은 220 또는 330 Ohm 저항을 통해 GND 핀에 연결합니다. 버튼의 한 쪽 핀을 5V로 연결합니다. 그림에서는 빨간색 전선 부분입니다. 버튼의 다른 쪽 핀을 1K Ohm 저항을 통해 GND로 연결해 줍니다. 그림에서는 검은색 전선 부분입니다. 저항의 다른 쪽 핀을 2번 핀에 연결합니다.

02 다음과 같이 예제를 작성합니다.

325_0.ino

```
1      const int ledPin = 10;
2      const int buttonPin = 2;
3
4      void setup() {
5       pinMode(buttonPin, INPUT);
6      }
7
8      void loop() {
9       int buttonInput = digitalRead(buttonPin);
10      if(buttonInput == HIGH) {
11            for(int t_high=0;t_high<=255;t_high++) {
12              analogWrite(ledPin, t_high);
```

```
13              delay(4);
14          }
15      } else {
16          analogWrite(ledPin, 0);
17      }
18  }
```

1   : ledPin 상수를 선언한 후, 10번 핀을 할당합니다.

5   : pinMode 함수를 호출하여 buttonPin을 입력으로 설정합니다.

9   : digitalRead 함수를 호출하여 buttonPin 값을 buttonInput 변수로 읽습니다.

10   : buttonInput 값이 HIGH이면

11~14 : for 문을 사용하여 t_high 변수 값을 0부터 255까지 4 밀리 초 간격으로 주기적으로 변경하고 있습니다.

15   : 그렇지 않으면 즉, buttonInput 값이 LOW이면

16   : analogWrite 함수를 호출하여 ledPin에 0 값을 써서 LED를 끕니다.

03 컴파일과 업로드를 수행합니다.

04 결과를 확인합니다.

버튼을 누르면 LED의 밝기가 변하고 버튼을 떼면 LED가 꺼지는 것을 확인합니다.

06 _ LED 주사위 만들기

여기서는 버튼을 누르고 있으면 빠른 속도로 6개의 LED가 차례로 켜지다가 버튼을 떼면 그 시점에 켜진 LED만 켜지도록 프로그램을 작성해 보도록 합니다. 켜진 LED의 위치 값이 주사위 값이 됩니다.

01 다음과 같이 회로를 구성합니다.

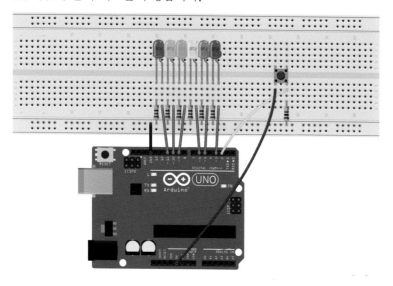

6개의 LED를 그림과 같이 배치합니다. 각각의 LED의 음극은 저항을 통해 GND로 연결합니다. 6개의 LED의 양극을 왼쪽부터 차례대로 아두이노 우노 보드의 3, 5, 6, 9, 10, 11번 핀에 그림과 같이 전선으로 연결합니다. 버튼의 한 쪽 핀을 5V로 연결합니다. 그림에서는 빨간색 전선 부분입니다. 버튼의 다른 쪽 핀을 1K Ohm 저항을 통해 GND로 연결해 줍니다. 그림에서는 검은색 전선 부분입니다. 저항의 다른 쪽 핀을 2번 핀에 연결합니다.

02 다음과 같이 예제를 작성합니다.

`326_0.ino`

```
1    const int led[6] = { 3, 5, 6, 9, 10, 11 };
2    const int buttonPin = 2;
3
4    void setup() {
5     for(int x=0;x<=5;x++) {
6            pinMode(led[x], OUTPUT);
7     }
8     pinMode(buttonPin, INPUT);
9    }
10
11   void loop() {
12    int buttonInput = digitalRead(buttonPin);
13    if(buttonInput == HIGH) {
14           for(int x=0;x<=5;x++) {
15            // led 모두 끄기
16            for(int x=0;x<=5;x++) {
17                   digitalWrite(led[x], LOW);
```

```
18                    }
19
20              digitalWrite(led[x], HIGH);
21
22              buttonInput = digitalRead(buttonPin);
23              if(buttonInput == LOW) break;
24
25              delay(50);
26          }
27      }
28   }
```

1 : 상수 배열 led를 선언한 후, 3, 5, 6, 9, 10, 11번 핀을 할당합니다.

2 : buttonPin 상수를 선언한 후, 2번 핀을 할당합니다.

5 ~ 7 : 배열의 각 항목인 led[0]~led[5] 핀을 pinMode 함수를 호출하여 출력으로 설정합니다.

8 : pinMode 함수를 호출하여 buttonPin을 입력으로 설정합니다.

12 : digitalRead 함수를 호출하여 buttonPin 값을 buttonInput 변수로 읽습니다.

13 : buttonInput 값이 HIGH이면 13~27 줄을 수행합니다.

14 : led[0]~led[5]까지 차례대로

16~18 : 전체 LED를 끈 후,

20 : digitalWrite 함수를 호출하여 각각의 LED를 켭니다.

22 : digitalRead 함수를 호출하여 buttonPin 값을 buttonInput 변수로 읽습니다.

23 : buttonInput 값이 LOW이면 break 문을 수행하여 14번째 줄에서 시작하는 for 문을 빠져 나갑니다.

25 : 0.05 초간 기다립니다.

03 컴파일과 업로드를 수행합니다.

04 결과를 확인합니다.

버튼을 누르고 있으면 빠른 속도로 6개의 LED가 차례로 켜지다가 버튼을 떼면 그 시점에 켜진 LED 만 켜지는 것을 확인합니다.

03

아두이노의 감각 : analogRead

요즘은 미세먼지로 많은 사람들이 불안해합니다. 아두이노는 미세먼지 센서를 이용하여 미세먼지의 농도도 알아낼 수 있습니다. 미세먼지 센서와 같은 센서 값을 읽을 때는 analogRead 함수를 사용합니다. 여기서는 analogRead 함수에 대해 자세히 살펴봅니다.

다음은 조이스틱입니다. 우리는 조이스틱을 이용하여 게임을 조종할 수 있습니다. 조이스틱은 손잡이의 상하좌우 위치 값을 읽을 수 있는 센서입니다.

다음은 가변 저항입니다. 회전 센서라고도 하며 일정 범위 내에서 회전한 정도를 측정합니다.

다음은 CDS라고 하는 빛 센서입니다. 빛의 밝기를 측정할 수 있는 센서입니다.

앞의 센서들을 아두이노에 장착하면 아두이노는 할 수 있는 일들이 점점 많아집니다. 이러한 센서들을 읽을 수 있는 주인공은 바로 analogRead 함수입니다.

다음 핀들은 analogRead 함수를 통해 앞에서 본 센서들을 읽을 수 있는 핀들입니다.

아두이노 우노의 아날로그 입력 핀은 총 6개(❶) 있으며, A0~A5의 이름을 갖습니다. 아날로그 입력은 0V~5V 사이의 값을 가지며, Atmega328 칩 내부에 있는 ADC 모듈을 통해 0~1023 사이의 값으로 대응됩니다.

analogRead

analogRead란 특정 아날로그 핀의 값을 읽는 명령어입니다.

```
analogRead(pin);
        ❶
```
❶ 읽고자 하는 아날로그 핀 번호 0~1023 사이의 값을 돌려줍니다.

analogRead 함수는 마이컴 내부의 ADC 모듈을 제어하여 센서 값을 읽는 역할을 합니다. 아날로그 입력 핀으로 입력되는 0~5V의 전압 값을 논리적으로 0~1023 사이의 정수 값으로 바꿔주는 함수입니다. 우리는 analogRead 함수를 이용하여 ADC 모듈에 연결된 센서 값을 읽을 수 있습니다.

01 _ ADC값 간편하게 읽어보기

여기서는 analogRead 함수를 이용하여 GND, 5V, 3.3V 값을 읽어봅니다.

01 다음과 같이 예제를 작성합니다.

```
331_0.ino
1     const int analogPin = A0;
2
3     void setup() {
4      Serial.begin(115200);
5     }
6
7     void loop() {
8      int analogValue = analogRead(analogPin);
9      Serial.println(analogValue);
10    }
```

1 : analogPin 상수에 A0 번 핀을 할당합니다.

4 : Serial.begin 함수를 호출하여 시리얼 통신 속도를 115200 bps로 설정합니다.

8 : analogRead 함수를 이용하여 analogPin 값을 읽은 후, analogValue 변수에 저장합니다. analogRead 함수는 인자로 넘어온 핀의 아날로그 값을 읽어내는 함수입니다. 리턴 값은 0~1023 사이의 값이며 0~5V에 대응됩니다.

9 : analogValue 변수 값을 시리얼 모니터로 출력합니다.

02 컴파일과 업로드를 수행합니다.

03 그림과 같이 A0 아날로그 입력 핀을 5V 핀에 연결합니다.

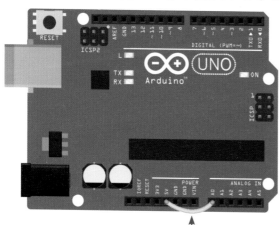

04 [시리얼 모니터] 버튼을 눌러줍니다.

시리얼 모니터 🔎

05 시리얼 모니터 창이 뜨면, 우측 하단에서 통신 속도를 115200으로 맞춰줍니다.

| 새 줄 ∨ | 115200 보드레이트 ∨ | 출력 지우기 |

06 결과를 확인합니다. 다음과 같이 1023 값이 출력되는 것을 볼 수 있습니다.

```
1023
1023
1023
1023
1023
```

아두이노 보드에서 아날로그 입력 핀을 5V에 연결하면 논리적으로 최대 값 1023 값이 입력됩니다. 아두이노 보드에서 아날로그 입력 값은 0V~5V 범위의 값이 되어야 하며, 논리적으로 0~1023에 대응됩니다.

07 이번엔 A0 아날로그 입력 핀을 0V(GND) 핀에 연결합니다.

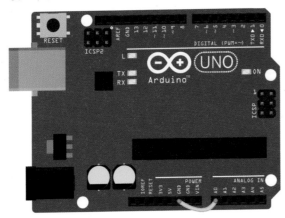

08 결과를 확인합니다. 다음과 같이 0 값이 출력되는 것을 볼 수 있습니다.

```
0
0
0
0
0
```

아두이노 보드에서 아날로그 입력 핀을 0V에 연결하면 논리적으로 최소 값인 0 값이 입력됩니다.

09 이번엔 A0 아날로그 입력 핀을 3V3(3.3V) 핀에 연결합니다.

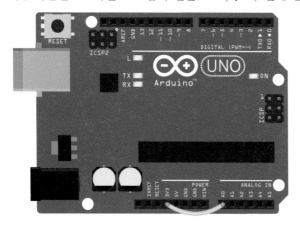

10 결과를 확인합니다. 필자의 경우 다음과 같이 707 정도의 값이 출력됩니다.

```
706
706
707
707
707
```

3.3V에 연결할 경우 다음 계산식에 의해

```
(1024/5V) x 3.3V = 675.8 V
```

가 나와야 하며, 707이면 크게 벗어나지 않은 값입니다. 707은 3.45V에 해당되며, 이 정도의 오차
는 생길 수 있습니다.

02 _ 가변 저항 살펴보기

본 책에서 사용할 가변 저항의 모양은 다음과 같습니다. 가변 저항은 세 개의 핀으로 구성됩니다.

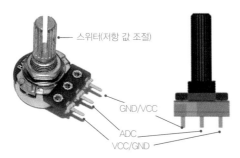

스위터(저항 값 조절)

GND/VCC

ADC

VCC/GND

※ 가변저항의 양쪽 끝에 있는 핀은 VCC와 GND에 연결해 줍
니다. 한쪽 핀을 VCC에 연결했다면 반대쪽 핀을 GND에 연결
해 줍니다.

가변 저항의 내부 구조는 다음과 같습니다.

가변 저항은 극성이 없으며 A 핀을 VCC, B 핀을 GND 또는 반대로 A 핀을 GND, B 핀을 VCC로 연결을 해줍니다. W 핀은 아두이노 우노의 아날로그 입력 핀으로 연결되며 내부 막대의 위치에 따라 W 핀에 연결된 아날로그 값이 정해집니다.

앞의 그림은 다음과 같이 표시할 수 있습니다.

A와 B를 잡아 늘리면 다음 그림과 같이 표시할 수 있습니다.

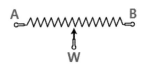

회전 막대가 움직이는 것은 W 핀이 A와 B 사이를 움직이는 것과 같습니다. A 핀을 VCC, B 핀을 GND에 연결한 상태에서 W 핀이 A 핀에 가까워질수록 W 핀은 VCC에 가까워지고, 반대로 B핀에 가까워질수록 GND에 가까워집니다. W 핀이 아날로그 핀에 연결되어 있으면 해당 전압이 아날로그 핀으로 입력됩니다.

가변 저항의 기호는 다음과 같습니다.

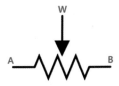

또는 다음과 같이 표시합니다.

03 _ 가변 저항 회로 구성하기

다음과 같이 가변 저항 회로를 구성합니다.

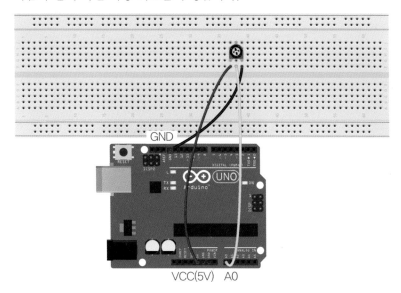

가변 저항의 양쪽 끝 핀을 각각 5V, GND에 연결합니다. 가변 저항의 중앙 핀을 아두이노 우노 보드의 A0번 핀에 연결합니다.

01 바로 전에 작성한 다음 예제를 이용합니다.

```
333_0.ino
1    const int analogPin = A0;
2
3    void setup() {
4     Serial.begin(115200);
5    }
6
7    void loop() {
8     int analogValue = analogRead(analogPin);
9     Serial.println(analogValue);
10    }
```

02 컴파일과 업로드를 수행합니나.

03 [시리얼 모니터] 버튼을 눌러줍니다.

시리얼 모니터 🔎

04 시리얼 모니터 창이 뜨면, 우측 하단에서 통신 속도를 115200으로 맞춰줍니다.

| 새 줄 ∨ | 115200 보드레이트 ∨ | 출력 지우기 |

05 결과를 확인합니다.

가변 저항을 다음 값이 나올 때까지 한쪽 끝까지 돌려봅니다.

```
1023
1023
1023
1023
1023
```

가변 저항을 다음 값이 나올 때까지 반대쪽 끝까지 돌려봅니다.

```
0
0
0
0
0
```

가변 저항을 다음 정도의 값이 나올 때까지 중간 정도로 돌려봅니다.

```
624
624
624
624
624
```

가변 저항을 이용하면 0~1023 사이의 값이 나오는 것을 확인할 수 있습니다.

04 _ 가변 저항 입력에 따라 LED 밝기 조절하기

여기서는 가변 저항 값에 따라 LED의 밝기를 조절하는 예제를 수행해 보도록 합니다.

01 먼저 다음과 같이 회로를 구성합니다.

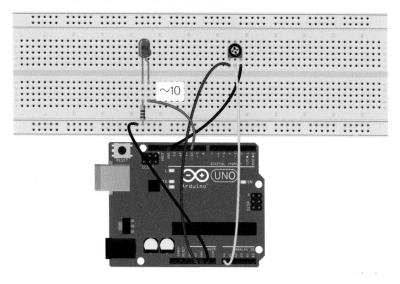

이전에 구성한 회로에 LED 회로를 추가합니다.

02 다음과 같이 예제를 수정합니다.

334_0.ino

```
1        const int ledPin = 10;
2        const int analogPin = A0;
3
4        void setup() {
5
6        }
7
8        void loop() {
9          int sensorInput = analogRead(analogPin);
10         analogWrite(ledPin, sensorInput/4);
11       }
```

1 : ledPin 상수를 10번 핀으로 초기화합니다.

2 : analogPin 상수에 A0 번 핀을 할당합니다.

9 : analogRead 함수를 이용하여 analogPin 값을 읽은 후, sensorInput 변수에 저장합니다. analogRead 함수는 인자로 넘어온 핀의 아날로그 값을 읽어내는 함수입니다. 리턴 값은 0~1023 사이의 값이며 0~5V에 대응됩니다.

10 : analogWrite 함수를 호출하여 ledPin으로 sensorInput 값을 4로 나눈 값을 내보냅니다. analogWrite 함수를 이용해 PWM 핀으로 내보낼 수 있는 값의 범위는 0~255사이의 값이므로 sensorInput 값을 4로 나눈 값을 내보내도록 합니다. 0~1023 사이의 값을 4로 나누면 0~255사이의 값에 대응됩니다.

03 컴파일과 업로드를 수행합니다.

04 결과를 확인합니다.

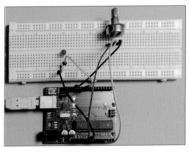 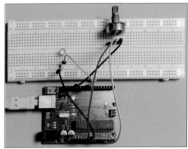

가변 저항을 돌려서 LED의 밝기가 변하는 것을 확인합니다. 가변 저항 값을 한쪽 끝으로 돌리면 LED가 꺼지고 반대쪽 끝으로 돌리면 최대 밝기가 됩니다.

05 _ 디지털 LED 막대 측정기

여기서는 6개의 LED를 일렬로 구성한 후, 가변 저항을 회전한 만큼의 LED가 켜지도록 합니다. 가변 저항의 입력 값은 0~1023 사이의 값인데 이 구간을 7로 나눕니다. 146, 292, 438, 584, 730, 876과 같이 6개의 경계점이 생깁니다. 다음과 같이 각 경계점을 지날 때마다 LED가 하나씩 켜지도록 합니다.

01 다음과 같이 회로를 구성합니다.

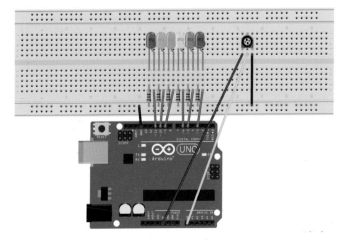

6개의 LED를 그림과 같이 배치합니다. 각각의 LED의 음극은 저항을 통해 GND로 연결합니다. 6개의 LED의 양극을 왼쪽부터 차례대로 아두이노 우노 보드의 3, 5, 6, 9, 10, 11번 핀에 그림과 같이 전선으로 연결합니다. 가변 저항의 양쪽 끝 핀을 각각 5V, GND에 연결합니다. 가변 저항의 중앙 핀을 아두이노 우노 보드의 A0번 핀에 연결합니다.

02 다음과 같이 예제를 작성합니다.

335_1.ino

```
1      const int led[6] = { 3, 5, 6, 9, 10, 11 };
2      const int analogPin = A0;
3
4      void setup() {
5       for(int x=0;x<=5;x++) {
6              pinMode(led[x], OUTPUT);
7       }
8      }
9
10     void loop() {
11      int sensorInput = analogRead(analogPin);
12
13      if(sensorInput > 1024/7*(1+0)) // 146
14              digitalWrite(led[0], HIGH);
15      else digitalWrite(led[0], LOW);
16
17      if(sensorInput > 1024/7*(1+1)) // 292
18              digitalWrite(led[1], HIGH);
19      else digitalWrite(led[1], LOW);
20
21      if(sensorInput > 1024/7*(1+2)) // 438
22              digitalWrite(led[2], HIGH);
23      else digitalWrite(led[2], LOW);
24
25      if(sensorInput > 1024/7*(1+3)) // 584
26              digitalWrite(led[3], HIGH);
27      else digitalWrite(led[3], LOW);
28
29      if(sensorInput > 1024/7*(1+4)) // 730
30              digitalWrite(led[4], HIGH);
31      else digitalWrite(led[4], LOW);
32
33      if(sensorInput > 1024/7*(1+5)) // 876
34              digitalWrite(led[5], HIGH);
35      else digitalWrite(led[5], LOW);
36     }
```

1 : 상수 배열 led를 선언한 후, 3, 5, 6, 9, 10, 11번 핀을 할당합니다.
2 : analogPin 상수를 선언한 후, A0 번 핀을 할당합니다.
5 ~ 7 : 배열의 각 항목인 led[0]~led[5] 핀을 pinMode 함수를 호출하여 출력으로 설정합니다.

11 : analogRead 함수를 호출하여 analogPin 값을 sensorInput 변수로 읽습니다.

13 : sensorInput 값이 1024/7*(1+0) 보다 크면, 즉, 146 보다 크면

14 : digitalWrite 함수를 호출하여 led[0] 핀에 HIGH 값을 주어 첫 번째 LED를 켭니다.

15 : 그렇지 않으면 즉, sensorInput 값이 146 보다 작거나 같으면 led[0] 핀에 LOW 값을 주어 첫 번째 LED를 끕니다.

17~35 : 나머지 LED에 대해서도 같은 방식으로 해당 LED의 경계 값을 넘어가면 LED를 켜고 그렇지 않으면 LED를 끕니다. 각 LED를 켜는 경계 값에 대해서는 다음 그림을 참조합니다.

03 컴파일과 업로드를 수행합니다.

04 결과를 확인합니다.

가변 저항을 돌려 6개의 LED가 차례대로 켜지고 꺼지는지 확인합니다.

05-1 for 문으로 일반화하기

앞의 예제는 여섯 개의 if~else 문이 반복됩니다. 반복된 동작의 경우는 for 문을 이용하여 간단하게 표현할 수 있습니다. 여기서는 앞의 예제를 for 문을 이용하여 일반화해 봅니다.

01 다음과 같이 예제를 수정합니다.

`335_2.ino`

```
1       const int led[6] = { 3, 5, 6, 9, 10, 11 };
2       const int analogPin = A0;
3
4       void setup() {
5        for(int x=0;x<=5;x++) {
6               pinMode(led[x], OUTPUT);
7        }
8       }
9
10      void loop() {
11       int sensorInput = analogRead(analogPin);
12
13       for(int n=0;n<=5;n++) {
14
15               if(sensorInput > 1024/7*(1+n))
16                digitalWrite(led[n], HIGH);
17               else digitalWrite(led[n], LOW);
18
19       }
20      }
```

13~19 : 6개의 반복된 if~else 문을 for 문 하나로 표현하였습니다.

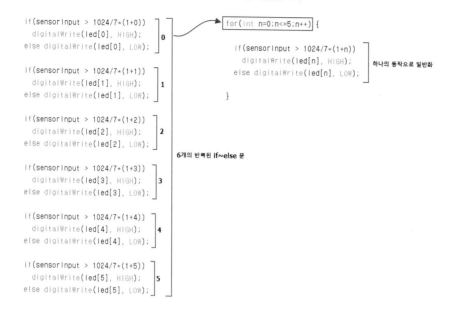

03 컴파일과 업로드를 수행합니다.

04 결과를 확인합니다.

이전 예제와 같이 테스트합니다. 가변 저항을 돌려 6개의 LED가 차례대로 켜지고 꺼지는지 확인합니다.

06 _ 아날로그 LED 막대 측정기

여기서는 6개의 LED를 일렬로 구성한 후, 가변 저항을 회전한 만큼 LED가 차례대로 밝아지도록 합니다. 가변 저항의 입력 값은 0~1023 사이의 값인데 이 구간을 6으로 나눕니다(이전 예제에서는 7로 나누었지만 여기서는 6으로 나눕니다). 그러면 171, 342, 513, 684, 855와 같이 5개의 경계점이 생깁니다. 다음과 같이 가변 저항의 입력 값이 0부터 시작해 각 경계점을 지날 때마다 LED가 하나씩 밝아지도록 합니다.

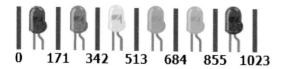

01 다음과 같이 회로를 구성합니다.

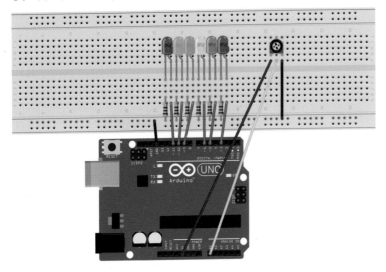

6개의 LED를 그림과 같이 배치합니다. 각각의 LED의 음극은 저항을 통해 GND로 연결합니다. 6개의 LED의 양극을 왼쪽부터 차례대로 아두이노 우노 보드의 3, 5, 6, 9, 10, 11번 핀에 그림과 같이 전선으로 연결합니다. 가변 저항의 양쪽 끝 핀을 각각 5V, GND에 연결합니다. 가변 저항의 중앙 핀을 아두이노 우노 보드의 A0번 핀에 연결합니다.

02 다음과 같이 예제를 작성합니다.

336_1.ino

```
1    const int led[6] = { 3, 5, 6, 9, 10, 11 };
2    const int analogPin = A0;
3
4    void setup() {
5
6    }
7
8    void loop() {
9     int sensorInput = analogRead(analogPin);
10
11    if(sensorInput/171>=1+0) // 171*1 이상이면
12            analogWrite(led[0], 255);
13    else if(sensorInput/171>=0+0) // 171*0 이상이면
14            analogWrite(led[0], int(sensorInput%171/171.0*255));
15
16    if(sensorInput/171>=1+1) // 171*2 이상이면
17            analogWrite(led[1], 255);
18    else if(sensorInput/171>=0+1) // 171*1 이상이면
19            analogWrite(led[1], int(sensorInput%171/171.0*255));
20
```

```
21          if(sensorInput/171>=1+2) // 171*3 이상이면
22                  analogWrite(led[2], 255);
23          else if(sensorInput/171>=0+2) // 171*2 이상이면
24                  analogWrite(led[2], int(sensorInput%171/171.0*255));
25
26          if(sensorInput/171>=1+3) // 171*4 이상이면
27                  analogWrite(led[3], 255);
28          else if(sensorInput/171>=0+3) // 171*3 이상이면
29                  analogWrite(led[3], int(sensorInput%171/171.0*255));
30
31          if(sensorInput/171>=1+4) // 171*5 이상이면
32                  analogWrite(led[4], 255);
33          else if(sensorInput/171>=0+4) // 171*4 이상이면
34                  analogWrite(led[4], int(sensorInput%171/171.0*255));
35
36          if(sensorInput/171>=1+5) // 171*6 이상이면
37                  analogWrite(led[5], 255);
38          else if(sensorInput/171>=0+5) // 171*5 이상이면
39                  analogWrite(led[5], int(sensorInput%171/171.0*255));
40      }
```

1   : 상수 배열 led를 선언한 후, 3, 5, 6, 9, 10, 11번 핀을 할당합니다.

2   : analogPin 상수를 선언한 후, A0 번 핀을 할당합니다.

9   : analogRead 함수를 호출하여 analogPin 값을 sensorInput 변수로 읽습니다.

11   : sensorInput 값을 171로 나눈 값이 1 이상이면, 즉 sensorInput 값이 171 이상이면

12   : analogWrite 함수를 호출하여 led[0] 핀에 255 값을 주어 첫 번째 LED가 최대 밝기가 되도록 합니다.

13   : 그렇지 않고 sensorInput 값을 171로 나눈 값이 0 이상이면, 즉, sensorInput 값이 0보다 크고 171 미만이면

14   : analogWrite 함수를 호출하여 led[0] 핀에 sensorInput 값을 171로 나눈 나머지 값(0~170이하 값)을 171.0으로 나누어 0.0~1.0미만 값으로 만든 후, 255를 곱해 0.0~255.0미만의 실수 값으로 변경한 후, int 키워드를 이용해 0~255미만의 정수 값으로 만든 값을 씁니다.

16~39 : 나머지 LED에 대해서도 같은 방식으로 밝기를 조절합니다.
            각 LED의 밝기를 조절하는 경계 값에 대해서는 다음 그림을 참조합니다.

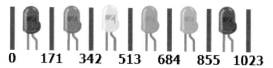

03 컴파일과 업로드를 수행합니다.

04 결과를 확인합니다.

가변 저항을 돌려 6개의 LED가 차례대로 밝아지는지 확인합니다.

06-1 for 문으로 일반화하기

앞의 예제는 여섯 개의 if~else if 문이 반복됩니다. 반복된 동작의 경우는 for 문을 이용하여 간단하게 표현할 수 있습니다. 여기서는 앞의 예제를 for 문을 이용하여 일반화해 봅니다.

01 다음과 같이 예제를 작성합니다.

336_2.ino

```
1     const int led[6] = { 3, 5, 6, 9, 10, 11 };
2     const int analogPin = A0;
3
4     void setup() {
5
6     }
7
8     void loop() {
9      int sensorInput = analogRead(analogPin);
10
11     for(int n=0;n<=5;n++) {
12
13            if(sensorInput/171>=1+n) // 171*(1+n) 이상이면
14             analogWrite(led[n], 255);
15            else if(sensorInput/171>=0+n) // 171*(0+n) 이상이면
16             analogWrite(led[n], int(sensorInput%171/171.0*255));
17
18     }
19     }
```

11~18 : 6개의 반복된 if~else if 문을 for 문 하나로 표현하였습니다.

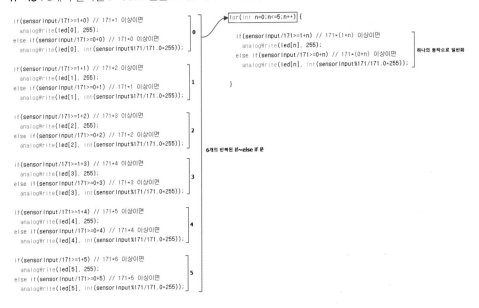

03 컴파일과 업로드를 수행합니다.

04 결과를 확인합니다.

이전 예제와 같이 테스트합니다. 가변 저항을 돌려 6개의 LED가 차례대로 밝아지는지 확인합니다.

07 _ 빛 센서 살펴보기

빛 센서의 모양은 다음과 같습니다.

빛 센서는 두 개의 핀을 갖고, 극성은 없습니다.

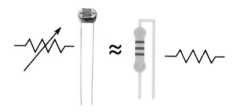

빛 센서는 빛의 양에 따라 값이 변하는 가변 저항과 같습니다.

빛 센서의 회로는 일반적으로 다음과 같이 구성합니다.

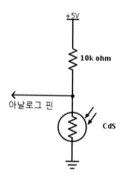

10K Ω 저항과 직렬로 연결합니다. 빛 센서로 입력되는 빛의 양에 따라 저항 값이 달라집니다. 빛의 양이 적을수록, 즉 어두울수록 저항 값은 높아지고, 빛의 양이 많을수록 저항 값은 낮아집니다.

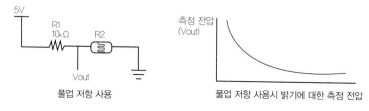

풀업 저항 사용   풀업 저항 사용시 밝기에 대한 측정 전압

08 _ 빛 센서 회로 구성하기

다음과 같이 회로를 구성합니다.

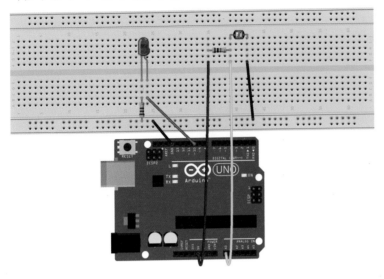

빛 센서의 한쪽 끝을 10K Ohm 저항과 연결합니다. 빛 센서의 다른 쪽 끝은 GND에 연결합니다. 저항의 다른 쪽 끝은 5V에 연결합니다. 빛 센서와 가변 저항이 만나는 부분을 아두이노의 A0 핀에 연결합니다.

09 _ 빛 센서 값 읽어보기

여기서는 빛 센서를 빛에 노출시키거나 가려가면서 빛 센서의 값을 읽어보도록 합니다.

01 이전에 작성한 다음 예제를 이용하여 테스트를 수행합니다.

339_0.ino

```
1    const int analogPin = A0;
2
3    void setup() {
4     Serial.begin(115200);
5    }
6
7    void loop() {
8     int analogValue = analogRead(analogPin);
9     Serial.println(analogValue);
10   }
```

02 컴파일과 업로드를 수행하고 [시리얼 모니터] 버튼을 눌러줍니다.

03 시리얼 모니터 창이 뜨면, 우측 하단에서 통신 속도를 115200으로 맞춰줍니다.

새 줄	∨	115200 보드레이트	∨	출력 지우기

04 결과를 확인합니다.

빛 센서를 빛에 노출시키거나 빛으로부터 가려가면서 값이 변하는 것을 확인합니다. 밝아질수록 값이 적게 나오는 것을 확인합니다.

```
140
138
137
136
137
138
```

10 _ 빛 센서 값에 따라 LED 밝기 조절하기

여기서는 빛 센서 값에 따라 LED의 밝기를 조절하는 예제를 수행해 보도록 합니다.

01 이전에 작성한 다음 예제를 이용하여 테스트를 수행합니다.

```
3310_0.ino
1    const int ledPin = 10;
2    const int analogPin = A0;
3
4    void setup() {
5
6    }
7
8    void loop() {
9     int sensorInput = analogRead(analogPin);
10    analogWrite(ledPin, sensorInput/4);
11      }
```

02 컴파일과 업로드를 수행합니다.

03 결과를 확인합니다.

빛 센서를 빛에 노출시키거나 빛으로부터 가려가
면서 값이 변하는 것을 확인합니다.

11 _ 조이스틱 살펴보기

이 책에서 사용하는 조이스틱의 모양은 다음과 같습니다.

조이스틱은 손잡이를 이용하여 전후좌우, 대각선 방향을 포함한 모
든 방향의 움직임을 감지할 수 있는 기구입니다. 조이스틱은 2개의
가변 저항과 1개의 푸시 버튼으로 구성됩니다. 2개의 가변 저항은
어떤 방향으로 가변 저항이 눌렸는지를 나타냅니다. 스위치는 조이
스틱 손잡이가 눌렸을 때 LOW 값을 보냅니다.

11-1 조이스틱 핀 살펴보기

조이스틱은 아두이노와 5개의 핀으로 연결됩니다. 3 핀은 아두이노로의 입력 핀이며, 나머지 2 핀은 VCC와 GND로 연결됩니다.

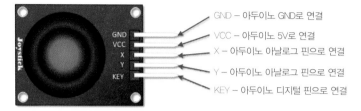

GND – 아두이노 GND로 연결
VCC – 아두이노 5V로 연결
X – 아두이노 아날로그 핀으로 연결
Y – 아두이노 아날로그 핀으로 연결
KEY – 아두이노 디지털 핀으로 연결

11-2 조이스틱의 구조

조이스틱의 구조는 아래 그림과 같습니다. 조이스틱을 양 방향으로 끝까지 움직이면 가변 저항은 VCC 또는 GND에 해당하는 출력 전압을 제공합니다.

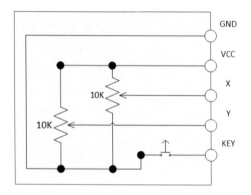

11-3 조이스틱 출력 방향

조이스틱의 손잡이로 제어하기 위해 여러분은 어떤 방향이 X이고 어떤 방향이 Y인지를 이해해야합니다. 그리고 여러분은 조이스틱 손잡이가 X 방향으로 움직이는지 Y 방향으로 움직이는지를 알고 있어야 합니다. 여기서 우리는 아날로그 입력을 사용하여 조이스틱 손잡이의 위치를 측정합니다. 아날로그 입력은 0~1023 시이의 범위 값을 제공합니다. 아래 그림은 X, Y 방향을 보여줍니다. 그리고 조이스틱의 손잡이가 여러 방향으로 움직일 때 어떤 출력 값들이 나올지 보여줍니다.

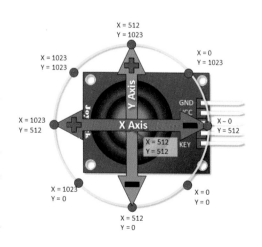

11-4 아두이노와 연결

다음은 조이스틱을 아두이노와 연결한 그림입니다. 푸시 버튼과 디지털 입력 사이에 풀업 저항을 꼭 연결하도록 합니다.

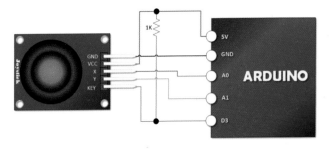

12 _ 조이스틱 입력 받아보기

이제 조이스틱 입력을 받아봅니다.

01 다음과 같이 예제를 작성합니다.

```
3312_0.ino
1    const int Xin= A0; // 조이스틱 X 좌표 입력 핀
2    const int Yin = A1; // 조이스틱 Y 좌표 입력 핀
3    const int KEYin = 3; // 조이스틱 푸시버튼 입력 핀
4
5    void setup () {
6     pinMode (KEYin, INPUT);
7     Serial.begin (115200);
8    }
9
10   void loop () {
11    int xVal = analogRead (Xin);
12    int yVal = analogRead (Yin);
13    int buttonVal = digitalRead (KEYin);
14
15    Serial.print(" X = ");
16    Serial.println (xVal, DEC);
17
18    Serial.print (" Y = ");
19    Serial.println (yVal, DEC);
20
21    Serial.print(" Button is ");
```

```
22        if (buttonVal == HIGH) {
23                Serial.println ("not pressed");
24        } else {
25                Serial.println ("PRESSED");
26        }
27    }
```

1 : Xin 정수 상수를 선언한 후, A0 핀을 할당합니다. 조이스틱의 X 좌표를 입력받습니다.

2 : Yin 정수 상수를 선언한 후, A1 핀을 할당합니다. 조이스틱의 Y 좌표를 입력받습니다.

3 : KEYin 정수 상수를 선언한 후, 3 핀을 할당합니다. 조이스틱의 버튼을 입력받습니다.

6 : pinMode 함수를 호출해 KEYin 핀을 입력으로 설정합니다.

7 : Serial.begin 함수를 호출하여 시리얼 통신 속도를 115200으로 설정합니다.

11 : analogRead 함수를 호출하여 Xin 핀 값을 읽어 xVal 정수 변수에 할당합니다. analogRead 함수를 통해 읽는 값은 0~1023 사이의 값입니다.

12 : analogRead 함수를 호출하여 Yin 핀 값을 읽어 yVal 정수 변수에 할당합니다.

13 : digitalRead 함수를 호출하여 KEYin 핀 값을 읽어 buttonVal 정수 변수에 할당합니다.

16 : Serial.println 함수를 호출하여 xVal의 값을 10진수로 출력합니다.

19 : Serial.println 함수를 호출하여 yVal의 값을 10진수로 출력합니다.

21~26 : 버튼이 눌렸는지 여부를 출력합니다.

02 컴파일 과 업로드를 수행하고 [시리얼 모니터] 버튼을 눌러줍니다.

03 시리얼 모니터 창이 뜨면, 우측 하단에서 통신 속도를 115200으로 맞춰줍니다.

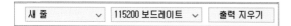

04 결과를 확인합니다.

```
X = 504
Y = 505
Button is not pressed
X = 504
Y = 505
Button is not pressed
X = 504
Y = 505
Button is not pressed
```

조이스틱을 상하좌우로 움직이면서 X, Y 값이 변하는 것을 확인합니다. 조이스틱을 눌러 버튼이 눌리는 것을 확인합니다.

아두이노의 노래 : tone

아두이노에 부저를 달면 아두이노에 멜로디 연주도 할 수 있습니다. 멜로디를 연주하기 위해서는 tone 함수를 이용합니다. 여기서는 tone 함수를 이용하여 음악을 만드는 방법에 대해 살펴봅니다.

여러분 크리스마스에는 카드를 주고받지 않습니까? 크리스마스 카드에서 멜로디가 흘러나오면 더 멋진 느낌이 듭니다. 아두이노를 이용하면 여러분도 이러한 카드를 만들 수 있습니다.

아두이노에서 멜로디의 주인공은 바로 tone 함수입니다.
다음 핀(❶, ❷)들은 tone 함수를 통해 음을 내보낼 수 있는 핀들입니다.

핀은 피에조 부저나 다른 스피커와 연결할 수 있습니다. 피에조 부저는 전기적인 신호 값을 소리로 출력합니다.

여러분은 아두이노 스케치를 통해 음을 만들어낼 때 다음 두 함수를 사용하게 됩니다.

```
tone(pin, frequency)
noTone(pin)
```

tone

tone이란 정해진 핀을 통해 특정한 주파수(50%의 듀티 사이클)의 사각 파형을 생성합니다.

```
tone(pin, frequency);
     ❶      ❷
❶ 음을 생성하고자 하는 핀 번호
❷ 생성하고자 하는 음의 주파수
```

noTone

noTone이란 tone 함수로 생성된 사각 파형의 생성을 멈춥니다.

```
noTone(pin);
       ❶
❶ 음 생성을 멈추고자 하는 핀
```

여기서는 tone, noTone 함수들을 이용하여 피에조 부저의 멜로디를 생성해 봅니다.

01 _ 부저 살펴보기

본 책에서 사용할 부저는 능동 부저와 수동 부저입니다.
다음은 능동 부저입니다.

능동 부저는 내장된 회로로 인해 전원만 인가(입력)하면 약 2.5KHz의 음이 발생합니다. 한 가지 소리만 내기 때문에 알림 역할을 하는 곳에 활용할 수 있습니다. 프린터, 복사기, 알람, 장난감 등에 많이 사용됩니다. 수동 부저에 비해 소리는 크지만 음질은 떨어집니다.
다음은 수동 부저입니다.

수동 부저는 미리 설계된 회로가 없어서 주파수를 입력해야 소리가 납니다. 수동 부저는 여러 음을 발생시킬 수 있기 때문에 음악 악기 등 멜로디를 내는 제품 등에 사용됩니다.
능동 부저와 수동 부저는 피에조 결정체를 이용하여 소리를 냅니다. 전형적인 피에조 부저는 철판 위에 놓인 세라믹 웨이퍼로 구성됩니다. 세라믹 웨이퍼는 피에조 결정체를 담고 있습니다. 피에조 결정체에 전기적 신호를 주면 결정체는 늘었다 줄었다 하고 그 결과 나타난 진동은 음파를 생성해 냅니다. 피에조 결정체를 포함한 세라믹 웨이퍼에 판을 붙이면 소리가 나게 됩니다.
다음은 전기적 신호에 의해 늘었다 줄었다 하는 피에조 부저의 동작을 나타냅니다.

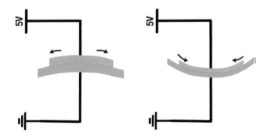

02 _ 소리와 주파수 이해하기

다음은 소리에 따른 주파수 표를 나타냅니다. 예를 들어 4 옥타브에서 도 음에 대한 주파수는 262 Hz가 됩니다. 즉, 1초에 262 개의 사각 파형을 만들어 내면 도 음이 나게 됩니다. 레는 294 Hz, 미는 330 Hz, 파는 349 Hz, 솔은 392 Hz, 라는 440 Hz, 시는 494 Hz, 5 옥타브의 도는 523 Hz가 됩니다.

Frequency in hertz (semitones above or below middle C)										
Octave → / Note ↓	0	1	2	3	4	5	6	7	8	9	10
C	16.352 (−48)	32.703 (−36)	65.406 (−24)	130.81 (−12)	261.63 (±0)	523.25 (+12)	1046.5 (+24)	2093.0 (+36)	4186.0 (+48)	8372.0 (+60)	16744.0 (+72)
C#/Db	17.324 (−47)	34.648 (−35)	69.296 (−23)	138.59 (−11)	277.18 (+1)	554.37 (+13)	1108.7 (+25)	2217.5 (+37)	4434.9 (+49)	8869.8 (+61)	17739.7 (+73)
D	18.354 (−46)	36.708 (−34)	73.416 (−22)	146.83 (−10)	293.66 (+2)	587.33 (+14)	1174.7 (+26)	2349.3 (+38)	4698.6 (+50)	9397.3 (+62)	18794.5 (+74)
Eb/D#	19.445 (−45)	38.891 (−33)	77.782 (−21)	155.56 (−9)	311.13 (+3)	622.25 (+15)	1244.5 (+27)	2489.0 (+39)	4978.0 (+51)	9956.1 (+63)	19912.1 (+75)
E	20.602 (−44)	41.203 (−32)	82.407 (−20)	164.81 (−8)	329.63 (+4)	659.26 (+16)	1318.5 (+28)	2637.0 (+40)	5274.0 (+52)	10548.1 (+64)	21096.2 (+76)
F	21.827 (−43)	43.654 (−31)	87.307 (−19)	174.61 (−7)	349.23 (+5)	698.46 (+17)	1396.9 (+29)	2793.8 (+41)	5587.7 (+53)	11175.3 (+65)	22350.6 (+77)
F#/Gb	23.125 (−42)	46.249 (−30)	92.499 (−18)	185.00 (−6)	369.99 (+6)	739.99 (+18)	1480.0 (+30)	2960.0 (+42)	5919.9 (+54)	11839.8 (+66)	23679.6 (+78)
G	24.500 (−41)	48.999 (−29)	97.999 (−17)	196.00 (−5)	392.00 (+7)	783.99 (+19)	1568.0 (+31)	3136.0 (+43)	6271.9 (+55)	12543.9 (+67)	25087.7 (+79)
Ab/G#	25.957 (−40)	51.913 (−28)	103.83 (−16)	207.65 (−4)	415.30 (+8)	830.61 (+20)	1661.2 (+32)	3322.4 (+44)	6644.9 (+56)	13289.8 (+68)	26579.5 (+80)
A	27.500 (−39)	55.000 (−27)	110.00 (−15)	220.00 (−3)	440.00 (+9)	880.00 (+21)	1760.0 (+33)	3520.0 (+45)	7040.0 (+57)	14080.0 (+69)	28160.0 (+81)
Bb/A#	29.135 (−38)	58.270 (−26)	116.54 (−14)	233.08 (−2)	466.16 (+10)	932.33 (+22)	1864.7 (+34)	3729.3 (+46)	7458.6 (+58)	14917.2 (+70)	29834.5 (+82)
B	30.868 (−37)	61.735 (−25)	123.47 (−13)	246.94 (−1)	493.88 (+11)	987.77 (+23)	1975.5 (+35)	3951.1 (+47)	7902.1 (+59)	15804.3 (+71)	31608.5 (+83)

03 _ 수동 부저 회로 구성하기

수동 부저를 아두이노 우노 보드에 다음과 같이 연결합니다.

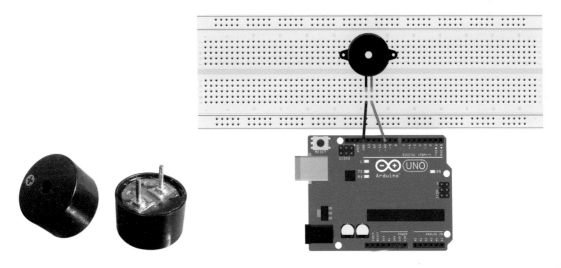

부저의 +번을 아두이노 우노 보드의 10번 핀에 연결합니다. 부저의 다른 핀은 GND 핀에 연결합니다.

04 _ 수동 부저 소리내보기

여기서는 부저를 이용하여 도음과 레음을 내보겠습니다.

01 다음과 같이 예제를 작성합니다.

```
344_1.ino
1        const int BUZZER = 10;
2
3        void setup() {
4         tone(BUZZER, 262);
5
6         delay(3000);
7
8         noTone(BUZZER);
9        }
10
11       void loop() {
12
13       }
```

1 : BUZZER 상수에 10번 핀을 할당합니다.
4 : tone 함수를 이용하여 BUZZER 핀에 262로 주파수 값을 설정합니다.
6 : 3 초간 기다립니다.
8 : noTone 함수를 이용하여 부저를 끕니다. 그렇지 않으면 계속 부저가 울립니다.

02 컴파일과 업로드를 수행합니다.

03 결과를 확인합니다.

부저에서 나는 도 음을 확인합니다.

04 다음과 같이 예제를 수정합니다.

344_2.ino

```
1       const int BUZZER = 10;
2
3       void setup() {
4        for(int cnt=0;cnt<=2;cnt++) {
5               tone(BUZZER, 262);
6               delay(1000);
7               tone(BUZZER,294);
8               delay(1000);
9        }
10
11       noTone(BUZZER);
12       }
13
14       void loop() {
15
16       }
```

4   : cnt 변수을 0부터 2까지 1씩 증가시켜가면서 중괄
호 안쪽(4~9줄)의 동작을 3회 반복합니다.

5, 6 : 도음을 1초간 냅니다.

7, 8 : 레음을 1초간 냅니다. 294는 4옥타브 레음의 주파
수입니다.

05 컴파일과 업로드를 수행합니다.

06 결과를 확인합니다.

도음과 레음이 2초 주기로 3회 반복되는 것을 확인합니다.

05 _ 부저 멜로디 연주하기

여기서는 부저를 이용하여 멜로디를 생성해 보도록 하겠습니다.

01 이전 예제를 다음과 같이 수정합니다.

345_0.ino

```
1       const int BUZZER = 10;
2
3       const int melody[8] = {
4        262, 294, 330, 349, 393, 440, 494, 523,
5       };
6
7       void setup() {
```

```
8            for(int note=0;note<=7;note++) {
9                    tone(BUZZER, melody[note]);
10                   delay(500);
11           }
12
13           noTone(BUZZER);
14       }
15
16       void loop() {
17
18       }
```

3~5 : 4 옥타브의 도, 레, 미, 파, 솔, 라, 시와 5 옥타브의 도에 해당하는 주파수를 값으로 갖는 melody 배열 변수를 선언합니다.

8   : note 변수 값을 0부터 7까지 1씩 증가시켜가면서 중괄호 안쪽(8~11줄)을 수행합니다. note 변수는 음을 의미합니다.

9   : tone 함수를 이용하여 연주하고자 하는 핀에 주파수 값을 설정합니다.

10   : 0.5초간 기다립니다.

13   : noTone 함수를 이용하여 부저를 끕니다.

02 컴파일과 업로드를 수행합니다.

03 결과를 확인합니다. BUZZER에서 나는 멜로디를 확인합니다.

06 _ 학교종 멜로디 연주하기

여기서는 tone 함수를 이용하여 학교종 멜로디를 연주해 보도록 합니다. 다음은 학교종 악보입니다. 이 악보를 이용하여 학교종 멜로디 스케치를 작성해 봅니다.

악보는 오선지 상에 음표를 통해 음과 박자를 나타냅니다. 박자는 해당 음의 지속시간입니다. 다음은 G 음자리표와 F 음자리표를 나타냅니다.

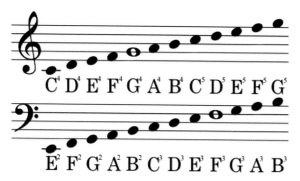

각 음의 주파수는 다음 표를 참조합니다.

Frequency in hertz (semitones above or below middle C)											
Octave → / Note ↓	0	1	2	3	4	5	6	7	8	9	10
C	16.352 (−48)	32.703 (−36)	65.406 (−24)	130.81 (−12)	261.63 (±0)	523.25 (+12)	1046.5 (+24)	2093.0 (+36)	4186.0 (+48)	8372.0 (+60)	16744.0 (+72)
C#/Db	17.324 (−47)	34.648 (−35)	69.296 (−23)	138.59 (−11)	277.18 (+1)	554.37 (+13)	1108.7 (+25)	2217.5 (+37)	4434.9 (+49)	8869.8 (+61)	17739.7 (+73)
D	18.354 (−46)	36.708 (−34)	73.416 (−22)	146.83 (−10)	293.66 (+2)	587.33 (+14)	1174.7 (+26)	2349.3 (+38)	4698.6 (+50)	9397.3 (+62)	18794.5 (+74)
Eb/D#	19.445 (−45)	38.891 (−33)	77.782 (−21)	155.56 (−9)	311.13 (+3)	622.25 (+15)	1244.5 (+27)	2489.0 (+39)	4978.0 (+51)	9956.1 (+63)	19912.1 (+75)
E	20.602 (−44)	41.203 (−32)	82.407 (−20)	164.81 (−8)	329.63 (+4)	659.26 (+16)	1318.5 (+28)	2637.0 (+40)	5274.0 (+52)	10548.1 (+64)	21096.2 (+76)
F	21.827 (−43)	43.654 (−31)	87.307 (−19)	174.61 (−7)	349.23 (+5)	698.46 (+17)	1396.9 (+29)	2793.8 (+41)	5587.7 (+53)	11175.3 (+65)	22350.6 (+77)
F#/Gb	23.125 (−42)	46.249 (−30)	92.499 (−18)	185.00 (−6)	369.99 (+6)	739.99 (+18)	1480.0 (+30)	2960.0 (+42)	5919.9 (+54)	11839.8 (+66)	23679.6 (+78)
G	24.500 (−41)	48.999 (−29)	97.999 (−17)	196.00 (−5)	392.00 (+7)	783.99 (+19)	1568.0 (+31)	3136.0 (+43)	6271.9 (+55)	12543.9 (+67)	25087.7 (+79)
Ab/G#	25.957 (−40)	51.913 (−28)	103.83 (−16)	207.65 (−4)	415.30 (+8)	830.61 (+20)	1661.2 (+32)	3322.4 (+44)	6644.9 (+56)	13289.8 (+68)	26579.5 (+80)
A	27.500 (−39)	55.000 (−27)	110.00 (−15)	220.00 (−3)	440.00 (+9)	880.00 (+21)	1760.0 (+33)	3520.0 (+45)	7040.0 (+57)	14080.0 (+69)	28160.0 (+81)
Bb/A#	29.135 (−38)	58.270 (−26)	116.54 (−14)	233.08 (−2)	466.16 (+10)	932.33 (+22)	1864.7 (+34)	3729.3 (+46)	7458.6 (+58)	14917.2 (+70)	29834.5 (+82)
B	30.868 (−37)	61.735 (−25)	123.47 (−13)	246.94 (−1)	493.88 (+11)	987.77 (+23)	1975.5 (+35)	3951.1 (+47)	7902.1 (+59)	15804.3 (+71)	31608.5 (+83)

각 음표의 지속 시간은 다음 표와 같습니다.

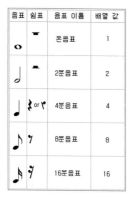

음표	쉼표	음표 이름	배열 값
o	▬	온음표	1
♩	▬	2분음표	2
♩	♩ or ↑	4분음표	4
♪	↑	8분음표	8
♫	↑	16분음표	16

01 다음과 같이 예제를 작성합니다.

346_0.ino

```
1    const int BUZZER = 10;
2
3    char note[] = " ggaaggeggeed ggaaggegedec ";
```

```
4        char beat[] = " 11111121111221111112111122 ";
5        int note_length = sizeof(note)/sizeof(note[0])-1;

6
7        int tempo = 300;

8
9        int freq(char note) {
10        char note_name[] = { 'c', 'd', 'e', 'f', 'g', 'a', 'b', 'C',};
11        int note_freq[] = { 262, 294, 330, 349, 393, 440, 494, 523};

12
13        for (int i = 0; i < sizeof(note_name)/sizeof(note_name[0]); i++) {
14                if (note_name[i] == note) {
15                  return note_freq[i];
16                }
17        }
18        }

19
20        int duration(char beat) {
21        return beat - '0';
22        }

23
24        void setup() {
25        for(int i=0;i<note_length;i++) {
26                if(note[i] != ' ') {
27                 tone(BUZZER, freq(note[i]));
28                }
29                delay(tempo*duration(beat[i]));

30
31                noTone(BUZZER);
32                delay(100);
33        }
34        }

35
36        void loop() {

37
38        }
```

3   : note 배열은 학교종의 음 배열입니다. 공백은 무음을 나타냅니다. 배열의 크기를 정해주지 않으면 컴파일러가 배열 항목의 개수를 세서 채워줍니다.

4   : beat 배열은 학교종의 박자입니다. 문자 1은 4분 음표를 나타내며 문자 2는 2분 음표를 나타냅니다. 배열의 크기를 정해주지 않으면 컴파일러가 배열 항목의 개수를 세서 채워줍니다.

5   : note_length는 note 배열의 항목 개수를 나타냅니다. sizeof는 C/C++ 언어의 키워드로 변수의 크기를 알려줍니다. sizeof(note)의 경우 note 배열 전체의 크기를 바이트 단위로 알려줍니다. sizeof(note[0])의 경우 note[0] 항목의 크기를 바이트 단위로 알려줍니다. 일반적으로 배열 항목의 개수를 알고자 할 때 이와 같은 형태로 표현합니다. 이중 인용 부호 ""를 통한 문자열은 문자열의 끝을 나타내기 위해 마지막에 보이지 않게 '₩0' 문자를 넣게 되는데 이 부분을 빼기 위해 -1을 해 주었습니다.

7   : tempo 변수는 곡의 빠르기를 나타냅니다.

9~18 : freq 함수를 정의합니다. freq 함수는 note 배열의 각 항목에 대한 주파수를 돌려주는 함수입니다.

10   : 음의 이름을 나타냅니다. 배열의 크기를 정해주지 않으면 컴파일러가 배열 항목의 개수를 세서 채워줍니다.

11   : 음의 주파수를 나타냅니다. 배열의 크기를 정해주지 않으면 컴파일러가 배열 항목의 개수를 세서 채워줍니다.

13~17 : note_name 배열의 각 항목에 대해 인자로 넘어온 note 값과 같으면 해당되는 주파수 값을 가진 note_freq 배열의 항목을 돌려줍니다.

20~22 : 박자에 대한 지속 시간을 숫자로 변경하여 돌려줍니다.

25　　: note 배열의 각 항목에 대해

26　　: note 배열의 항목이 공백이 아니면

27　　: tone 함수를 호출해 BUZZER 핀으로 해당 주파수를 내보냅니다.

29　　: beat 배열의 해당 항목의 지속 시간에 tempo 값을 곱한 시간만큼 기다립니다.

31　　: noTone 함수를 호출해 BUZZER로 나가는 소리를 끕니다.

32　　: 0.1 초간 기다립니다.

02 컴파일과 업로드를 수행합니다.

03 결과를 확인합니다. BUZZER에서 나는 학교종 멜로디를 확인합니다.

07 _ 키보드 피아노 만들기

여기서는 수동 부저와 시리얼을 이용하여 피아노를 만들어봅니다.

07-1 수동 부저 회로 구성하기

수동 부저를 아두이노 우노 보드에 다음과 같이 연결합니다.

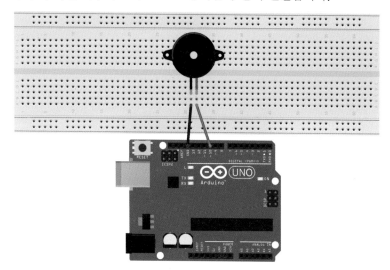

부저의 +핀을 아두이노 우노 보드의 10번 핀에 연결합니다. 부저의 다른 핀은 GND 핀에 연결합니다.

01 다음과 같이 예제를 작성합니다.

```
347_0.ino
1    const int BUZZER = 10;
2
3    const int note[9] = {
4     -1, 262, 294, 330, 349, 393, 440, 494, 523,
5    };
6
7    void setup() {
8     Serial.begin(115200);
9    }
10
11   void loop() {
12    if(Serial.available()) {
13            char userInput = Serial.read();
14            if( '1' <= userInput && userInput <= '8' ) {
15             int num = userInput - '0';
16
17             tone(BUZZER, note[num]);
18             delay(500);
19            }
20    }
21
22    noTone(BUZZER);
23    }
```

3~5 : 상수 배열인 note를 선언하고 초기화합니다. 첫 번째 값으로 –1을 넣은 이유는 note[0]을 사용하지 않고 note[1]부터 사용하겠다는 의미입니다. 키보드의 1~8 값을 배열의 인덱스에 대응시키기 위해 이렇게 처리하였습니다.

8 : Serial.begin 함수를 호출하여 통신 속도를 115200 bps로 설정합니다.

14 : 사용자 입력 값이 '1' ~ '8' 문자이면

15 : 사용자 입력 값에서 '0'을 빼서 숫자로 만듭니다.

17 : tone 함수를 호출해 BUZZER 핀에 입력 받은 숫자에 해당하는 음을 출력합니다.

18 : 0.5 초간 기다립니다.

22 : noTone 함수를 호출하여 부저를 끕니다.

02 컴파일과 업로드를 수행하고 [시리얼 모니터] 버튼을 눌러줍니다.

03 시리얼 모니터 창이 뜨면, 우측 하단에서 통신 속도를 115200으로 맞춰줍니다.

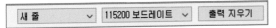

04 결과를 확인합니다. 시리얼 모니터 창의 입력 창에 1~8를 입력해 봅니다. 4옥타브 도~5옥타브 도까지 소리를 확인합니다.

08 _ 버튼 피아노 만들기

여기서는 수동 부저와 푸시 버튼을 이용하여 피아노를 만들어봅니다.

08-1 수동 부저 회로 구성하기

수동 부저와 푸시 버튼을 아두이노 우노 보드에 다음과 같이 연결합니다.

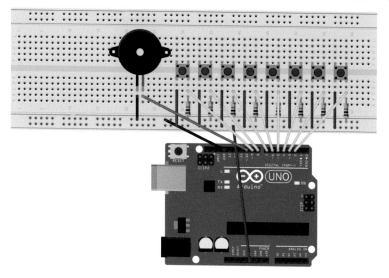

부저의 +핀을 아두이노 우노 보드의 10번 핀에 연결합니다. 부저의 다른 핀은 GND 핀에 연결합니
다. 버튼 8개를 그림과 같은 형태로 배치하고 각 버튼의 한 쪽 핀을 5V로 연결합니다. 그림에서는
빨간색 전선 부분입니다. 각 버튼의 다른 쪽 핀을 10K Ohm 저항을 통해 GND로 연결해 줍니다. 그
림에서는 검은색 전선 부분입니다. 각 저항의 다른 쪽 핀을 아두이노의 2~9번 핀에 차례대로 연결
합니다. 저항의 다리가 서로 닿지 않도록 주의합니다.

01 다음과 같이 예제를 작성합니다.

348_0.ino

```
1    const int BUZZER = 10;
2    const int button[8] = { 9, 8, 7, 6, 5, 4, 3, 2 };
3
4    const int note[8] = {
5     262, 294, 330, 349, 393, 440, 494, 523,
6    };
7
8    void setup() {
```

```
9        for(int n=0;n<=7;n++) {
10               pinMode(button[n], INPUT);
11       }
12     }
13
14     void loop() {
15       if(digitalRead(button[0]) == HIGH) {
16               tone(BUZZER, note[0]);
17       } else if(digitalRead(button[1]) == HIGH) {
18               tone(BUZZER, note[1]);
19       } else if(digitalRead(button[2]) == HIGH) {
20               tone(BUZZER, note[2]);
21       } else if(digitalRead(button[3]) == HIGH) {
22               tone(BUZZER, note[3]);
23       } else if(digitalRead(button[4]) == HIGH) {
24               tone(BUZZER, note[4]);
25       } else if(digitalRead(button[5]) == HIGH) {
26               tone(BUZZER, note[5]);
27       } else if(digitalRead(button[6]) == HIGH) {
28               tone(BUZZER, note[6]);
29       } else if(digitalRead(button[7]) == HIGH) {
30               tone(BUZZER, note[7]);
31       } else {
32               noTone(BUZZER);
33       }
34     }
```

1 : BUZZER 상수를 선언한 후, 10번 핀으로 초기화합니다.

2 : button 상수 배열을 선언한 후, 9~2번 핀으로 초기화합니다.

4~6 : 상수 배열인 note를 선언하고 각 음에 맞는 주파수로 초기화합니다.

9~11 : pinMode 함수를 호출하여 button[0]~button[7] 번 핀을 입력으로 설정합니다.

15 : digitalRead 함수를 호출하여 button[0] 핀의 값이 HIGH이면

16 : tone 함수를 호출해 BUZZER 핀에 note[0]에 해당하는 음을 출력합니다.

17~31 : botton[1]~button[7]에 대해서도 같은 방식으로 처리합니다.

31 : 어떤 버튼도 눌리지 않으면

32 : noTone 함수를 호출하여 부저를 멈춥니다.

02 컴파일과 업로드를 수행합니다.

03 결과를 확인합니다. 버튼을 차례대로 눌러 봅니다. 4옥타브 도~5옥타브 도까지 소리를 확인합니다.

09 _ 능동 부저 소리내보기

여기서는 능동 부저를 이용하여 소리를 내보겠습니다. 먼저 3초간 유지되는 소리를 내 보고 다음은 2초 간격으로 3회 소리를 반복해서 내 보겠습니다.

능동 부저를 아두이노 우노 보드에 다음과 같이 연결합니다.

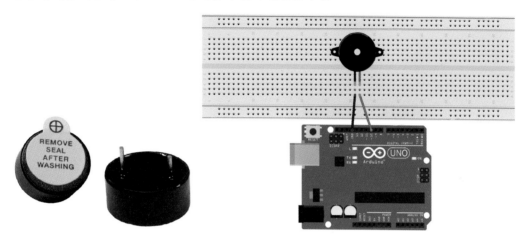

부저의 +핀을 아두이노 우노 보드의 10번 핀에 연결합니다. 부저의 다른 핀은 GND 핀에 연결합니다.

01 다음과 같이 예제를 작성합니다.

349_1.ino

```
1       const int ACTIVE_BUZZER = 10;
2
3       void setup() {
4        pinMode(ACTIVE_BUZZER, OUTPUT);
5
6        digitalWrite(ACTIVE_BUZZER, HIGH);
7        delay(3000);
8        digitalWrite(ACTIVE_BUZZER, LOW);
9       }
10
11      void loop() {
12
13      }
```

1 : ACTIVE_BUZZER 상수에 10번 핀을 할당합니다.
4 : pinMode 함수를 호출하여 ACTIVE_BUZZER 핀을 출력으로 설정합니다.
6 : digitalWrite 함수를 호출하여 ACTIVE_BUZZER 핀에 HIGH 신호를 줍니다. 이렇게 하면 약 2.5KHz 주파수의 소리가 납니다.
7 : 3 초간 지연을 줍니다.
8 : digitalWrite 함수를 호출하여 ACTIVE_BUZZER 핀에 LOW 신호를 줍니다. 이렇게 하면 부저가 꺼집니다.

02 컴파일과 업로드를 수행합니다.

03 결과를 확인합니다.

3초간 삐 소리가 나는 것을 확인합니다.

04 다음과 같이 예제를 수정합니다.

349_2.ino

```
1       const int ACTIVE_BUZZER = 10;
2
3       void setup() {
4         pinMode(ACTIVE_BUZZER, OUTPUT);
5
6         for(int cnt=0;cnt<=2;cnt++) {
7                 digitalWrite(ACTIVE_BUZZER, HIGH);
8                 delay(1000);
9                 digitalWrite(ACTIVE_BUZZER, LOW);
10                delay(1000);
11        }
12      }
13
14      void loop() {
15
16      }
```

6 : cnt 변수을 0부터 2까지 1씩 증가시켜가면서 중괄호 안쪽(6~11줄)의 동작을 3회 반복합니다.
7, 8 : 소리를 1초간 냅니다.
9, 10 : 소리를 1초간 멈춥니다.

05 컴파일과 업로드를 수행합니다.

06 결과를 확인합니다.

2초 간격으로 3회 소리가 반복해서 납니다.

10 _ 버튼 값에 따라 능동 부저 울리기

여기서는 버튼을 누르면 능동 부저에서 경보음이 발생하고 버튼을 떼면 경보음이 꺼지도록 프로그램을 작성해 보도록 합니다.

01 능동 부저와 버튼을 이용해 다음과 같이 회로를 구성합니다.

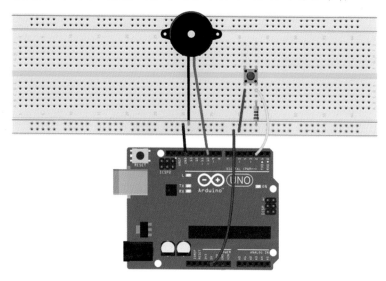

버튼의 한 쪽 핀을 5V로 연결합니다. 그림에서는 빨간색 전선 부분입니다. 버튼의 다른 쪽 핀을 1K Ohm 저항을 통해 GND로 연결해 줍니다. 그림에서는 검은색 전선 부분입니다. 저항의 다른 쪽 핀을 2번 핀에 연결합니다. 능동 부저의 +핀을 아두이노 우노 보드의 10번 핀에 연결합니다. 능동 부저의 다른 핀은 GND 핀에 연결합니다.

02 다음과 같이 예제를 작성합니다.

```
3410_0.ino
1      const int ACTIVE_BUZZER = 10;
2      const int buttonPin = 2;
3
4      void setup() {
5       pinMode(ACTIVE_BUZZER, OUTPUT);
6       pinMode(buttonPin, INPUT);
7      }
8
9      void loop() {
10      int buttonInput = digitalRead(buttonPin);
11      digitalWrite(ACTIVE_BUZZER, buttonInput);
12     }
```

1 : ACTIVE_BUZZER 상수를 선언한 후, 10번 핀을 할당합니다.
5 : pinMode 함수를 호출하여 ACTIVE_BUZZER을 출력으로 설정합니다.
10 : digitalRead 함수를 호출하여 buttonPin 값을 buttonInput 변수로 읽습니다.
11 : digitalWrite 함수를 호출하여 ACTIVE_BUZZER에 buttonInput 변수 값을 씁니다.

03 컴파일과 업로드를 수행합니다.

04 결과를 확인합니다.

버튼을 누르면 능동 부저가 울리고 버튼을 떼면 능동 부저가 꺼지는 것을 확인합니다.

05

아두이노의 손발 : Servo

아두이노에 서보 모터를 달아주면, 로봇팔도 될 수 있고, 자동차의 방향도 조절할 수 있습니다. 서보 모터는 관절 역할을 하는 모터입니다. 아두이노를 이용하여 서보 모터를 제어하기 위해서는 어떻게 해야 할까요? Servo 라이브러리가 바로 그 역할을 합니다. 여기서는 Servo 라이브러리에 대해 살펴봅니다.

여러분은 다음과 같은 로봇 팔을 본 적이 있나요? 로봇 팔의 각 관절에는 크고 작은 서보 모터가 들어갑니다. 즉, 서보 모터는 관절 역할을 하는 거지요.

다음은 RC카입니다. RC카의 앞바퀴의 방향을 조정하는 부분에도 서보 모터가 들어갑니다.

※ 라이브러리란 사용하기 편하게 누군가 미리 작성한 스케치입니다. 라이브러리를 이용하면 우리는 간편하게 라이브러리기 제공하는 기능을 사용할 수 있습니다. Servo 라이브러리를 이용하면 서보 모터를 쉽게 제어할 수 있습니다.

이와 같이 서보 모터는 움직임을 만들어 내는데 아주 중요한 부품입니다. 이러한 서보는 Servo 라이브러리를 이용하여 제어합니다.

다음 핀들은 Servo 라이브러리를 통해 서보 모터를 제어할 수 있는 핀들입니다.

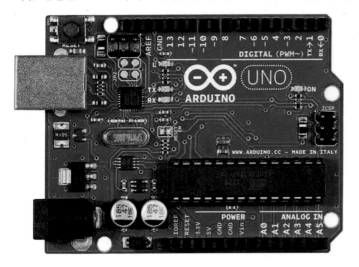

여러분은 아두이노 스케치에서 Servo 라이브러리를 이용해 서보 모터를 제어할 때 다음 두 함수를
주로 사용합니다.

```
Servo.attach(pin)
Servo.write(pin)
```

Servo.attach

Servo.attach란 핀을 Servo 변수에 붙이는 함수입니다.

```
Servo.attach(pin);
           ❶
```
❶ 서보 모터가 붙은 핀 번호, 9, 10번 핀 중 하나

Servo.write

Servo.write란 서보 모터에 각도 값을 써 넣는 함수입니다.

```
Servo.write(angle);
           ❶
```
❶ 서보 모터에 쓸 각도 값, 0~180도

여기서는 Servo.attach, Servo.write 함수들을 이용하여 서보 모터의 각도를 제어해 봅니다.

01 _ 서보 모터 살펴보기

본 책에서 사용할 서보 모터는 다음과 같습니다.

흑색(0V 연결)

오렌지 색(신호선)

적색(모터전원 연결)

일반적으로 서보 모터는 0~180도 범위에서 움직입니다.

다음은 서보 모터를 분해한 모습입니다.

서보 모터는 크게 DC 모터, 기어 시스템, 가변 저항, 제어 기판으로 구성됩니다.

다음은 아래쪽에서 살펴본 부분입니다.

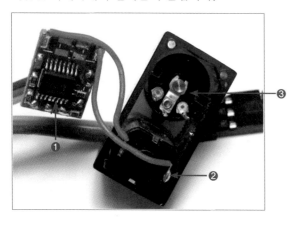

제어기판(❶), DC 모터(❷), 가변 저항(❸)을 볼 수 있습니다.

02 _ 서보 모터 파형 이해하기

서보 모터 파형의 주기는 일반적으로 20ms이며, 주파수는
50Hz입니다. 입력 파형의 HIGH 값은 1~2ms 사이의 값을
갖습니다.

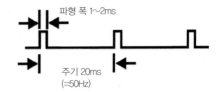

서보 모터는 입력 파형의 HIGH 값에 따라 움직이는 각도가 달라집니다.

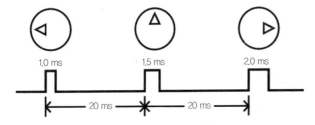

입력 파형의 HIGH 값이 1.0 밀리초일 경우엔 0도, 2.0
밀리초일 경우엔 180도가 되며, 나머지 각도는 1.0 밀
리초와 2.0 밀리초 사이에서 비례적으로 결정됩니다.

※ 이 책에서 사용하는 SG90 서보 모터의 경우 0.6 밀리 초와 2.5 밀리
초의 HIGH 값을 주어야 0도에서 180도 범위를 움직입니다.

03 _ 서보 모터 회로 구성하기

서보 모터를 아두이노 우노 보드에 다음과 같이 연결합니다.

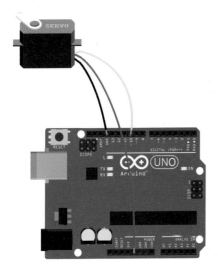

서보 모터의 노란색 전선을 아두이노 우노 보드의 10번 핀에 연결합니다. 서보 모터의 검은색 또는 갈색 전선을 아두이노 우노 보드의 GND 핀에 연결합니다. 서보 모터의 빨간색 전선을 아두이노 우노 보드의 5V 핀에 연결합니다. 3.3V에 연결할 경우 서보 모터의 동력원이 약하며, 모터 회전 시 아두이노 우노 보드가 리셋되어 재부팅될 수도 있습니다. 실제로 서보 모터는 모터 드라이버를 통해 연결해야 합니다.

04 _ 서보 모터 각도 조절해보기

여기서는 서보 모터의 각도를 0도, 180도로 조절해봅니다.

01 다음과 같이 예제를 수정합니다.

354_0.ino

```
1       #include <Servo.h>
2
3       const int SERVO = 10;
4       Servo servo;
5
6       void setup() {
7        servo.attach(SERVO);
8        servo.write(0);
9
10       delay(1000);
11
12       for(int cnt=0;cnt<=2;cnt++) {
13               servo.write(0);
14               delay(1000);
15               servo.write(180);
16               delay(1000);
17       }
18
19       servo.detach();
20       }
21
22       void loop() {
23
24       }
```

1 : Servo 관련 함수를 사용하기 위해 Servo.h 헤더 파일을 포함시켜 줍니다.
3 : SERVO 상수에 10번 핀을 할당합니다.
4 : 서보 제어를 위해 Servo 클래스인 servo 객체를 생성합니다. 클래스는 변수와 함수의 집합 형을 의미합니다. 객체는 변수의 집합으로 집합 형 변수로 이해하면 됩니다.

7 : Servo 객체에 attach 함수를 호출하여 SERVO 핀을 연결합니다. 이렇게 하면 servo 객체를 이용하여 SERVO 핀을 제어할 수 있습니다.

8 : servo 객체에 write 함수를 호출하여 서보 모터를 0도로 회전시킵니다.

10 : 서보가 회전하는 데 시간이 필요하기 때문에 1초 기다립니다.

12 : cnt 변수 값을 0부터 2까지 1씩 증가시켜가면서 중괄호 안쪽(12~17줄)의 동작을 수행합니다.

13 : servo 객체에 write 함수를 호출하여 서보 모터의 각도를 0도로 설정합니다.

14 : 1 초 동안 기다립니다. 서보 모터가 회전하는데 시간이 필요합니다.

15 : servo 객체에 write 함수를 호출하여 서보 모터의 각도를 180도로 설정합니다.

16 : 1 초 동안 기다립니다. 서보 모터가 회전하는데 시간이 필요합니다.

19 : servo 객체에 detach 함수를 호출하여 SERVO 핀의 연결을 해제합니다. 이렇게 하면 서보 모터의 동작이 멈추게 됩니다.

02 컴파일과 업로드를 수행합니다.

03 결과를 확인합니다.

서보가 0도과 180도를 2초 주기로 3회 회전하는 것을 확인합니다.

05 _ 서보 모터 0~180도 조절해보기

여기서는 0도에서 180도까지 조절해 보도록 합니다.

01 이전 예제를 다음과 같이 수정합니다.

`355_0.ino`

```
1       #include <Servo.h>
2
3       const int SERVO = 10;
4       Servo servo;
5
6       void setup() {
7        servo.attach(SERVO);
8        servo.write(0);
9
10       delay(1000);
11
12       for(int angle=0;angle<=180;angle++) {
13               servo.write(angle);
14               delay(30);
15       }
```

```
16
17        servo.detach();
18      }
19
20      void loop() {
21
22      }
```

1 : Servo 관련 함수를 사용하기 위해 Servo.h 헤더 파일을 포함시켜 줍니다.

3 : SERVO 상수에 10번 핀을 할당합니다.

4 : 서보 제어를 위해 Servo 클래스인 servo 객체를 생성합니다. 클래스는 변수와 함수의 집합 형을 의미합니다. 객체는 변수의 집합으로 집합 형 변수로 이해하면 됩니다.

7 : servo 객체에 attach 함수를 호출하여 SERVO 핀을 연결합니다. 이렇게 하면 servo 객체를 이용하여 SERVO 핀을 제어할 수 있습니다.

8 : servo 객체에 write 함수를 호출하여 서보 모터를 0도로 회전시킵니다.

10 : 서보가 회전하는 데 시간이 필요하기 때문에 1초 기다립니다.

12 : angle 변수 값을 0부터 180까지 1씩 증가시켜가면서 중괄호 안쪽(12~15줄)의 동작을 수행합니다.

13 : servo 객체에 write 함수를 호출하여 서보 모터의 각도를 angle 값으로 설정합니다.

14 : 30 밀리 초 동안 기다립니다. 서보 모터가 회전하는데 시간이 필요합니다.

17 : servo 객체에 detach 함수를 호출하여 SERVO 핀의 연결을 해제합니다. 이렇게 하면 서보 모터의 동작이 멈추게 됩니다.

02 컴파일과 업로드를 수행합니다.

03 결과를 확인합니다.

서보 모터가 약 3.2초 동안 0도에서 180도까지 회전한 후, 0도로 다시 돌아오는 것을 확인합니다.

06 _ 시리얼로 서보 제어하기

여기서는 사용자 입력에 따라 모터의 각도를 30도, 90도, 150도로 제어해 보는 스케치를 작성해 봅니다. 사용자가 키보드의 1을 입력하면 30도, 2를 입력하면 90도, 3을 입력하면 150도 회전하도록 합니다.

01 다음과 같이 예제를 작성합니다.

356_0.ino

```
1    #include <Servo.h>
2
3    const int SERVO = 10;
4    Servo servo;
5
6    void setup() {
7     Serial.begin(115200);
8     servo.attach(SERVO);
9     servo.write(0);
10    delay(1000);
11   }
12
13   void loop() {
14    if(Serial.available()) {
15         char userInput = Serial.read();
16
17         switch(userInput) {
18          case '1':
19               servo.write(30);
20               delay(1000);
21               break;
22          case '2':
23               servo.write(90);
24               delay(1000);
25               break;
26          case '3':
27               servo.write(150);
28               delay(1000);
29               break;
30          default:
31               break;
32         }
33    }
34   }
```

1   : Servo 관련 함수를 사용하기 위해 Servo.h 헤더 파일을 포함시켜 줍니다.

3   : SERVO 상수에 10번 핀을 할당합니다.

4   : 서보 제어를 위해 Servo 클래스인 servo 객체를 생성합니다. 클래스는 변수와 함수의 집합 형을 의미합니다. 객체는 변수의 집합으로 집합 형 변수로 이해하면 됩니다.

7   : Serial.begin 함수를 호출하여 통신 속도를 115200 bps로 설정합니다.

8   : servo 객체에 attach 함수를 호출하여 SERVO 핀을 연결합니다. 이렇게 하면 servo 객체를 이용하여 SERVO 핀을 제어할 수 있습니다.

9   : servo 객체에 write 함수를 호출하여 서보 모터를 0도로 회전시킵니다.

10   : 서보가 회전하는 데 시간이 필요하기 때문에 1초 기다립니다.

17~32 : switch 문을 이용하여 사용자 입력을 처리합니다.

18 : 사용자 입력 값이 '1' 문자이면

19 : servo 객체에 write 함수를 호출하여 서보 모터의 각도를 30도 값으로 설정합니다.

20 : 1 초 동안 기다립니다. 서보 모터가 회전하는데 시간이 필요합니다.

21 : switch 문을 빠져 나옵니다.

22 : 사용자 입력 값이 '2' 문자이면

23 : servo 객체에 write 함수를 호출하여 서보 모터의 각도를 90도 값으로 설정합니다.

24 : 1 초 동안 기다립니다. 서보 모터가 회전하는데 시간이 필요합니다.

25 : switch 문을 빠져 나옵니다.

26 : 사용자 입력 값이 '3' 문자이면

27 : servo 객체에 write 함수를 호출하여 서보 모터의 각도를 150도 값으로 설정합니다.

28 : 1 초 동안 기다립니다. 서보 모터가 회전하는데 시간이 필요합니다.

29 : switch 문을 빠져 나옵니다.

30 : 그 이외의 문자의 경우

31 : 그냥 빠져 나옵니다.

02 컴파일과 업로드를 수행합니다.

03 [시리얼 모니터] 버튼을 눌러줍니다.

시리얼 모니터 🔎

04 시리얼 모니터 창이 뜨면, 우측 하단에서 통신 속도를 115200으로 맞춰줍니다.

05 결과를 확인합니다.

시리얼 모니터 창의 입력 창에 1, 2, 3을 입력해 봅니다. 차례대로 30도, 90도, 150도로 회전하는 것을 확인합니다.

07 _ 버튼 값에 따라 서보 회전하기

여기서는 버튼을 누르면 서보가 150도 위치로 회전하고 버튼을 떼면 서보가 30도 위치로 회전하도록 프로그램을 작성해 보도록 합니다.

01 다음과 같이 회로를 구성합니다.

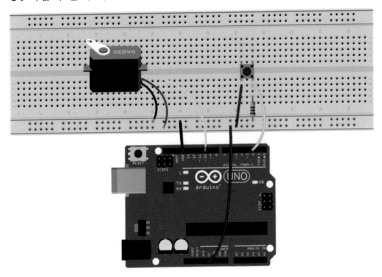

버튼의 한 쪽 핀을 5V로 연결합니다. 그림에서는 빨간색 전선 부분입니다. 버튼의 다른 쪽 핀을 1K Ohm 저항을 통해 GND로 연결해 줍니다. 그림에서는 검은색 전선 부분입니다. 저항의 다른 쪽 핀을 2번 핀에 연결합니다. 서보 모터의 노란색 전선을 아두이노 우노 보드의 10번 핀에 연결합니다. 서보 모터의 검은색 또는 갈색 전선을 아두이노 우노 보드의 GND 핀에 연결합니다. 서보 모터의 빨간색 전선을 아두이노 우노 보드의 5V 핀에 연결합니다. 3.3V에 연결할 경우 서보 모터의 동력원이 약하며, 모터 회전 시 아두이노 우노 보드가 리셋 되어 재부팅될 수도 있습니다. 실제로 서보 모터는 모터 드라이버를 통해 연결해야 합니다.

02 다음과 같이 예제를 작성합니다.

357_0.ino

```
1      #include <Servo.h>
2
3      const int SERVO = 10;
4      Servo servo;
5      const int buttonPin = 2;
6
7      void setup() {
8       pinMode(buttonPin, INPUT);
9       servo.attach(SERVO);
10      servo.write(0);
11      delay(1000);
12      }
13
14      void loop() {
```

```
15        int buttonInput = digitalRead(buttonPin);
16
17        if(buttonInput==1) servo.write(150);
18        else servo.write(30);
19    }
```

1 : Servo 관련 함수를 사용하기 위해 Servo.h 헤더 파일을 포함시켜 줍니다.

3 : SERVO 상수에 10번 핀을 할당합니다.

4 : 서보 제어를 위해 Servo 클래스인 servo 객체를 생성합니다. 클래스는 변수와 함수의 집합 형을 의미합니다. 객체는 변수의 집합으로 집합 형 변수로 이해하면 됩니다.

5 : buttonPin 상수를 선언한 후, 2번 핀을 할당합니다.

8 : pinMode 함수를 호출하여 buttonPin을 입력으로 설정합니다.

9 : servo 객체에 attach 함수를 호출하여 SERVO 핀을 연결합니다. 이렇게 하면 servo 객체를 이용하여 SERVO 핀을 제어할 수 있습니다.

10 : servo 객체에 write 함수를 호출하여 서보 모터를 0도로 회전시킵니다.

11 : 서보가 회전하는 데 시간이 필요하기 때문에 1초간 기다립니다.

15 : digitalRead 함수를 호출하여 buttonPin 값을 buttonInput 변수로 읽습니다.

17 : buttonInput 값이 1(HIGH)이면 servo 객체에 write 함수를 호출하여 서보 모터의 각도를 150도 위치로 설정합니다.

18 : 그렇지 않으면 servo 객체에 write 함수를 호출하여 서보 모터의 각도를 30도 위치로 설정합니다.

03 컴파일과 업로드를 수행합니다.

04 결과를 확인합니다.

버튼을 누르면 서보 모터의 위치가 150도 위치로 회전하고 버튼을 떼면 서보 모터의 위치가 30도 위치로 회전하는 것을 확인합니다.

06

아두이노의 눈 : pulseIn

아두이노에 초음파 센서를 달면 물체를 감지할 수 있습니다. 초음파 센서는 박쥐가 물체를 감지하는 원리이기도 합니다. 초음파 센서를 이용하여 물체의 거리를 알기 위해서는 어떻게 해야 할까요? pulseIn 함수가 답입니다. 여기서는 pulseIn 함수의 사용법에 대해 살펴봅니다.

여러분은 다음과 같은 로봇을 본 적이 있습니까? 로봇의 눈 부분이 보이십니까? 이 부분은 초음파 센서로 구성됩니다. 초음파 센서는 소리를 이용해 거리를 측정하는 역할을 합니다.

초음파 센서를 읽을 수 있는 주인공은 바로 pulseIn 함수입니다.

다음 핀들은 pulseIn 함수를 통해 초음파 센서 값을 읽을 수 있는 핀(❶, ❷)들입니다.

pulseIn

pulseIn이란 특정 핀에서 하나의 사각 파형(HIGH 또는 LOW)을 읽는 명령어입니다.

```
pulseIn(pin, value);
        ❶    ❷
```

❶ 사각 파형을 읽고자 하는 핀 번호
❷ 읽고자 하는 사각 파형, 지속되는 HIGH 구간의 사각 파형 또는 LOW 구간의 사각 파형

pulseIn 함수는 특정 핀 상의 사각 파형을 읽습니다. 예를 들어, value 값이 HIGH이면, pulseIn 함수는 핀이 LOW에서 HIGH로 될 때까지 기다립니다. 그리고 다시 핀이 LOW가 될 때까지 기다립니다. 그리고 HIGH 구간의 길이를 마이크로 초 단위로 돌려줍니다. 또는 에러시에는 0을 돌려줍니다.

01 _ 초음파 센서 살펴보기

다음은 본 책에서 사용하는 HC-SR04 초음파 센서입니다.

모델명은 HC-SR04로 측정 가능 거리는 2 ~ 400cm 사이가 됩니다.
초음파 거리 센서는 다음과 같은 방법으로 거리를 측정합니다.

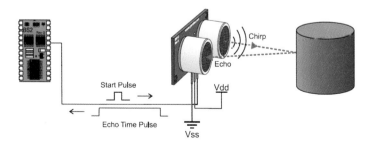

한쪽에 있는 초음파 출력기에서 출발한 초음파가 물체에 닿아 반사되어 다른 한쪽에 있는 초음파 입력기에 닿게 되는데, 이 때, 물체의 거리에 따라 초음파가 도달하는 시간이 달라지게 됩니다. 초음파에 대한 출력은 초음파 센서에 부착된 제어기에서 거리 감지 시작을 알리는 시작 파형을 내보내면서 시작됩니다. 물체와의 거리는 거리에 따라 달라지는 반향 시간 파형으로 확인할 수 있습니다.

다음은 초음파 센서가 거리를 측정하기 위해 필요한 파형입니다.

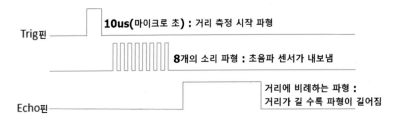

Trig 파형은 거리 감지를 시작하기 위해 아두이노에서 초음파 센서로 내보내는 신호로 10 마이크로 초 동안 HIGH 신호를 줍니다. 그러면 초음파 센서는 8개의 초음파를 40kHz의 속도로 외부에 내보내게 됩니다. 초음파 센서는 곧이어 Echo 핀을 HIGH 신호로 올려 거리 측정이 시작되었다는 것을 아두이노로 알립니다. 내보낸 초음파 신호가 반향되어 센서에 도달하여 거리 측정이 완료되면 초음파 센서는 Echo 핀을 LOW 신호로 내려 거리 측정이 완료되었다는 것을 아두이노로 알립니다.

다음은 Echo 핀의 최소, 최대 파형 길이와 파형 길이에 따라 측정된 거리를 계산하는 그림입니다.

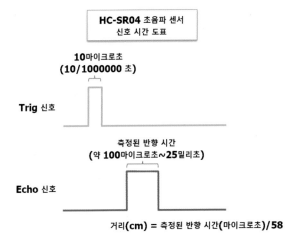

Echo 파형의 길이는 최소 100 마이크로 초에서 최대 25 밀리 초가 될 수 있습니다. 거리에 대한 계산은 cm 기준으로 마이크로 초 단위로 측정된 시간을 58로 나누면 됩니다. 예를 들어, Echo 파형의 길이가 100 마이크로 초일 경우 100/58 = 1.72 cm가 됩니다. Echo 파형의 길이가 25 밀리 초일 경우 25*1000/58 = 431.03 cm가 됩니다.

02 _ 초음파 센서 회로 구성하기

다음과 같이 초음파 센서 회로를 구성합니다.

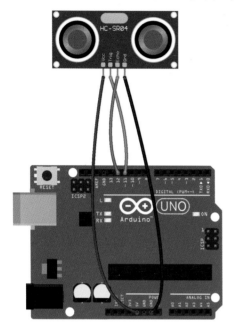

초음파 센서의 Vcc 핀은 아두이노의 VCC 핀에 연결합니다. 초음파 센서의 Gnd 핀은 아두이노의 GND 핀에 연결합니다. 초음파 센서의 Trig 핀은 아두이노의 11번 핀에 연결합니다. 초음파 센서의 Echo 핀은 아두이노의 12번 핀에 연결해 줍니다.

03 _ 초음파 센서로 거리 측정해보기

여기서는 초음파 센서를 읽기 위한 테스트 루틴을 작성해 보도록 합니다.

01 다음과 같이 예제를 작성합니다.

363_0.ino

```
1    const int trig_pin = 11;
2    const int echo_pin = 12;
3
4    void setup() {
5      pinMode(trig_pin, OUTPUT);
```

```
6          pinMode(echo_pin, INPUT);
7
8          Serial.begin(115200);
9      }
10
11     void loop() {
12         digitalWrite(trig_pin, LOW);
13         delayMicroseconds(2);
14         digitalWrite(trig_pin, HIGH);
15         delayMicroseconds(10);
16         digitalWrite(trig_pin, LOW);
17
18         long duration = pulseIn(echo_pin, HIGH);
19         long distance = (duration/2) / 29.1;
20
21         Serial.print(distance);
22         Serial.println(" cm ");
23
24     }
```

01 : trig_pin 상수에 11번 핀을 할당합니다. trig_pin은 초음파 센서를 이용하여 물체와의 거리를 측정할 때 초음파 센서가 아두이노로부터 시작 신호를 받기 위한 핀입니다.

02 : echo_pin 상수에 12번 핀을 할당합니다. echo_pin은 초음파 센서를 이용하여 물체와의 거리를 측정할 때 측정된 거리 계산을 위한 핀입니다. 초음파 센서는 측정된 거리에 따라 echo_pin을 통해 사각파형의 길이를 아두이노로 전달합니다. 아두이노는 사각파형의 길이에 따라 거리를 계산할 수 있습니다.

04~09 : setup 함수를 정의합니다.

05 : trig_pin을 출력으로 설정합니다.

06 : echo_pin을 입력으로 설정합니다.

08 : 시리얼 통신속도를 115200 bps로 설정합니다.

11~29 : loop 함수를 정의합니다.

12~16 : 거리 감지를 위한 시작 신호를 초음파 센서로 전달합니다.

12 : trig_pin을 LOW로 설정합니다.

13 : delayMicroseconds 함수를 호출하여 2마이크로초간 지연을 줍니다.

14 : trig_pin을 HIGH로 설정합니다.

15 : delayMicroseconds 함수를 호출하여 10마이크로초간 지연을 줍니다.

16 : trig_pin을 LOW로 설정합니다.

18 : pulseIn 함수를 호출하여 echo_pin의 HIGH 구간을 측정한 후, duration 변수에 저장합니다.

19 : duration값을 2로 나눈 후, 다시 29.1로 나누어 distance 변수에 저장합니다.

21 : Serial.print 함수를 호출하여 distance 값을 출력하고

22 : Serial.println 함수를 호출하여 " cm" 문자열을 출력합니다.

02 컴파일과 업로드를 수행하고 [시리얼 모니터] 버튼을 클릭합니다.

03 시리얼 모니터 창이 뜨면, 우측 하단에서 통신 속도를 115200으로 맞춰줍니다.

새 줄 ∨	115200 보드레이트 ∨	출력 지우기

04 출력결과를 확인합니다.

```
134 cm
139 cm
144 cm
143 cm
142 cm
```

어느 정도 오차가 있습니다.

Arduino

이번 장에서는 아두이노의 Timer1 라이브러리를 이용하여 사각 파형의 원리를 알아보고, 외부 인터럽트를 이용해 버튼이 눌리는 시점을 알고 활용할 수 있도록 합니다. 또 핀 신호 변화 인터럽트에 대해서 살펴보고 초음파 센서에 적용해 봅니다. 이 과정에서 라이브러리를 설치해 보며 아두이노 고수가 되어 봅니다.

Chapter 04

아두이노 고수되기

PWM의 주인공 : Timer1

아두이노는 마이컴 내부에 시계를 가지고 있습니다. 아두이노는 이 시계를 이용하여 시간과 관련된 하드웨어 제어를 수행합니다. 마치 우리가 시계를 이용하는 것과 같은 방식으로 말입니다. 여기서는 아두이노의 시계중 Timer1을 이용하여 사각 파형을 생성해봅니다. 그래서 LED의 밝기, 부저의 멜로디, 서보모터 각도를 Timer1으로 모두 제어해 봅니다. 여러분은 곧 사각파형의 주인공을 만나게 됩니다.

우리는 앞에서 analogWrite 함수를 이용하여 10번 핀에 대한 상하 비를 조절하여 LED의 밝기를 조절해 보았습니다. 주파수의 경우 10번 핀에 대해 490Hz로 고정되어 있다고 했습니다. 그러면 10번 핀에 대한 주파수를 조절할 수는 없을까요?

아두이노 칩 내부에 있는 Timer1 모듈을 직접 제어하면 사각 파형에 대한 주파수와 상하비를 모두 조절할 수 있습니다. 여기서는 아두이노 칩 내부에 있는 Timer1 모듈을 이용하여 주파수와 상하비를 모두 조절해 보도록 합니다.

아두이노 우노 보드에서는 Timer1을 통해 사각 파형을 내 보낼 수 있는 핀이 9, 10번 핀입니다.

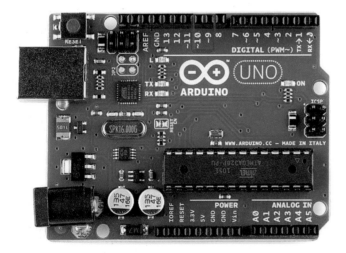

여러분은 아두이노 스케치에서 Timer1 라이브러리를 이용해 사각 파형을 생성할 때 다음 네 함수를 주로 사용합니다.

```
Timer1.initialize()
Timer1.pwm(pin, duty)
Timer1.setPeriod(period)
Timer1.setPwmDuty(pin, duty)
```

Timer1.initialize

Timer1.initialize란 Timer1을 초기화하는 함수입니다.

```
Timer1.initialize();
```
Timer1을 사용하기 위해 처음에 호출하는 함수입니다.

Timer1.pwm

Timer1.pwm란 특정한 핀에 사각 파형을 생성하도록 합니다.

```
Timer1.pwm(pin, duty);
           ❶    ❷
```
❶ 사각 파형을 내 보낼 핀 번호, 9, 10번 핀 중 하나
❷ 사각 파형의 HIGH 구간의 개수, 0~1023 사이 값

Timer1.setPeriod

Timer1.setPeriod란 마이크로초 단위로 주기를 설정합니다.

```
Timer1.setPeriod(period);
                  ❶
```
❶ 마이크로 초 단위 주기, 1~8388480 사이 값, 주파수로는 0.12~1MHz

Timer1.setPwmDuty

Timer1.setPwmDuty란 주어진 핀에 사각파형의 duty를 설정하는 함수입니다.

```
Timer1.setPwmDuty(pin, duty);
                  ❶    ❷
```
❶ 사각 파형의 HIGH 구간 값을 변경할 핀
❷ 변경할 사각 파형의 HIGH 구간 값, 1~1023 사이 값

여기서는 위 함수들을 이용하여 LED, 부저, 서보모터 등을 제어해 보면서 사각 파형의 원리를 살펴 봅니다.

01 _ Timer1 라이브러리 설치하기

Timer1 모듈로 주파수와 상하비를 조절하기 위해서는 Timer1 라이브러리를 사용해야 합니다. 다음과 같이 Timer1 라이브러리를 설치하도록 합니다.

01 [스케치]–[라이브러리 포함하기]–[라이브러리 관리...] 메뉴를 선택합니다.

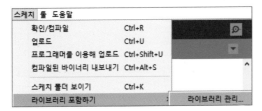

02 다음과 같이 [라이브러리 매니저] 창이 뜹니다.

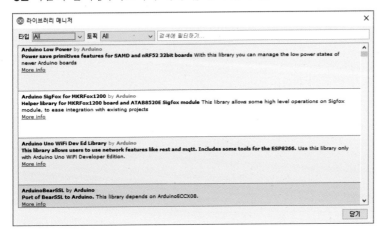

03 검색 창에 timerone을 입력합니다.

04 그러면 아래와 같이 TimerOne 라이브러리를 볼 수 있습니다.

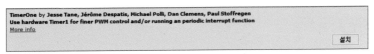

05 TimerOne 라이브러리를 선택한 후, [설치] 버튼을 눌러 설치합니다.

설치

06 설치가 끝나면 [닫기] 버튼을 누릅니다.

07 [스케치]-[라이브러리 포함하기] 메뉴를 선택하여 설치가 되었는지 확인합니다.

Contributed 라이브러리
TimerOne

02 _ LED 제어해 보기

여기서는 Timer1 라이브러리를 이용해 LED를 정밀하게 제어해 봅니다.

02-1 회로 구성하기

다음과 같이 회로를 구성합니다.

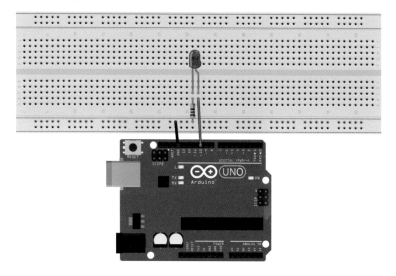

LED의 긴 핀(+)을 아두이노 우노 보드의 10번 핀에 연결합니다. LED의 짧은 핀(-)은 220 또는 330 Ohm 저항을 통해 GND 핀에 연결합니다. 10번 핀은 analogWrite를 통해 제어할 수 있는 PWM 핀입니다.

02-2 LED 켜고 끄기 반복하기

먼저 Timer1 함수를 이용하여 LED 켜고 끄기를 반복해 봅니다.

01 다음과 같이 예제를 작성합니다.

```
412_1.ino
1       #include <TimerOne.h>
2
3       const int LED = 10;
4
5       void setup() {
6        Timer1.initialize();
7        Timer1.pwm(LED, 0);
8
9        Timer1.setPeriod(1000000); //1Hz
10       Timer1.setPwmDuty(LED, 511); //0~1023
11       }
12
13      void loop() {
14
15       }
```

1 : Timer1 관련 함수를 사용하기 위해 TimerOne.h 헤더 파일을 포함시켜 줍니다.

3 : LED 상수에 10번 핀을 할당합니다.

6 : Timer1.initialize 함수를 호출하여 아두이노 칩 내부에 있는 Timer1 모듈을 초기화합니다.

7 : Timer1.pwm 함수를 호출하여 LED로 사각 파형을 내보내도록 설정합니다. 0은 HIGH의 개수를 나타내며 1023까지 쓸 수 있습니다.

9 : Timer1.setPeriod 함수를 호출하여 주기를 1000000 us(마이크로 초)로 맞추어 주고 있습니다. Timer1.setPeriod 함수의 인자는 us(마이크로 초) 단위의 시간이며, 하나의 사각 파형의 주기가 됩니다. 1000000 us는 1초입니다. 아래 그림은 주기가 1초인 파형을 나타냅니다.

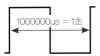

10 : Timer1.setPwmDuty 함수를 호출하여 LED에 대한 상하비를 511:512로 맞추어 줍니다. Timer1.setPwmDuty 함수의 두 번째 인자는 상하비를 나타내며 0, 1, 2, ... 1023의 HIGH 값을 줄 수 있습니다.

02 컴파일과 업로드를 수행합니다.

03 결과를 확인합니다.

1초 주기로 LED가 점멸 하는 것을 확인합니다. 즉, 1Hz의 주파수로 LED의 점멸을 확인합니다.

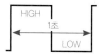

02-3 LED 켜고 끄기 간격 줄여보기

이제 LED의 점멸 간격을 줄여보도록 합니다. 그러면 여러분은 좀 더 조밀하게 LED가 점멸하는 것을 느낄 것입니다.

01 이전 예제를 다음과 같이 수정합니다.

412_2.ino

```
1       #include <TimerOne.h>
2
3       const int LED = 10;
4
5       void setup() {
6        Timer1.initialize();
7        Timer1.pwm(LED, 0);
8
9        Timer1.setPeriod(1000000/10); //10Hz
10       Timer1.setPwmDuty(LED, 511); //0~1023
11       }
12
13      void loop() {
14
15       }
```

9 : 1000000을 10으로 나누어 100000 us로 변경합니다. 이 경우 주파수는 10Hz가 됩니다.

02 컴파일과 업로드를 수행합니다.

03 결과를 확인합니다.

이 예제의 경우 LED는 초당 10번 점멸 하게 됩니다. 즉, 10Hz의 주파수로 점멸하게 됩니다.

02-4 LED 켜고 끄기를 밝기로 느껴보기

LED의 점멸 간격을 더 줄여보도록 합니다. 여기서 여러분은 LED의 점멸을 느끼지 못하게 될 것입니다. 오히려 LED가 일정하게 켜져 있다고 느낄 것입니다.

01 이전 예제를 다음과 같이 수정합니다.

```
412_3.ino
1       #include <TimerOne.h>
2
3       const int LED = 10;
4
5       void setup() {
6        Timer1.initialize();
7        Timer1.pwm(LED, 0);
8
9        Timer1.setPeriod(1000000/100); //100Hz
10       Timer1.setPwmDuty(LED, 511); //0~1023
11       }
12
13      void loop() {
14
15       }
```

9 : 1000000을 100으로 나누어 10000 us로 변경합니다. 이 경우 주파수는 100Hz가 됩니다.

02 컴파일과 업로드를 수행합니다.

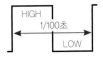

03 결과를 확인합니다.

이 예제의 경우 LED는 초당 100번 점멸하게 됩니다. 즉, 100Hz의 주파수로 점멸하게 됩니다.

그림과 같은 파형이 초당 100개가 생성됩니다. 이제 여러분은 LED가 점멸하는 것을 느끼지 못할 것입니다. 오히려 LED가 일정한 밝기로 켜져 있다고 느낄 것입니다.

02-5 주파수 늘리기

주파수를 늘리면 LED의 점멸이 더 부드러워집니다. 여기서는 주파수를 늘려 LED 점멸을 좀 더 부드럽게 만들어 봅니다.

01 이전 예제를 다음과 같이 수정합니다.

```
412_3.ino
1        #include <TimerOne.h>
2
3        const int LED = 10;
4
5        void setup() {
6         Timer1.initialize();
7         Timer1.pwm(LED, 0);
8
9         Timer1.setPeriod(1000000/1000); //1000Hz
10        Timer1.setPwmDuty(LED, 511); //0~1023
11        }
12
13        void loop() {
14
15        }
```

9 : 1000000을 1000으로 나누어 1000 us로 변경합니다. 이 경우 주파수는 1000Hz가 됩니다.

02 컴파일과 업로드를 수행합니다.

03 결과를 확인합니다.

이 예제의 경우 LED는 초당 1000번 점멸하게 됩니다. 즉, 1000Hz의 주파수로 점멸하게 됩니다. LED의 점멸이 훨씬 부드러운 것을 느낄 수 있습니다.

02-6 LED 어둡게 하기

이제 Timer1.setPwmDuty 함수를 이용하여 LED의 밝기를 어둡게 해 봅니다.

01 다음과 같이 예제를 수정합니다.

412_5.ino

```
1      #include <TimerOne.h>
2
3      const int LED = 10;
4
5      void setup() {
6       Timer1.initialize();
7       Timer1.pwm(LED, 0);
8
9       Timer1.setPeriod(1000000/1000); //1000Hz
10      Timer1.setPwmDuty(LED, 100); //0~1023
11      }
12
13     void loop() {
14
15      }
```

10 : Timer1.setPwmDuty 함수를 이용해 LED 핀에 1024중 100만큼 HIGH 값이 나가도록 합니다.

02 컴파일과 업로드를 수행합니다.

03 결과를 확인합니다.

이 예제의 경우 100(약 10%) 만큼 점등 상태로, 1024-100(약 90%) 만큼 소등 상태로 있게 됩니다.
그래서 LED가 어둡다고 느낄 수 있습니다.

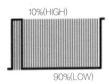

02-7 LED 밝게 하기

이제 반대로 LED의 밝기를 밝게 해 봅니다.

01 다음과 같이 예제를 수정합니다.

```
412_6.ino
1        #include <TimerOne.h>
2
3        const int LED = 10;
4
5        void setup() {
6         Timer1.initialize();
7         Timer1.pwm(LED, 0);
8
9         Timer1.setPeriod(1000000/1000); //1000Hz
10        Timer1.setPwmDuty(LED, 900); //0~1023
11        }
12
13       void loop() {
14
15        }
```

10 : Timer1.setPwmDuty 함수를 이용해 LED 핀에 1024중 900만큼 HIGH 값이 나가도록 합니다.

02 컴파일과 업로드를 수행합니다.

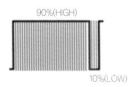

03 결과를 확인합니다.

이 예제의 경우 900(약 90%) 만큼 점등 상태로, 1024-900(약 10%) 만큼 소등 상태로 있게 됩니다.
그래서 우리는 LED가 이전 예제에 비해 아주 밝다고 느끼게 됩니다.

02-8 LED 밝기를 1024 단계로 조절해 보기

여기서는 Timer1 함수를 이용하여 1024단계로 LED 밝기를 변경해 봅니다. 다음의 상하비로 LED의 밝기를 조절해 보도록 합니다.

```
0:1023, 1:1022, 2:1021, 3:1020 ... 1023:0
```

즉, HIGH의 개수는 0부터 1023까지 차례로 늘어나며, 반대로 LOW의 개수는 1023부터 0까지 차례로 줄게 됩니다.

❶ LED 밝기를 11 단계로 조절해 보기

먼저 0.01초 간격으로 LED의 밝기를 11단계로 조절해 봅니다.

04 이전 예제를 다음과 같이 수정합니다.

412_7.ino

```
1    #include <TimerOne.h>
2
3    const int LED = 10;
4
5    void setup() {
6     Timer1.initialize();
7     Timer1.pwm(LED, 0);
8
9     Timer1.setPeriod(1000); //1000Hz
10    }
11
12   void loop() {
13    for(int t_high=0;t_high<=10;t_high++) {
14           Timer1.setPwmDuty(LED, t_high*100);
15           delay(100);
16    }
17   }
```

9 : Timer1.setPeriod 함수를 호출하여 주기를 1000 us(마이크로 초)로 맞추어 주고 있습니다.
13 : for 문을 사용하여 t_high 변수 값을 0부터 10까지 주기적으로 변경하고 있습니다.
14 : Timer1.setPwmDuty 함수를 호출하여 LED에 0, 100, 200, ... 1000의 HIGH 값을 주고 있습니다.

05 컴파일과 업로드를 수행합니다.

06 결과를 확인합니다.

1.1 초 주기로 LED의 밝기가 변하는 것을 느낄 수 있습니다.

❷ LED 밝기를 1024 단계로 조절해 보기

이제 0.001초 간격으로 1024 단계로 LED 밝기를 변경해 봅니다.

01 다음과 같이 예제를 수정합니다.

```
412_8.ino
1       #include <TimerOne.h>
2
3       const int LED = 10;
4
5       void setup() {
6        Timer1.initialize();
7        Timer1.pwm(LED, 0);
8
9        Timer1.setPeriod(1000); //1000Hz
10       }
11
12      void loop() {
13       for(int t_high=0;t_high<=1023;t_high++) {
14              Timer1.setPwmDuty(LED, t_high);
15              delay(1);
16       }
17      }
```

13 : for 문을 사용하여 t_high 변수 값을 0부터 1023까지 1 밀리 초 간격으로 변경하고 있습니다.
14 : Timer1.setPwmDuty 함수를 호출하여 LED에 0, 1, 2, … 1023의 HIGH 값을 주고 있습니다.

02 컴파일과 업로드를 수행합니다.

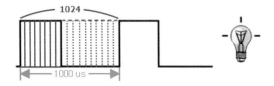

03 결과를 확인합니다.

약 1초간 0~1023 단계로 LED의 밝기가 증가하는 것을 볼 수 있습니다.

이 예제에서는 1000us 마다 하나의 사각 파형을 생성해 냅니다. 즉, 1초에 생성되는 사각 파형의 개수는 1000 개가 됩니다. 따라서 이 예제에서는 1 kHz의 PWM 신호를 생성해 냅니다. Timer1. setPwmDuty 함수는 사각 파형의 상하비를 조절하는 역할을 합니다. 상하비에 대한 조절은 10비트 크기의 1024 단계로 조절할 수 있습니다.

03 _ 피에조 부저 제어해 보기

Timer1 클래스 함수인 setPeriod, setPwmDuty를 이용하면 주파수와 상하 비를 정밀하게 조절할
수 있습니다. 여기서는 이 함수들을 이용하여 피에조 부저를 제어해 봅니다.

03-1 수동 부저 회로 구성하기

수동 부저를 아두이노 우노 보드에 다음과 같이 연결합니다.

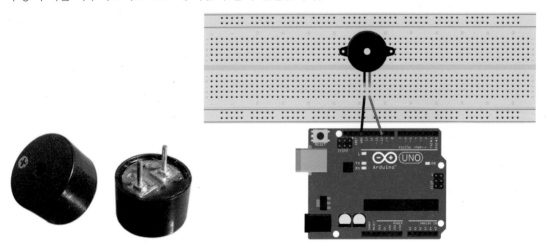

부저의 +핀을 아두이노 우노 보드의 10번 핀에 연결합니다. 부저의 다른 핀은 GND 핀에 연결합니다.

03-2 수동 부저 소리내보기

여기서는 부저를 이용하여 도음과 레음을 내보겠습니다.

01 다음과 같이 예제를 작성합니다.

413_1.ino

```
1     #include <TimerOne.h>
2
3     const int BUZZER = 10;
4
5     void setup() {
6      Timer1.initialize();
7      Timer1.pwm(BUZZER, 0);
8
9      Timer1.setPwmDuty(BUZZER, 512);
```

```
10
11          Timer1.setPeriod(1000000/262);
12
13          delay(3000);
14
15          Timer1.setPwmDuty(BUZZER, 0);
16        }
17
18        void loop() {
19
20        }
```

1 : Timer1 관련 함수를 사용하기 위해 TimerOne.h 헤더 파일을 포함시켜 줍니다.

3 : BUZZER 상수에 10번 핀을 할당합니다.

6 : Timer1.initialize 함수를 호출하여 아두이노 칩 내부에 있는 Timer1 모듈을 초기화합니다.

7 : Timer1.pwm 함수를 호출하여 BUZZER 핀으로 사각 파형을 내보내도록 설정합니다. 0은 HIGH의 개수를 나타내며 1023까지 쓸 수 있습니다.

9 : Timer1.setPwmDuty 함수를 호출하여 BUZZER에 대한 상하비를 512로 맞추어 줍니다. Timer1.setPwmDuty 함수의 두 번째 인자는 상하비를 나타내며 0, 1, 2, ... 1023의 HIGH 값을 줄 수 있습니다.

11 : Timer1.setPeriod 함수를 호출하여 주파수에 따른 주기를 설정하고 있습니다. 262는 4옥타브 도음의 주파수입니다.

13 : 3초간 기다립니다.

15 : Timer1.setPwmDuty 함수를 호출하여 BUZZER로 나가는 PWM의 HIGH 구간을 0us로 설정합니다. 이렇게 하면 소리가 꺼지게 됩니다.

02 컴파일과 업로드를 수행합니다.

03 결과를 확인합니다.

부저에서 나는 도음을 확인합니다.

04 다음과 같이 예제를 수정합니다.

`413_2.ino`

```
1        #include <TimerOne.h>
2
3        const int BUZZER = 10;
4
5        void setup() {
6         Timer1.initialize();
7         Timer1.pwm(BUZZER, 0);
8
9         Timer1.setPwmDuty(BUZZER, 100);
```

```
10
11        for(int cnt=0;cnt<=2;cnt++) {
12              Timer1.setPeriod(1000000/262);
13              delay(1000);
14              Timer1.setPeriod(1000000/294);
15              delay(1000);
16        }
17
18        Timer1.setPwmDuty(BUZZER, 0);
19    }
20
21    void loop() {
21
22        }
```

11   : cnt 변수을 0부터 2까지 1씩 증가시켜가면서 중괄호 안쪽(11~16줄)의 동작을 3회 반복합니다.
12, 13 : 도음을 1초간 냅니다.
14, 15 : 레음을 1초간 냅니다. 294는 4옥타브 레음의 주파수입니다.

05 컴파일과 업로드를 수행합니다.

06 결과를 확인합니다.

도음과 레음이 2초 주기로 3회 반복되는 것을 확인합니다.

03-3 부저 멜로디 연주하기

여기서는 부저를 이용하여 멜로디를 생성해 보도록 하겠습니다.

01 다음과 같이 예제를 작성합니다.

413_3.ino

```
1    #include <TimerOne.h>
2
3    const int BUZZER = 10;
4
5    const int melody[] = {
6      262, 294, 330, 349, 393, 440, 494, 523,
7    };
8
9    void setup() {
```

```
10        Timer1.initialize();
11        Timer1.pwm(BUZZER, 0);
12
13        Timer1.setPwmDuty(BUZZER, 100);
14
15        for(int note=0;note<8;note++) {
16                Timer1.setPeriod(1000000/melody[note]);
17                delay(500);
18        }
19
20        Timer1.setPwmDuty(BUZZER, 0);
21    }
22
23    void loop() {
24
25    }
```

5~7 : 4 옥타브의 도, 레, 미, 파, 솔, 라, 시와 5 옥타브의 도에 해당하는 주파수를 값으로 갖는 melody 배열 변수를 선언합니다.

15 : note 변수 값을 0부터 7까지 1씩 증가시켜가면서 중괄호 안쪽(15~18줄)을 수행합니다. note 변수는 음을 의미합니다.

16 : Timer1.setPeriod 함수를 호출하여 주파수에 따른 주기를 설정하고 있습니다. 1000000 마이크로초를 melody 배열 변수가 가진 주파수 값으로 나누면 마이크로초 단위의 주기 값이 나옵니다.

17 : 0.5 초간 기다립니다.

02 컴파일과 업로드를 수행합니다.

03 결과를 확인합니다.

BUZZER에서 나는 멜로디를 확인합니다.

04 _ 서보모터 각도 조절해 보기

Timer1 클래스 함수인 setPeriod, setPwmDuty를 이용하여 서보모터의 각도를 제어해 봅니다.

04-1 서보모터 회로 구성하기

서보모터를 아두이노 우노 보드에 다음과 같이 연결합니다.

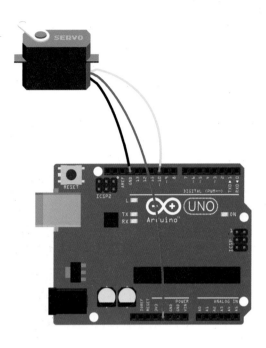

서보모터의 노란색 전선을 아두이노 우노 보드의 10번 핀에 연결합니다. 서보모터의 검은색 또는 갈색 전선을 아두이노 우노 보드의 GND 핀에 연결합니다. 서보모터의 빨간색 전선을 아두이노 우노 보드의 5V 핀에 연결합니다. 3.3V에 연결할 경우 서보모터의 동력원이 약하며, 모터 회전 시 아두이노 우노 보드가 리셋 되어 재부팅될 수도 있습니다. 실제로 서보모터는 모터 드라이버를 통해 연결해야 합니다.

04-2 서보모터 각도 조절해보기

여기서는 서보모터의 각도를 0도, 180도로 조절해봅니다.

01 다음과 같이 예제를 수정합니다.

```
414_1.ino
1    #include <TimerOne.h>
2
3    const int SERVO = 10;
4
5    const int SERVO_PERIOD = 20000; //us
6    const int SERVO_MINDUTY = (1024/20)*0.7;//=35
7    const int SERVO_MAXDUTY = (1024/20)*2.3;//=117
8
9    void setup() {w
```

```
10        Timer1.initialize();
11        Timer1.pwm(SERVO, 0);
12
13        Timer1.setPeriod(SERVO_PERIOD);
14        Timer1.setPwmDuty(SERVO, SERVO_MINDUTY);
15
16        delay(1000);
17
18        for(int cnt=0;cnt<=2;cnt++) {
19                Timer1.setPwmDuty(SERVO, SERVO_MINDUTY);
20                delay(1000);
21                Timer1.setPwmDuty(SERVO, SERVO_MAXDUTY);
22                delay(1000);
23        }
24
25        Timer1.disablePwm(SERVO);
26    }
27
28    void loop() {
29
30    }
```

1 : Timer1 관련 함수를 사용하기 위해 TimerOne.h 헤더 파일을 포함시켜 줍니다.

3 : SERVO 상수에 10번 핀을 할당합니다.

10 : Timer1.initialize 함수를 호출하여 아두이노 칩 내부에 있는 Timer1 모듈을 초기화합니다.

11 : Timer1.pwm 함수를 호출하여 SERVO 핀으로 사각 파형을 내보내도록 설정합니다. 0은 HIGH의 개수를 나타내 며 1023까지 쓸 수 있습니다.

5, 13 : Timer1.setPeriod 함수를 호출하여 사각 파형의 주기를 20000 us로 설정합니다. 이렇게 하면 50Hz의 주파수가 생성됩니다.

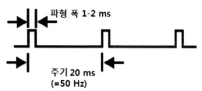

6, 14 : Timer1.setPwmDuty 함수를 호출하여 SERVO로 나가는 사각 파형의 HIGH 구간을 700 us(=0.7 ms)로 설정합니 다. 이렇게 하면 SERVO로 700 마이크로초 동안 HIGH 값이 나가며, 서보모터는 0도로 회전합니다.

　※ 이 책에서 사용하는 SG90 서보의 경우는 실험적으로 700 us의 HIGH 값이 나갈 때, 0도로 회전합니다.

16 : 1초 동안 기다립니다. 서보모터가 0도로 돌아갈 수 있도록 시간을 줍니다.

18 : cnt 변수 값을 0부터 2까지 1씩 증가시켜가면서 중괄호 안쪽(18∼23줄)의 동작을 3회 반복합니다.

19, 20 : 0도로 이동합니다. 서보가 회전하기 위해서는 일정한 시간이 필요하며, 여기서는 1초간 이동할 시간을 줍니다.

21, 22 : 180도로 이동합니다.

　※ 이 책에서 사용하는 SG90 서보의 경우는 실험적으로 2300 us의 HIGH 값이 나갈 때, 180도로 회전합니다.

25 : Timer1.disablePwm 함수를 호출하여 SERVO 핀으로 나가는 사각 파형 설정을 해제합니다. 이렇게 하면 서보모 터의 동작이 멈추게 됩니다.

02 컴파일과 업로드를 수행합니다.

03 결과를 확인합니다.

서보가 0도과 180도를 2초 주기로 3회 회전하는 것을 확인합니다.

04-3 서보모터 0~180도 조절해보기

여기서는 0도에서 180도까지 조절해 보도록 합니다.

01 다음과 같이 예제를 작성합니다.

414_2.ino

```
1    #include <TimerOne.h>
2
3    const int SERVO = 10;
4
5    const int SERVO_PERIOD = 20000; //us
6    const int SERVO_MINDUTY = (1024/20)*0.7;//=35
7    const int SERVO_MAXDUTY = (1024/20)*2.3;//=117
8
9    void setup() {
10     Timer1.initialize();
11     Timer1.pwm(SERVO, 0);
12
13     Timer1.setPeriod(SERVO_PERIOD);
14     Timer1.setPwmDuty(SERVO, SERVO_MINDUTY);
15
16     delay(1000);
17
18     for(int angle=SERVO_MINDUTY;angle<=SERVO_MAXDUTY;angle++) {
19             Timer1.setPwmDuty(SERVO, angle);
20             delay(30);
21     }
22
23     Timer1.disablePwm(SERVO);
24    }
25
26    void loop() {
27
28    }
```

18 : angle 변수 값을 SERVO_MINDUTY부터 SERVO_MAXDUTY까지 1씩 증가시켜가면서 중괄호 안쪽(18~21줄)의 동작을 수행합니다.

19 : Timer1.setPwmDuty 함수를 호출하여 SERVO로 나가는 사각 파형의 HIGH 구간을 angle 값으로 설정합니다.

20 : 30 밀리 초 동안 기다립니다.

23 : Timer1.disablePwm 함수를 호출하여 SERVO 핀으로 나가는 사각 파형 설정을 해제합니다. 이렇게 하면 서보모터의 동작이 멈추게 됩니다.

02 컴파일과 업로드를 수행합니다.

03 결과를 확인합니다.

서보모터가 약 3.2초 동안 0도에서 180도까지 회전한 후, 0도로 다시 돌아오는 것을 확인합니다.

찰나의 순간 1 : attachInterrupt

실생활에서 소리는 아주 중요한 역할을 합니다. 아침에 울리는 알람소리, 현관 벨소리, 자동차 경적 소리 등 많은 소리가 있습니다. 우리 생활에서 이러한 소리를 뺀다면 어떻게 될까요? 귀가 들리지 않는 것과 같은 상황이 됩니다. 이러한 소리와 같은 역할을 하는 것이 있습니다. 이것을 우리는 이터럽트라고 합니다. 여기서는 외부 인터럽트를 살펴보면서 인터럽트의 중요성을 느껴보도록 합니다.

앞에서 우리는 digitalRead 함수를 이용해 버튼을 누르면 LED가 켜지고 버튼을 떼면 LED가 꺼지는 예제를 수행해 보았습니다. 그러나 이 경우엔 버튼을 누르고 있어야만 LED가 켜졌습니다. 버튼을 떼게 되면 LED가 꺼지게 되어 불편합니다. 마찬가지로 부저나 서모 모터의 경우도 버튼을 누르고 있어야만 소리가 나거나 회전하게 됩니다. 버튼이 눌리는 순간 LED를 켜고, 다시 눌리는 순간 LED를 끄려고 한다면 외부 인터럽트 기능을 사용해야 합니다. attachInterrupt 함수를 이용하면 버튼을 누르는 순간 또는 떼는 순간을 감지할 수 있습니다. attachInterrupt 함수는 할당된 핀이 0에서 1로 또는 1에서 0으로 바뀌는 순간을 감지하고 원하는 동작을 수행하고자 할 때 사용합니다.

다음 핀들은 attachInterrupt 함수를 통해 외부 인터럽트를 받을 수 있는 핀들입니다.

attachInterrupt 함수는 2, 3번 핀에 대해서만 적용할 수 있는 함수입니다.

attachInterrupt

attachInterrupt란 특정한 핀에 특정한 조건에 맞는 외부 인터럽트가 발생할 경우 수행할 함수를 등록하는 함수입니다.

```
attachInterrupt(digitalPinToInterrupt(pin), ISR, mode);
                                        ❶       ❷    ❸
```

❶ 핀 번호. 아두이노 우노의 경우 2, 3.
❷ 인터럽트가 발생하면 하드웨어적으로 호출되는 인터럽트 처리 함수
❸ 인터럽트 발생 조건. LOW, CHANGE, RISING, FALLING 중 하나

첫 번째 매개 변수에서 digitalPinToInterrupt는 핀 번호에 따른 외부 인터럽트 번호를 돌려줍니다. 세 번째 매개 변수 mode는 RISING, FALLING, CHANGE, LOW의 4 가지 값을 가질 수 있습니다. RISING은 LOW에서 HIGH로 신호가 변하는 순간에 인터럽트가 발생하게 하며, FALLING은 HIGH에서 LOW로 신호가 변하는 순간에 인터럽트가 발생하게 합니다. CHANGE는 RISING과 FALLING 두 조건 모두에 대해 인터럽트가 발생하게 하며, LOW는 인터럽트 핀이 LOW에 연결되어 있는 동안에 계속해서 발생하게 합니다. 일반적으로 RISING을 많이 사용합니다.

01 _ 인터럽트 처리하기

외부 인터럽트는 아두이노 우노 칩 내부에 있는 GPIO 모듈에 의해 발생할 수 있습니다. 아두이노 보드에서 외부 인터럽트 핀은 2, 3번 핀이며, 각각 외부 인터럽트 0, 1을 발생시킬 수 있습니다.

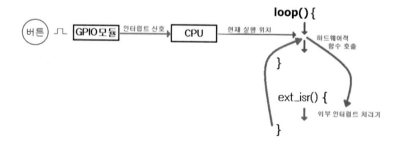

예를 들어, 디지털 핀 2번 또는 3번 핀을 통해 0에서 1로 또는 1에서 0으로 신호가 바뀌면 GPIO 모듈을 통해서 아두이노 칩 내부에 있는 CPU로 인터럽트 신호를 보낼 수 있습니다. CPU는 인터럽트 신호를 받으면, 하드웨어적으로 함수를 호출하게 되는데, 이 때 수행되는 함수가 외부 인터럽트 처리 함수가 됩니다. CPU는 인터럽트 처리 함수를 수행하고 나서는 원래 수행되던 위치로 돌아갑니다.

02 _ 버튼 인터럽트로 LED 켜기

여기서는 외부 인터럽트를 이용하여 LED를 켜고 끄도록 해봅니다. 버튼을 한 번 누르면 LED가 켜지고 한 번 더 누르면 LED가 꺼지도록 합니다.

01 다음과 같이 회로를 구성합니다.

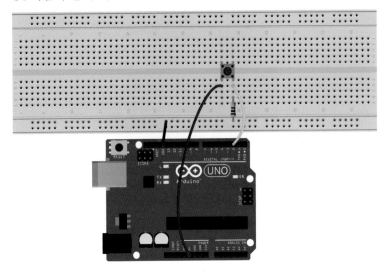

버튼의 한 쪽 핀을 5V로 연결합니다. 그림에서는 빨간색 전선 부분입니다. 버튼의 다른 쪽 핀을 1K Ohm 저항을 통해 GND로 연결해 줍니다. 그림에서는 검은색 전선 부분입니다. 저항의 다른 쪽 핀을 2번 핀에 연결합니다. LED의 긴 핀(+)을 220 Ohm 저항을 통해 아두이노 우노 보드의 2번 핀에 연결합니다. LED의 짧은 핀(−)은 GND 핀에 연결합니다.

02 다음과 같이 예제를 작성합니다.

`422_0.ino`

```
1     const int ledPin =  13;
2     const int buttonPin = 2;
3
4     int led_state = LOW;
5     bool led_state_changed = false;
6
7     void buttonPressed() {
8       led_state = (led_state == LOW)?HIGH:LOW;
9       led_state_changed = true;
10    }
11
```

```
12    void setup() {
13      pinMode(ledPin, OUTPUT);
14      pinMode(buttonPin, INPUT);
15      attachInterrupt(digitalPinToInterrupt(buttonPin), buttonPressed, RISING);
16    }
17
18    void loop() {
19      if(led_state_changed) {
20            led_state_changed = false;
21            digitalWrite(ledPin, led_state);
22      }
23    }
```

1   : ledPin 상수를 선언하고 13번 핀으로 할당합니다.

2   : buttonPin 상수를 선언하고 2번 핀으로 할당합니다.

4   : led_state 변수를 선언하여 LED의 상태 값을 저장합니다.

5   : led_state_changed 변수를 선언하여 LED의 상태가 바뀌어야 한다는 것을 알게 합니다. true이면 LED의 상태가
          바뀌어야 한다는 의미이고 false이면 그렇지 않다는 의미입니다.

7~10 : buttonPressed 함수를 정의합니다. 이 함수는 버튼이 눌리는 순간 수행할 함수입니다.

8   : led_state 값이 LOW이면 HIGH 값을 그렇지 않으면 LOW 값을 led_state에 할당합니다.

9   : led_state_changed 변수 값을 true로 설정해 LED의 상태가 바뀌어야 한다는 것을 표시합니다.

13   : pinMode 함수를 호출해 ledPin을 출력으로 설정합니다.

14   : pinMode 함수를 호출해 buttonPin을 입력으로 설정합니다.

15   : attachInterrupt 함수를 호출해 buttonPin의 신호가 0에서 1로 올라가면 buttonPressed가 자동으로 호출되도록
          buttonPressed 함수를 등록합니다. digitalPinToInterrupt 함수는 해당 핀 번호에 대한 외부 인터럽트 번호를 돌려주
          는 함수입니다. 핀 번호가 2번이면 0을 3이면 1을 돌려주는 함수입니다.

19   : led_state_changed 변수 값이 true이면

20   : led_state_changed 변수 값을 false로 돌려놓고

21   : digitalWrite 함수를 호출하여 ledPin에 led_state 값을 씁니다. led_state 값에 따라 LED가 켜지거나 꺼지게 됩니다.

03 컴파일과 업로드를 수행합니다.

04 결과를 확인합니다. 버튼을 누르면 LED가 켜지고, 다시 버튼을 누르면 LED가 꺼지는 것을 확
인합니다.

※ 버튼을 누르면 LED가 깜빡이며 이전상태를 유지하는 경우도 있습니다. 이런 현상을 채터링이라고 하며, 문제를 해결하기 위
해서는 회로 상에는 축전지를 장착하고, 소프트웨어적으로는 일정 시간동안 버튼의 상태가 유지되는 것을 확인하는 루틴을 추가
해주어야 합니다.

03 _ 버튼 인터럽트로 능동 부저 울리기

여기서는 외부 인터럽트를 이용하여 부저를 울리고 끄도록 해봅니다. 버튼을 한 번 누르면 울리는 상태가 유지되고 버튼을 한 번 더 누르면 꺼지도록 해 봅니다.

01 능동 부저와 버튼을 이용해 다음과 같이 회로를 구성합니다.

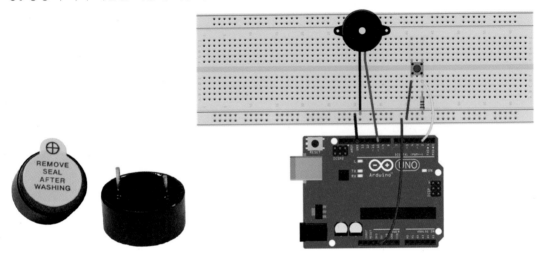

버튼의 한 쪽 핀을 5V로 연결합니다. 그림에서는 빨간색 전선 부분입니다. 버튼의 다른 쪽 핀을 1K Ohm 저항을 통해 GND로 연결해 줍니다. 그림에서는 검은색 전선 부분입니다. 저항의 다른 쪽 핀을 2번 핀에 연결합니다. 능동 부저의 +핀을 아두이노 우노 보드의 10번 핀에 연결합니다. 능동 부저의 다른 핀은 GND 핀에 연결합니다.

02 다음과 같이 예제를 작성합니다.

`423_0.ino`

```
1    const int ACTIVE_BUZZER = 10;
2    const int buttonPin = 2;
3
4    int buzzer_state = LOW;
5    bool buzzer_state_changed = false;
6
7    void buttonPressed() {
8     buzzer_state = (buzzer_state == LOW)?HIGH:LOW;
9     buzzer_state_changed = true;
10    }
11
```

```
12      void setup() {
13       pinMode(ACTIVE_BUZZER, OUTPUT);
14       pinMode(buttonPin, INPUT);
15       attachInterrupt(digitalPinToInterrupt(buttonPin), buttonPressed, RISING);
16      }
17
18      void loop() {
19       if(buzzer_state_changed) {
20              buzzer_state_changed = false;
21              digitalWrite(ACTIVE_BUZZER, buzzer_state);
22       }
23      }
```

1 : ACTIVE_BUZZER 상수를 선언하고 10번 핀으로 할당합니다.

2 : buttonPin 상수를 선언하고 2번 핀으로 할당합니다.

4 : buzzer_state 변수를 선언하여 부저의 상태 값을 저장합니다.

5 : buzzer_state_changed 변수를 선언하여 부저의 상태가 바뀌어야 한다는 것을 알게 합니다. true이면 부저의 상
태가 바뀌어야 한다는 의미이고 false이면 그렇지 않다는 의미입니다.

7~10 : buttonPressed 함수를 정의합니다. 이 함수는 버튼이 눌리는 순간 수행할 함수입니다.

8 : buzzer_state 값이 LOW이면 HIGH 값을 그렇지 않으면 LOW 값을 buzzer_state에 할당합니다.

9 : buzzer_state_changed 변수 값을 true로 설정해 LED의 상태가 바뀌어야 한다는 것을 표시합니다.

13 : pinMode 함수를 호출해 buzzerPin을 출력으로 설정합니다.

14 : pinMode 함수를 호출해 buttonPin을 입력으로 설정합니다.

15 : attachInterrupt 함수를 호출해 buttonPin의 신호가 0에서 1로 올라가면 buttonPressed가 자동으로 호출되도록
buttonPressed 함수를 등록합니다. digitalPinToInterrupt 함수는 해당 핀 번호에 대한 외부 인터럽트 번호를 돌려
주는 함수입니다. 핀 번호가 2번이면 0을 3이면 1을 돌려주는 함수입니다.

19 : buzzer_state_changed 변수 값이 true이면

20 : buzzer_state_changed 변수 값을 false로 돌려놓고

21 : digitalWrite 함수를 호출하여 ACTIVE_BUZZER에 buzzer_state 값을 씁니다. buzzer_state 값에 따라 부저가 울리
거나 꺼지게 됩니다.

03 컴파일과 업로드를 수행합니다.

04 결과를 확인합니다. 버튼을 누르면 부저가 울리고, 다시 버튼을 누르면 부저가 꺼지는 것을 확인
합니다.

04 _ 버튼 인터럽트로 서보 회전하기

여기서는 외부 인터럽트를 이용하여 버튼을 한 번 누르면 서보가 150도 위치로 회전하고 한 번 더 누르면 30도로 회전하게 합니다.

01 다음과 같이 회로를 구성합니다.

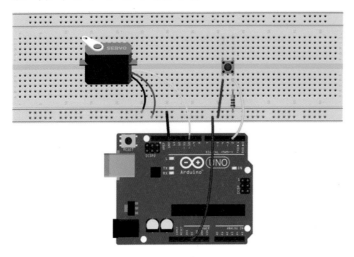

버튼의 한 쪽 핀을 5V로 연결합니다. 그림에서는 빨간색 전선 부분입니다. 버튼의 다른 쪽 핀을 1K Ohm 저항을 통해 GND로 연결해 줍니다. 그림에서는 검은색 전선 부분입니다. 저항의 다른 쪽 핀을 2번 핀에 연결합니다. 서보모터의 노란색 전선을 아두이노 우노 보드의 10번 핀에 연결합니다. 서보모터의 검은색 또는 갈색 전선을 아두이노 우노 보드의 GND 핀에 연결합니다. 서보모터의 빨간색 전선을 아두이노 우노 보드의 5V 핀에 연결합니다. 3.3V에 연결할 경우 서보모터의 동력원이 약하며, 모터 회전 시 아두이노 우노 보드가 리셋 되어 재부팅될 수도 있습니다. 실제로 서보모터는 모터 드라이버를 통해 연결해야 합니다.

02 다음과 같이 예제를 작성합니다.

424_0.ino

```
1      #include <Servo.h>
2
3      const int SERVO = 10;
4      Servo servo;
5      const int buttonPin = 2;
6
7      int servo_state = 30;
8      bool servo_state_changed = false;
9
10     void buttonPressed() {
11       servo_state = (servo_state == 30)?150:30;
```

```
12            servo_state_changed = true;
13        }
14
15    void setup() {
16      pinMode(buttonPin, INPUT);
17      attachInterrupt(digitalPinToInterrupt(buttonPin), buttonPressed, RISING);
18      servo.attach(SERVO);
19      servo.write(0);
20      delay(1000);
21    }
22
23    void loop() {
24      if(servo_state_changed) {
25              servo_state_changed = false;
26              servo.write(servo_state);
27      }
28    }
```

1   Servo 관련 함수를 사용하기 위해 Servo.h 헤더 파일을 포함시켜 줍니다.

3   : SERVO 상수에 10번 핀을 할당합니다.

4   : 서보 제어를 위해 Servo 클래스인 servo 객체를 생성합니다. 클래스는 변수와 함수의 집합 형을 의미합니다. 객체는 변수의 집합으로 집합 형 변수로 이해하면 됩니다.

5   : buttonPin 상수를 선언하고 2번 핀으로 할당합니다.

7   : servo_state 변수를 선언하여 서보의 상태 값을 저장합니다.

8   : servo_state_changed 변수를 선언하여 서보의 상태가 바뀌어야 한다는 것을 알게 합니다. true이면 서보의 상태가 바뀌어야 한다는 의미이고 false이면 그렇지 않다는 의미입니다.

10~13 : buttonPressed 함수를 정의합니다. 이 함수는 버튼이 눌리는 순간 수행할 함수입니다.

11   : servo_state 값이 30이면 150도 값을 그렇지 않으면 30도 값을 servo_state에 할당합니다.

12   : servo_state_changed 변수 값을 true로 설정해 서보의 상태가 바뀌어야 한다는 것을 표시합니다.

16   : pinMode 함수를 호출해 buttonPin을 입력으로 설정합니다.

17   : attachInterrupt 함수를 호출해 buttonPin의 신호가 0에서 1로 올라가면 buttonPressed가 자동으로 호출되도록 buttonPressed 함수를 등록합니다. digitalPinToInterrupt 함수는 해당 핀 번호에 대한 외부 인터럽트 번호를 돌려주는 함수입니다. 핀 번호가 2번이면 0을 3이면 1을 돌려주는 함수입니다.

18   : servo 객체에 attach 함수를 호출하여 SERVO 핀을 연결합니다. 이렇게 하면 servo 객체를 이용하여 SERVO 핀을 제어할 수 있습니다.

19   : servo 객체에 write 함수를 호출하여 서보모터를 0도로 회전시킵니다.

20   : 서보가 회전하는 데 시간이 필요하기 때문에 1초가 기다립니다.

24   : servo_state_changed 변수 값이 true이면

25   : servo_state_changed 변수 값을 false로 돌려놓고

26   : servo 객체에 write 함수를 호출하여 서보모터의 각도를 servo_state 값의 각도 위치로 설정합니다

03 컴파일과 업로드를 수행합니다.

04 결과를 확인합니다. 버튼을 한 번 누르면 서보가 150도 위치로 회전하고, 다시 버튼을 누르면 서보가 30도 위치로 회전하는 것을 확인합니다.

찰나의 순간 2 : attachPCINT

아두이노의 2, 3번 핀은 외부 인터럽트를 받을 수 있습니다. 나머지 핀의 경우엔 핀 신호 변화 인터럽트를 받을 수 있습니다. 핀 신호 변화 인터럽트를 외부 인터럽트보다 기능이 하나 더 적습니다. 여기서는 핀 변화 인터럽트에 대해 살펴봅니다.

아두이노 우노의 2, 3번 핀은 attachInterrupt 함수를 통해 외부 인터럽트를 받을 수 있습니다. 2, 3번 핀을 제외한 나머지 핀들의 경우엔 외부 인터럽트를 받을 수 없습니다. 나머지 핀들의 경우엔 핀 신호 변화 인터럽트(pin change interrupt)를 받을 수 있습니다. 외부 인터럽트의 경우엔 핀 신호가 LOW에서 HIGH로, HIGH에서 LOW로 변할 때도 인터럽트를 받을 수 있고 핀 신호가 LOW을 유지할 때도 인터럽트를 받을 수 있습니다. 그러나 핀 신호 변화 인터럽트는 핀 신호가 LOW에서 HIGH로, HIGH에서 LOW로 변할 때만 인터럽트를 받을 수 있습니다. 핀 신호가 LOW을 유지할 때는 인터럽트를 받을 수 없습니다. 그러나 인터럽트는 주로 신호가 변화할 때 받는 경우가 많으므로 외부 인터럽트 핀을 다 사용했다면 핀 신호 변화 인터럽트를 사용하도록 합니다.

attachPCINT

attachPCINT란 특정한 핀에 특정한 조건에 맞는 핀 신호 변화 인터럽트가 발생할 경우 수행할 함수를 등록하는 함수입니다.

```
attachPCINT(digitalPinToPCINT(pin), ISR, mode);
                     ❶              ❷    ❸
```
❶ 핀 번호, 아두이노 우노의 경우 2, 3을 제외한 나머지 핀
❷ 인터럽트가 발생하면 하드웨어적으로 호출되는 인터럽트 처리 함수
❸ 인터럽트 발생 조건, CHANGE, RISING, FALLING 중 하나

첫 번째 매개 변수에서 digitalPinToPCINT는 핀 번호에 따른 핀 신호 변화 인터럽트 번호를 돌려줍니다. 세 번째 매개 변수 mode는 인터럽트 발생 조건을 나타냅니다. mode는 RISING, FALLING, CHANGE의 3 가지 값을 가질 수 있습니다. RISING은 LOW에서 HIGH로 신호가 변하는 순간에

인터럽트가 발생하게 하며, FALLING은 HIGH에서 LOW로 신호가 변하는 순간에 인터럽트가 발생하게 합니다. CHANGE는 RISING과 FALLING 두 조건 모두에 대해 인터럽트가 발생하게 합니다. 일반적으로 RISING을 많이 사용합니다.

01 _ 핀 신호 변화 인터럽트 라이브러리 설치하기

외부 인터럽트의 경우에는 아두이노 소프트웨어에서 기본적으로 제공되나 핀 신호 변화 인터럽트는 그렇지 않습니다. 핀 신호 변화 인터럽트를 사용하기 위해서 먼저 PinChangeInterrupt 라이브러리를 설치합니다.

01 다음과 같이 라이브러리 매니저를 실행시킵니다. [스케치]–[라이브러리 포함하기]–[라이브러리 관리...] 메뉴를 선택합니다.

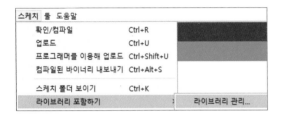

02 다음과 같이 [라이브러리 매니저] 창이 뜹니다.

03 검색 창에 pinch을 입력합니다.

04 그러면 아래와 같이 PinChangeInterrupt 라이브러리를 볼 수 있습니다.

PinChangeInterrupt by NicoHood
A simple & compact PinChangeInterrupt library for Arduino. PinChangeInterrupt library with a resource friendly implementation
(API and LowLevel). PinChangeInterrupts are different than normal Interrupts. See readme for more information.
More info

05 PinChangeInterrupt 라이브러리를 선택한 후, [설치] 버튼을 눌러 설치합니다.

설치

06 설치가 끝나면 [닫기] 버튼을 누릅니다.

닫기

07 [스케치]–[라이브러리 포함하기]–[PinChangeInterrupt] 라이브러리를 확인합니다.

PinChangeInterrupt

02 _ 버튼 인터럽트로 LED 켜기

여기서는 핀 신호 변화 인터럽트를 이용하여 LED를 켜고 끄도록 해봅니다. 버튼을 한 번 누르면
LED가 켜지고 한 번 더 누르면 LED가 꺼지도록 합니다.

01 다음과 같이 회로를 구성합니다.

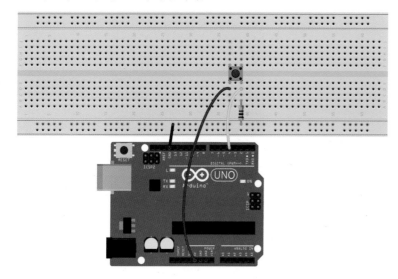

버튼의 한 쪽 핀을 5V로 연결합니다. 그림에서는 빨간색 전선 부분입니다. 버튼의 다른 쪽 핀을 1K Ohm 저항을 통해 GND로 연결해 줍니다. 그림에서는 검은색 전선 부분입니다. 저항의 다른 쪽 핀을 4번 핀에 연결합니다. LED의 긴 핀(+)을 220 Ohm 저항을 통해 아두이노 우노 보드의 4번 핀에 연결합니다. LED의 짧은 핀(−)은 GND 핀에 연결합니다.

02 다음과 같이 예제를 작성합니다.

432_0.ino

```
1       #include "PinChangeInterrupt.h"
2
3       const int ledPin = 13;
4       const int buttonPin = 4;
5
6       int led_state = LOW;
7       bool led_state_changed = false;
8
9       void buttonPressed() {
10       led_state = (led_state == LOW)?HIGH:LOW;
11       led_state_changed = true;
12      }
13
14      void setup() {
15       pinMode(ledPin, OUTPUT);
16       pinMode(buttonPin, INPUT);
17       attachPCINT(digitalPinToPCINT(buttonPin), buttonPressed, RISING);
18      }
19
20      void loop() {
21       if(led_state_changed) {
22       led_state_changed = false;
23              digitalWrite(ledPin, led_state);
24       }
25      }
```

1 : 핀 신호 변화 인터럽트를 사용하기 위해 PinChangeInterrupt.h 파일을 포함합니다.

17 : attachPCINT 함수를 호출해 buttonPin의 신호가 0에서 1로 올라가면 buttonPressed가 자동으로 호출되도록 buttonPressed 함수를 등록합니다. digitalPinToPCINT 함수는 해당 핀 번호에 대한 핀 신호 변화 인터럽트 번호를 돌려주는 함수입니다.

나머지 부분은 외부 인터럽트와 같습니다.

03 컴파일과 업로드를 수행합니다.

04 결과를 확인합니다. 버튼을 누르면 LED가 켜지고, 다시 버튼을 누르면 LED가 꺼지는 것을 확인합니다.

03 _ 초음파 센서로 거리 측정해보기

초음파 센서를 이용하여 거리를 측정할 때 사용하는 함수는 pulseIn 함수입니다. pulseIn 함수은 측정된 거리에 따라 최대 25 밀리 초가 걸릴 수 있습니다. 즉, 함수 수행 시간이 25 밀리 초가 걸릴 수 있습니다. 이 경우 delay(25)와 같은 형대로 다른 루틴에 간섭을 일으킬 수 있습니다. pulseIn 함수는 내부적으로 파형의 HIGH 구간이나 LOW 구간을 측정하며 대기하는 상태가 있기 때문에 다른 루틴에 대해서는 delay 함수와 같은 효과가 발생할 수 있으며 경우에 따라 다른 루틴에 간섭을 일으킬 수 있습니다. 예를 들어 어떤 루틴은 1 밀리 초마다 수행되어야 할 때 pulseIn 함수를 사용하게 되면 문제가 발생할 수 있습니다.

여기서는 pulseIn 함수의 수행시간을 측정해 보고, Pin Change 인터럽트를 이용하여 지연이 발생하는 문제를 해결해 보도록 합니다.

03-1 초음파 센서 회로 구성하기

다음과 같이 초음파 센서 회로를 구성합니다.

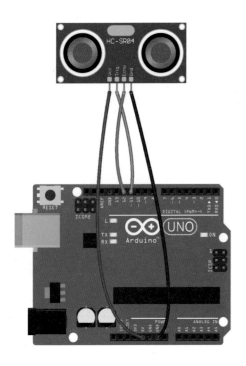

초음파 센서의 Vcc 핀은 아두이노의 VCC 핀에 연결합니다. 초음파 센서의 Gnd 핀은 아두이노의 GND 핀에 연결합니다. 초음파 센서의 Trig 핀은 아두이노의 11번 핀에 연결합니다. 초음파 센서의 Echo 핀은 아두이노의 12번 핀에 연결합니다.

03-2 초음파 센서로 거리 측정해보기

여기서는 앞에서 작성한 예제를 다시 한 번 수행해 보도록 합니다.

01 다음과 같이 앞에서 작성한 예제를 사용합니다.

`433_1.ino`

```
1      const int trig_pin = 11;
2      const int echo_pin = 12;
3
4      void setup() {
5       pinMode(trig_pin, OUTPUT);
6       pinMode(echo_pin, INPUT);
7
8       Serial.begin(115200);
9      }
10
11     void loop() {
12      digitalWrite(trig_pin, LOW);
13      delayMicroseconds(2);
14      digitalWrite(trig_pin, HIGH);
15      delayMicroseconds(10);
16      digitalWrite(trig_pin, LOW);
17
18      long duration = pulseIn(echo_pin, HIGH);
19      long distance = (duration/2) / 29.1;
20
21      Serial.print(distance);
22      Serial.println(" cm ");
23
24        }
```

01 : trig_pin 상수에 11번 핀을 할당합니다. trig_pin은 초음파 센서를 이용하여 물체와의 거리를 측정할 때 초음파 센서가 아두이노로부터 시작 신호를 받기 위한 핀입니다.

02 : echo_pin 상수에 12번 핀을 할당합니다. echo_pin은 초음파 센서를 이용하여 물체와의 거리를 측정할 때 측정된 거리 계산을 위한 핀입니다. 초음파 센서는 측정된 거리에 따라 echo_pin을 통해 사각파형의 길이를 아두이노로 전달합니다. 아두이노는 사각파형의 길이에 따라 거리를 계산할 수 있습니다.

04~09 : setup 함수를 정의합니다.

05 : trig_pin을 출력으로 설정합니다.

06 : echo_pin을 입력으로 설정합니다.

08 : 시리얼 통신속도를 115200 bps로 설정합니다.

11~29 : loop 함수를 정의합니다.

12~16 : 거리 감지를 위한 시작 신호를 초음파 센서로 전달합니다.

12 : trig_pin을 LOW로 설정합니다.

13 : delayMicroseconds 함수를 호출하여 2마이크로초간 지연을 줍니다.

14 : trig_pin을 HIGH로 설정합니다.

15 : delayMicroseconds 함수를 호출하여 10마이크로초간 지연을 줍니다.

16 : trig_pin을 LOW로 설정합니다.

18 : pulseIn 함수를 호출하여 echo_pin의 HIGH 구간을 측정한 후, duration 변수에 저장합니다.

19 : duration값을 2로 나눈 후, 다시 29.1로 나누어 distance 변수에 저장합니다.

21 : Serial.print 함수를 호출하여 distance 값을 출력하고

22 : Serial.println 함수를 호출하여 " cm" 문자열을 출력합니다.

02 컴파일과 업로드를 수행하고 [시리얼 모니터] 버튼을 눌러줍니다.

03 시리얼 모니터 창이 뜨면, 우측 하단에서 통신 속도를 115200으로 맞춰줍니다.

04 결과를 확인합니다. 어느 정도 오차가 있습니다.

```
134 cm
139 cm
144 cm
143 cm
142 cm
```

03-3 pulseIn 함수 수행 시간 살펴보기

초음파 센서를 이용하여 거리를 측정할 때 사용하는 함수는 pulseIn 함수입니다. pulseIn 함수은 측정된 거리에 따라 최대 25 밀리 초가 걸릴 수 있습니다. 즉, 함수 수행 시간이 25 밀리 초가 걸릴 수 있습니다. 이 경우 delay(25)와 같은 형대로 다른 루틴에 간섭을 일으킬 수 있습니다. 여기서는 pulseIn 함수의 수행시간을 측정하는 루틴을 작성해 보도록 합니다.

01 다음과 같이 예제를 수정합니다.

433_2.ino

```
1      const int trig_pin = 11;
2      const int echo_pin = 12;
3
4      void setup() {
5       pinMode(trig_pin, OUTPUT);
6       pinMode(echo_pin, INPUT);
7
8       Serial.begin(115200);
9      }
10
11     void loop() {
12      digitalWrite(trig_pin, LOW);
13      delayMicroseconds(2);
14      digitalWrite(trig_pin, HIGH);
15      delayMicroseconds(10);
16      digitalWrite(trig_pin, LOW);
17
18      unsigned long t_begin = millis();
```

```
19        long duration = pulseIn(echo_pin, HIGH);
20        unsigned long t_end = millis();
21        Serial.print(t_end - t_begin);
22        Serial.println(" ms");
23     }
```

18 : millis 함수를 호출하여 현재 시간을 얻어내어 t_begin 변수에 저장합니다. millis 함수는 아두이노의 동작이 시작된 이후의 밀리초 단위의 시간을 알려줍니다.

20 : millis 함수를 호출하여 현재 시간을 얻어내어 t_end 변수에 저장합니다.

21 : Serial.print 함수를 호출하여 (t_end - t_begin) 값을 화면에 출력합니다.

22 : Serial.println 함수를 호출하여 " ms" 문자열을 화면에 출력합니다.

02 컴파일과 업로드를 수행하고 [시리얼 모니터] 버튼을 눌러줍니다.

03 시리얼 모니터 창이 뜨면, 우측 하단에서 통신 속도를 115200으로 맞춰줍니다.

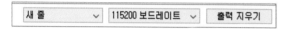

04 결과를 확인합니다. pulseIn 함수의 수행 시간이 거리에 따라 변하는 것을 확인합니다.

```
7 ms
9 ms
10 ms
7 ms
8 ms
```

03-4 핀 신호변화 인터럽트 사용하기

여기서는 Pin Change 인터럽트를 이용하여 지연이 발생하는 문제를 해결해 보도록 합니다.

01 다음과 같이 예제를 작성합니다.

433_3.ino

```
1      #include <PinChangeInterrupt.h>
2
3      const int trig_pin = 11;
4      const int echo_pin = 12;
5
6      unsigned long echo_duration = 0;
7      void echoIsr(void) {
8       static unsigned long echo_begin = 0;
9       static unsigned long echo_end = 0;
10
```

```
11        unsigned int echo_pin_state = digitalRead(echo_pin);
12        if(echo_pin_state == HIGH) {
13                echo_begin = micros();
14        } else {
15                echo_end = micros();
16                echo_duration = echo_end - echo_begin;
17        }
18    }
19
20    void setup() {
21      pinMode(trig_pin, OUTPUT);
22      pinMode(echo_pin, INPUT);
23
24      attachPCINT(digitalPinToPCINT(echo_pin), echoIsr, CHANGE);
25
26      Serial.begin(115200);
27    }
28
29    void loop() {
30      if(echo_duration == 0) { // triggering
31              digitalWrite(trig_pin, LOW);
32              delayMicroseconds(2);
33              digitalWrite(trig_pin, HIGH);
34              delayMicroseconds(10);
35              digitalWrite(trig_pin, LOW);
36      } else {
37              unsigned long distance = echo_duration / 58;
38              Serial.print(distance);
39              Serial.println(" cm ");
40
41              echo_duration = 0;
42      }
43    }
```

1 : 핀 신호 변화 인터럽트를 사용하기 위해 PinChangeInterrupt.h 파일을 포함시킵니다.

6 : echo_duration 변수를 선언합니다. echo_duration 변수는 echo_pin을 통해 전달되는 파형의 HIGH 구간의 길이 값을 저장하는 역할을 합니다.

7~18 : echoIsr 함수를 정의합니다.

8 : echo_begin 변수를 선언합니다. echo_begin 변수는 echo_pin을 통해 전달되는 파형의 HIGH 구간의 시작시간을 저장하는 역할을 합니다. static은 함수 수행이 끝나도 변수가 유지되도록 합니다.

9 : echo_end 변수를 선언합니다. echo_end 변수는 echo_pin을 통해 전달되는 파형의 HIGH 구간의 끝시간을 저장하는 역할을 합니다. static은 함수 수행이 끝나도 변수가 유지되도록 합니다.

11 : digitalRead 함수를 호출하여 echo_pin 값을 읽은 후, echo_pin_state 변수에 저장합니다. echo_pin_state 변수는 HIGH 또는 LOW 값을 가지게 됩니다.

12 : echo_pin_state 값이 HIGH이면

13 : micros 함수를 호출하여 현재 시간을 얻어내어 echo_begin 변수에 저장합니다. micros 함수는 아두이노의 동작이 시작된 이후의 마이크로초 단위의 시간을 알려줍니다.

14 : echo_pin_state 값이 HIGH가 아니면, 즉 LOW이면

15 : micros 함수를 호출하여 현재 시간을 얻어내어 echo_end 변수에 저장합니다.

16 : echo_end에서 echo_begin 값을 뺀 후, echo_duration 변수에 저장합니다.

20~27 : setup 함수를 정의해 줍니다.

24 : attachPCINT 함수를 호출하여 echo_pin의 신호가 변경되면, 즉 LOW에서 HIGH로 또는 HIGH에서 LOW로 신호가 변경되면 echoIsr 함수가 호출되도록 echoIsr 함수를 등록합니다. digitalPinToPCINT 함수는 핀번호에 해당하는 인터럽트 번호를 알려주는 함수입니다.

30 : echo_duration 값이 0이면 trig_pin을 통해 초음파 센서로 거리감지 신호를 보냅니다.

37 : echo_duration 값이 0이 아니면 거리를 계산합니다.

41 : echo_duration 값을 0으로 변경합니다.

02 컴파일과 업로드를 수행하고 [시리얼 모니너] 버튼을 눌러줍니다.

03 시리얼 모니터 창이 뜨면, 우측 하단에서 통신 속도를 115200으로 맞춰줍니다.

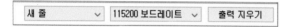

04 결과를 확인합니다. 어느 정도 오차가 있습니다.

```
134 cm
139 cm
144 cm
143 cm
142 cm
```

Arduino

이번 장에서는 7 세그먼트, 4 자리 7 세그먼트, 도트 매트릭스의 제어원리를 delay 함수를 이용하여 이해해보고 활용 방법을 살펴봅니다. 도트 매트릭스의 경우엔 그림을 그리는 방법을 살펴보고 이를 이용하여 벽돌 깨기 게임 애니메이션을 구현해 봅니다.

디스플레이 삼총사 활용하기

01

7 세그먼트 활용하기

7 세그먼트는 숫자를 편리하게 표시활 수 있는 LED로 구성된 모듈입니다. 여기서는 7세그먼트를 이용하여 숫자를 표시하는 방법에 대해 살펴봅니다. 언어적으로는 배열과 for문을 이용하여 7세그먼트를 표시해보며 배열과 for문의 편리합과 간결함을 느껴보도록 합니다.

01 _ 7 세그먼트 살펴보기

7 세그먼트는 7개의 LED로 구성됩니다. 이 LED들은 "8"자 모양으로 나열되어 있습니다. 대부분의 7 세그먼트는 실제로는 8개의 LED를 가집니다. 8번째 LED는 숫자의 오른쪽에 있는 점으로 소수점을 표시할 수 있습니다. 각각의 LED는 A에서 G까지의 이름을 가집니다. 소수점을 나타내는 LED의 이름은 DP(decimal point)입니다.

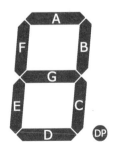

각각의 LED는 일반 LED와 같이 개별적으로 제어합니다.

01-1 7 세그먼트의 종류

7 세그먼트에는 두 종류가 있습니다. 각각 공통 음극 7 세그먼트와 공통 양극 7 세그먼트라고 합니다.

❶ 공통 음극 7 세그먼트

다음은 공통 음극 7 세그먼트의 회로를 나타냅니다.

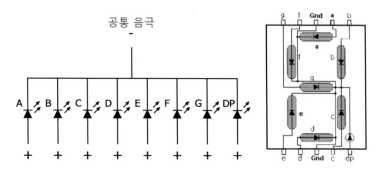

공통 음극 7 세그먼트는 모든 LED의 음극을 GND에 연결합니다. 각각의 LED는 양극을 VCC에 연결해 켜거나 GND에 연결해 끕니다.

❷ 공통 양극 7 세그먼트

다음은 공통 양극 7 세그먼트의 회로를 나타냅니다.

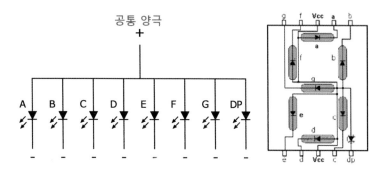

공통 양극 7 세그먼트는 모든 LED의 양극이 VCC에 연결되어 있습니다. 각각의 LED는 음극을 VCC에 연결해 끄거나 GND에 연결해 켭니다.

01-2 7 세그먼트 표시 내용

7 세그먼트로 표시할 수 있는 내용은 숫자, 한글의 자음 모음, 영어의 알파벳 등을 표시할 수 있습니다.

• 숫자

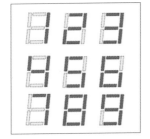

• 한글 자음 모음

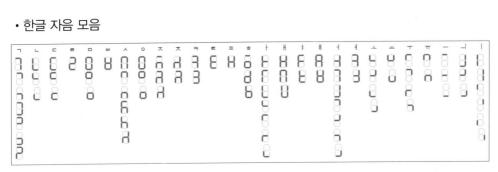

• 영문 알파벳

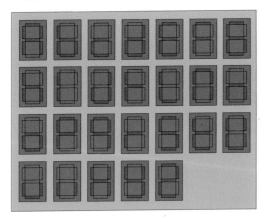

02 _ 7 세그먼트 회로 구성하기

02-1 공통 양극 7 세그먼트와 공통 음극 7 세그먼트 구분

7 세그먼트가 공통 양극인지 공통 음극인지 구분이 안 될 경우 다음과 같은 형태로 회로를 구성해서
테스트를 합니다.

❶ 공통 음극 구분

다음과 같이 회로를 구성해서 a에 해당하는 LED가 켜질 경우 공통 음극입니다. 다음 회로 구성 그림에서 저항은 반드시 연결해 주어야 합니다. 그렇지 않을 경우 해당 LED가 망가집니다. 회로구성시 아래 그림을 참조합니다.

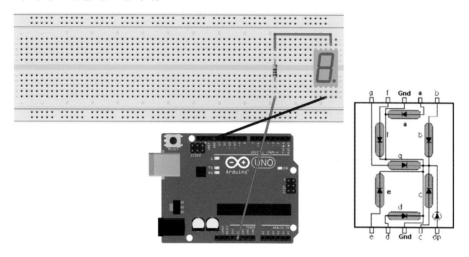

❷ 공통 양극 구분

다음과 같이 회로를 구성해서 a에 해당하는 LED가 켜질 경우 공통 양극입니다. 다음 회로 구성 그림에서 저항은 반드시 연결해 주어야 합니다. 그렇지 않을 경우 해당 LED가 망가집니다. 회로구성시 아래 그림을 참조합니다.

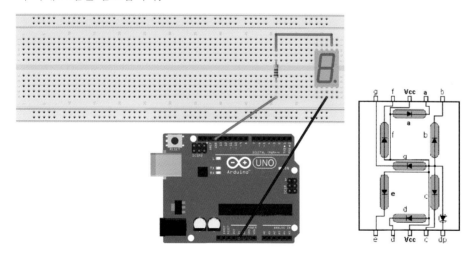

02-2 7 세그먼트 회로 연결

이 책에서는 공통 음극의 7 세그먼트를 사용합니다. 다음과 같이 회로를 구성합니다. 7 세그먼트의 a, b, c, d, e, f, g핀을 220 Ohm 저항을 통해 아두이노의 2, 3, 4, 5, 6, 7, 8번 핀에 연결합니다. dp는 여기서는 사용하지 않습니다. 7 세그먼트의 아래쪽 공통 음극선을 아두이노의 GND 핀에 연결합니다.

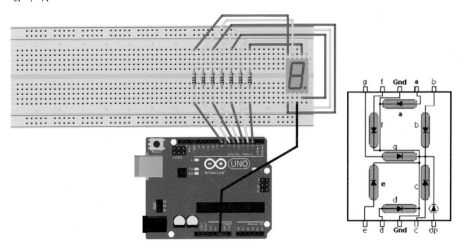

다음 사진을 참조합니다.

03 _ 7 세그먼트 켜 보기

여기서는 7 세그먼트의 a~g LED 전체를 초기화하고 켜 보도록 합니다.

01 다음과 같이 예제를 작성합니다.

```
513_0.ino
1     const unsigned int led_a = 2;
2     const unsigned int led_b = 3;
3     const unsigned int led_c = 4;
4     const unsigned int led_d = 5;
5     const unsigned int led_e = 6;
6     const unsigned int led_f = 7;
7     const unsigned int led_g = 8;
8
9     void setup() {
10      // led 초기화
11      pinMode(led_a, OUTPUT);
12      pinMode(led_b, OUTPUT);
13      pinMode(led_c, OUTPUT);
14      pinMode(led_d, OUTPUT);
15      pinMode(led_e, OUTPUT);
16      pinMode(led_f, OUTPUT);
17      pinMode(led_g, OUTPUT);
18
19      // led 켜기
20      digitalWrite(led_a, HIGH);
21      digitalWrite(led_b, HIGH);
22      digitalWrite(led_c, HIGH);
23      digitalWrite(led_d, HIGH);
24      digitalWrite(led_e, HIGH);
25      digitalWrite(led_f, HIGH);
26      digitalWrite(led_g, HIGH);
27    }
28
29    void loop() {
30
31    }
```

1~7 : led_a, led_b, led_c, led_d, led_e, led_f, led_g 상수에 아두이노 핀 2~8번 핀을 할당합니다.
11~17 : pinMode 함수를 호출하여 led_a ~ led_g 핀을 출력으로 설정합니다.
20~26 : digitalWrite 함수를 호출하여 led_a ~ led_g 핀에 HIGH 신호를 줍니다. 이렇게 하면 7 개의 LED가 켜집니다.

02 컴파일과 업로드를 수행합니다.

03 결과를 확인합니다. a ~ g까지의 LED가 모두 켜지는 것을 확인합니다.

04 _ 1차 배열 이용하기

여기서는 이전 예제를 1차 배열과 for 문을 이용한 형태로 일반화합니다. 그렇지 않을 경우 예제에
기능을 더할 경우 중복된 소스의 양이 너무 많아져 가독성이 떨어지게 됩니다. 즉 배열을 이용하여
코드를 다듬는 작업을 수행합니다.

01 다음과 같이 예제를 수정합니다.

514_0.ino

```
1       const unsigned int led[7] = { 2, 3, 4, 5, 6, 7, 8 };
2
3       void setup() {
4       // led 초기화
5       for(int x=0;x<7;x++) {
6               pinMode(led[x], OUTPUT);
7       }
8
9       // led 켜기
10      for(int x=0;x<7;x++) {
11              digitalWrite(led[x], HIGH);
12      }
13      }
14
15      void loop() {
16
17      }
```

1 : led_a, led_b, led_c, led_d, led_e, led_f, led_g 상수를 led[7]로 대체합니다. 배열 기호 []는 같은 형태의 자료가 여러 개라는 의미입니다. 복수를 표현하는 "들"과 같은 의미입니다. 배열 기호 []이 하나일 경우 일차 배열이라고 합니다. 배열에서 각 상수에 대한 아두이노 핀 초기 값은 집한 기호 { }을 사용해서 초기화합니다. 아래 그림을 참조합니다.

```
const unsigned int led_a = 2;
const unsigned int led_b = 3;
const unsigned int led_c = 4;
const unsigned int led_d = 5;
const unsigned int led_e = 6;
const unsigned int led_f = 7;
const unsigned int led_g = 8;

const unsigned int led[7] = { 2, 3, 4, 5, 6, 7, 8 };
```

5 ~ 7 : 배열의 각 항목인 led[0]~led[6] 핀을 출력으로 설정하기 위해서는 for 문을 사용합니다. 참고로 배열의 항목은 1이 아닌 0에서 시작합니다. 즉, 배열의 개수는 7개 이지만 배열의 번호는 0~6이 됩니다. 아래 그림을 참조합니다.

```
pinMode(led_a, OUTPUT);
pinMode(led_b, OUTPUT);
pinMode(led_c, OUTPUT);
pinMode(led_d, OUTPUT);
pinMode(led_e, OUTPUT);
pinMode(led_f, OUTPUT);
pinMode(led_g, OUTPUT);

for(int x=0;x<7;x++) {
    pinMode(led[x], OUTPUT);
}
```

10 ~ 12 : 배열의 각 항목인 led[0]~led[6] 핀에 HIGH 값을 주기 위해서 for 문을 사용합니다. 아래 그림을 참조합니다.

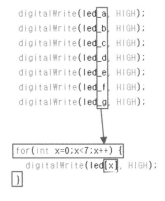

```
digitalWrite(led_a, HIGH);
digitalWrite(led_b, HIGH);
digitalWrite(led_c, HIGH);
digitalWrite(led_d, HIGH);
digitalWrite(led_e, HIGH);
digitalWrite(led_f, HIGH);
digitalWrite(led_g, HIGH);

for(int x=0;x<7;x++) {
    digitalWrite(led[x], HIGH);
}
```

02 컴파일과 업로드를 수행합니다.

03 결과를 확인합니다. 이전과 같이 a ~ g까지의 LED가 모두 켜지는 것을 확인합니다.

05 _ 7 세그먼트 켜고 꺼보기

여기서는 7 세그먼트의 a~g LED 전체를 켜고 끄고를 반복해 보도록 합니다.

01 다음과 같이 예제를 수정합니다.

515_0.ino

```
1       const unsigned int led[7] = { 2, 3, 4, 5, 6, 7, 8 };
2
3       void setup() {
4        for(int x=0;x<7;x++) {
5               pinMode(led[x], OUTPUT);
6        }
7       }
8
9       void loop() {
10       // led 켜기
11       for(int x=0;x<7;x++) {
12              digitalWrite(led[x], HIGH);
13       }
14       delay(500);
15
16       // led 끄기
17       for(int x=0;x<7;x++) {
18              digitalWrite(led[x], LOW);
19       }
20       delay(500);
21      }
```

11 ~ 13 : digitalWrite 함수를 호출하여 led[0]~led[6] 핀에 HIGH 신호를 주어 7 개의 LED를 켭니다.
14   : 0.5 초간 기다립니다.
17 ~ 19 : digitalWrite 함수를 호출하여 led[0]~led[6] 핀에 HLOW 신호를 주어 7 개의 LED를 끕니다.
20   : 0.5 초간 기다립니다.

02 컴파일과 업로드를 수행합니다.

03 결과를 확인합니다. a ~ g까지의 LED 전체가 0.5 초 간격으로 모두 켜지고 꺼지고를 반복합니다.

06 _ LED 차례대로 켜고 꺼보기

여기서는 a ~ g까지의 LED를 차례대로 켜고 끄고를 반복해 봅니다. 그리고 켜고 끄는 시간 간격을 줄여가면서 a ~ g까지의 LED 전체가 동시에 켜진 것처럼 보이게 해 봅니다.

01 다음과 같이 예제를 수정합니다.

```
516_0.ino
1        const unsigned int led[7] = { 2, 3, 4, 5, 6, 7, 8 };
2
3        void setup() {
4         for(int x=0;x<7;x++) {
5                pinMode(led[x], OUTPUT);
6         }
7        }
8
9        void loop() {
10        for(int x=0;x<7;x++) {
11
12               // led 모두 끄기
13               for(int x=0;x<7;x++) {
14                digitalWrite(led[x], LOW);
15               }
16
17               digitalWrite(led[x], HIGH);
18
19               delay(500);//1/3.5=0.286Hz
20        }
21        }
```

10　　　: led[0]~led[6]까지 차례대로

13~15 : 전체 LED를 끈 후.

17　　　: digitalWrite 함수를 호출하여 각각의 LED를 켭니다.

19　　　: 0.5 초간 기다립니다.

이 예제는 10~20줄의 동작을 수행하는데 약 3.5초가 걸립니다. LED 7개를 1회 차례대로 켜고 끄는 데 걸리는 시간이 3.5초이니 주파수는 Tf=1 식에 의해 f=1/T가 뇌어 1/3.5=0.286Hz가 됩니다.

02 컴파일과 업로드를 수행합니다.

03 결과를 확인합니다.

 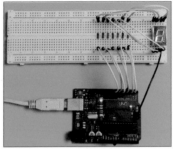 

a~g까지의 LED가 차례대로 0.5초 간격으로 켜지고 꺼지는 것을 볼 수 있습니다.

04 이전 예제의 19번 째 줄을 다음과 같이 수정합니다.

```
19                    delay(50);//10/3.5=2.86Hz
```

19 : 지연 시간을 50으로 줄여 동작을 10배 빨리 하도록 합니다. 이렇게 하면 LED 7 개를 1회 차례대로 켜고 끄는데 초당 2.86회 수행하게 됩니다. 즉, 2.86Hz가 됩니다.

05 컴파일과 업로드를 수행합니다.

06 결과를 확인합니다. a~g까지의 LED가 차례대로 0.05초 간격으로 켜지고 꺼지는 것을 볼 수 있습니다. 개별 LED가 켜지고 꺼지는 것을 볼 수 있습니다.

07 이전 예제의 19번 째 줄을 다음과 같이 수정합니다.

```
19                    delay(5);//100/3.5=28.6Hz
```

19 : 지연 시간을 5로 줄여 동작을 처음보다 100배 빨리 하도록 합니다. 이렇게 하면 LED 7 개를 1회 차례대로 켜고 끄는데 초당 28.6회 수행하게 됩니다. 즉, 28.6Hz가 됩니다.

08 컴파일과 업로드를 수행합니다.

09 결과를 확인합니다.

a~g까지의 LED가 차례대로 0.005초 간격으로 켜지고 꺼지지만 제대로 볼 수 없습니다. 전체 LED 가 흔들리는 것처럼 켜져 있나고 느껴집니다.

10 이전 예제의 19번 째 줄을 다음과 같이 수정합니다.

```
19                delay(1);//500/3.5=143Hz
```

19 : 지연 시간을 1로 줄여 동작을 처음보다 500배 빨리 하도록 합니다. 이렇게 하면 LED 7 개를 1회 차례대로 켜고 끄는 데 초당 143회 수행하게 됩니다. 즉, 143Hz가 됩니다.

11 컴파일과 업로드를 수행합니다.

12 결과를 확인합니다.

a~g까지의 LED가 차례대로 0.001초 간격으로 켜지고 꺼지지만 제대로 볼 수 없습니다. 전체 LED 가 안정적으로 켜져 있다고 느껴집니다.

07 _ 함수로 만들기 1

여기서는 이전 예제를 함수를 이용한 형태로 일반화합니다. 그렇지 않을 경우 예제에 기능을 더할 경우 중복된 소스의 량이 너무 많아져 가독성이 떨어지게 됩니다. 즉 함수를 이용하여 코드를 다듬 는 작업을 수행합니다.

01 다음과 같이 예제를 수정합니다.

`517_0.ino`

```
1        const unsigned int led[7] = { 2, 3, 4, 5, 6, 7, 8 };
2
3        void display_init() {
4         for(int x=0;x<7;x++) {
5                pinMode(led[x], OUTPUT);
6         }
7        }
8
9        void display_clear() {
10        for(int x=0;x<7;x++) {
11               digitalWrite(led[x], LOW);
12        }
13       }
14
15       void setup() {
16        display_init();
17       }
18
19       void loop() {
20        for(int x=0;x<7;x++) {
21
22               display_clear();
23
24               digitalWrite(led[x], HIGH);
25
26               delay(1);//1/7=0.143Hz
27        }
28       }
```

3 ~ 7 : display_init 함수를 정의합니다.

4 ~ 6 : pinMode 함수를 호출하여 led[0]~led[6] 핀에 출력으로 설정합니다.

9 ~ 13 : display_clear 함수를 정의합니다.

10 ~ 12 : digitalWrite 함수를 호출하여 led[0]~led[6] 핀에 LOW 신호를 주어 7 개의 LED를 끕니다.

16 : display_init 함수를 호출하여 7 세그먼트를 초기화합니다.

20 : led[0]~led[6]까지 차례대로

22 : display_clear 함수를 호출하여 전체 LED를 끈 후,

24 : digitalWrite 함수를 호출하여 각각의 LED를 켭니다.

26 : 1 밀리 초간 기다립니다.

02 컴파일과 업로드를 수행합니다.

03 결과를 확인합니다. 이전 예제와 같이 a ~ g 전체 LED가 동시에 켜져 있는 것처럼 보입니다.

08 _ 0 숫자 표시하기

이제 숫자를 표시하는 방법을 살펴보도록 합니다. 먼저 0부터 표시해 보도록 합니다.

01 다음과 같이 예제를 수정합니다.

518_0.ino

```
1    const unsigned int led[7] = { 2, 3, 4, 5, 6, 7, 8 };
2
3    const unsigned int num_0[7] = { 1, 1, 1, 1, 1, 1, 0 };/*0*/
4
5    void display_init() {
6     for(int x=0;x<7;x++) {
7            pinMode(led[x], OUTPUT);
8     }
9    }
10
11   void display_clear() {
12    for(int x=0;x<7;x++) {
13           digitalWrite(led[x], LOW);
14    }
15   }
16
17   void setup() {
18    display_init();
19
20    display_clear();
21
```

```
22        for(int x=0;x<7;x++) {
23                digitalWrite(led[x], num_0[x]==1?HIGH:LOW);
24        }
25    }
26
27    void loop() {
28
29        }
```

3 : 7 세그먼트에 숫자 0을 표시할 수 있도록 num_0 배열 상수를 선언하고 a, b, c, d, e, f에 해당하는 LED는 1로 g에 해당하는 LED는 0으로 초기화합니다.

18 : display_init 함수를 호출하여 7 세그먼트의 모든 LED를 초기화합니다.

20 : display_clear 함수를 호출하여 7 세그먼트의 모든 LED를 끕니다.

22 : led[0]~led[6]까지 차례대로

23 : digitalWrite 함수를 호출하여 led[x]에 대해 num_0[x] 값이 1이면 HIGH 값을 주어 LED를 켜고 그렇지 않으면 LOW 값을 주어 LED를 끕니다. 예를 들어, x값이 0일 경우 num_0[0] 값이 1이면 HIGH를 그렇지 않으면 LOW 값을 led[0] 핀에 쓰게 됩니다. ?:는 삼항 연산자로 간단한 if~else 문을 표현할 때 사용합니다.

02 컴파일과 업로드를 수행합니다.

03 결과를 확인합니다. 7 세그먼트에 0이 표시되는 것을 확인합니다.

09 _ 함수로 만들기 2

여기서는 숫자 0을 표시하는 부분을 함수로 만들도록 합니다. 7 세그먼트의 경우 0~9까지의 숫자를 표시하게 되는데 이전 예제처럼 소스를 작성할 경우 가독성이 떨어질 수 있습니다. 즉 함수를 이용하여 코드를 다듬는 작업을 수행합니다.

01 다음과 같이 예제를 수정합니다.

`519_0.ino`

```
1        const unsigned int led[7] = { 2, 3, 4, 5, 6, 7, 8 };
2
3        const unsigned int num_0[7] = { 1, 1, 1, 1, 1, 1, 0 };/*0*/
4
5        void display_init() {
6         for(int x=0;x<7;x++) {
7                 pinMode(led[x], OUTPUT);
8         }
9         }
10
11       void display_clear() {
12        for(int x=0;x<7;x++) {
13                digitalWrite(led[x], LOW);
14        }
15        }
16
17       void display_0() {
18        for(int x=0;x<7;x++) {
19                digitalWrite(led[x], num_0[x]==1?HIGH:LOW);
20        }
21        }
22
23       void setup() {
24        display_init();
25
26        display_clear();
27
28        display_0();
29        }
30
31       void loop() {
32
33        }
```

17~21 : display_0 함수를 정의합니다.
18   : led[0]~led[6]까지 차례대로
19   : digitalWrite 함수를 호출하여 led[x]에 대해 num_0[x] 값이 1이면 HIGH 값을 주어 LED를 켜고 그렇지 않으면
        LOW 값을 주어 LED를 끕니다.
28   : display_0 함수를 호출하여 7 세그먼트에 0을 표시합니다.

02 컴파일과 업로드를 수행합니다.

03 결과를 확인합니다.

이전 예제와 결과가 같습니다. 7 세그먼트에 0이 표시됩니다.

10 _ 0, 1 숫자 표시하기

이제 7 세그먼트에 숫자 1을 표시하는 방법을 추가하도록 합니다. 그리고 숫자 0과 1을 0.5초 간격으로 반복적으로 표시해보도록 합니다.

01 다음과 같이 예제를 수정합니다.

```
5110_0.ino
1       const unsigned int led[7] = { 2, 3, 4, 5, 6, 7, 8 };
2
3       const unsigned int num_0[7] = { 1, 1, 1, 1, 1, 1, 0 };/*0*/
4       const unsigned int num_1[7] = { 0, 1, 1, 0, 0, 0, 0 };/*1*/
5
6       void display_init() {
7        for(int x=0;x<7;x++) {
8               pinMode(led[x], OUTPUT);
9        }
10       }
11
12      void display_clear() {
13       for(int x=0;x<7;x++) {
14               digitalWrite(led[x], LOW);
15       }
16       }
17
18      void display_0() {
19       for(int x=0;x<7;x++) {
20               digitalWrite(led[x], num_0[x]==1?HIGH:LOW);
21       }
22       }
23
24      void display_1() {
25       for(int x=0;x<7;x++) {
26               digitalWrite(led[x], num_1[x]==1?HIGH:LOW);
27       }
28       }
```

```
29
30     void setup() {
31       display_init();
32     }
33
34     void loop() {
35       display_clear();
36       display_0();
37       delay(500);
38
39       display_clear();
40       display_1();
41       delay(500);
42     }
```

4 : 7 세그먼트에 숫자 1을 표시할 수 있도록 num_1 배열 상수를 선언하고 b, c에 해당하는 LED는 1로 a, d, e, f, g 에 해당하는 LED는 0으로 초기화합니다.

24~28 : display_1 함수를 정의합니다.

25 : led[0]~led[6]까지 차례대로

26 : digitalWrite 함수를 호출하여 led[x]에 대해 num_0[x] 값이 1이면 HIGH 값을 주어 LED를 켜고 그렇지 않으면 LOW 값을 주어 LED를 끕니다.

35 : display_clear 함수를 호출하여 7 세그먼트의 모든 LED를 끕니다.

36 : display_0 함수를 호출하여 7 세그먼트에 0을 표시합니다.

37 : 0.5초 기다립니다.

39 : display_clear 함수를 호출하여 7 세그먼트의 모든 LED를 끕니다.

40 : display_1 함수를 호출하여 7 세그먼트에 1을 표시합니다.

41 : 0.5초 기다립니다.

02 컴파일과 업로드를 수행합니다.

03 결과를 확인합니다.

7 세그먼트에 0.5 초 간격으로 0과 1이 반복적으로 표시됩니다.

11 _ 2차 배열 이용하기

0에서 9까지 숫자 10개를 표시하기 위해서는 num_0, num_1, num_2, ..., num_9의 일차 배열 10개가 필요합니다. 또 7 세그먼트에 숫자를 표시하기 위해서는 display_0, display_1, display_2, ..., display_9의 함수 10개가 필요합니다. 이렇게 하면 반복되는 함수가 많아집니다. 여기서는 반복되는 함수를 일반화하기 위해 숫자를 위한 1차 배열을 2차 배열로 만들고 display_0, display_1 함수를 2차 배열에 맞춰 수정해 보도록 합니다.

01 다음과 같이 예제를 수정합니다.

`5111_0.ino`

```
1    const unsigned int led[7] = { 2, 3, 4, 5, 6, 7, 8 };
2
3    const unsigned int num[2][7] = {
4     { 1, 1, 1, 1, 1, 1, 0 },/*0*/
5     { 0, 1, 1, 0, 0, 0, 0 }/*1*/
6    };
7
8    void display_init() {
9     for(int x=0;x<7;x++) {
10            pinMode(led[x], OUTPUT);
11     }
12    }
13
14   void display_clear() {
15     for(int x=0;x<7;x++) {
16            digitalWrite(led[x], LOW);
17     }
18    }
19
20   void display_0() {
21     for(int x=0;x<7;x++) {
22            digitalWrite(led[x], num[0][x]==1?HIGH:LOW);
23     }
24    }
25
26   void display_1() {
27     for(int x=0;x<7;x++) {
28            digitalWrite(led[x], num[1][x]==1?HIGH:LOW);
29     }
30    }
31
32   void setup() {
```

```
33        display_init();
34      }
35
36      void loop() {
37        display_clear();
38        display_0();
39        delay(500);
40
41        display_clear();
42        display_1();
43        delay(500);
44      }
```

3~6 : num_0, num_1 1차 배열을 하나로 묶을 수 있도록 num 2차 배열 상수를 선언하고, num_0, num_1 배열의 초기 값
과 같은 값으로 초기화합니다. 2차 배열은 배열 기호[] 두개를 사용하여 표현하는데 왼쪽에 있는 배열 기호가 더
큰 단위가 됩니다. 즉, num는 상수 7개를 가진 일차 배열 2개로 구성됩니다. 그림으로 표현하면 다음과 같습니다.

| num[0] | 1 | 1 | 1 | 1 | 1 | 1 | 0 |
| num[1] | 0 | 1 | 1 | 0 | 0 | 0 | 0 |

22 : num_0[x]를 num[0][x]로 바꿔줍니다.
28 : num_1[x]를 num[1][x]로 바꿔줍니다.

02 컴파일과 업로드를 수행합니다.

03 결과를 확인합니다. 이전 예제와 동작은 같습니다.

12 _ 숫자 표시 함수 일반화하기

이제 숫자 표시 함수를 0~9까지 표시할 수 있도록 일반화합니다. 이렇게 하면 display_2,
display_3, …, display_9와 같은 함수를 정의하지 않아도 됩니다.

01 다음과 같이 예제를 수정합니다.

`5112_0.ino`

```
1        const unsigned int led[7] = { 2, 3, 4, 5, 6, 7, 8 };
2
3        const unsigned int num[2][7] = {
```

```
4            { 1, 1, 1, 1, 1, 1, 0 },/*0*/
5            { 0, 1, 1, 0, 0, 0, 0 }/*1*/
6        };
7
8        void display_init() {
9        for(int x=0;x<7;x++) {
10                pinMode(led[x], OUTPUT);
11           }
12       }
13
14       void display_clear() {
15       for(int x=0;x<7;x++) {
16                digitalWrite(led[x], LOW);
17           }
18       }
19
20       void display_number(int n) {
21       if(0<=n&&n<=1) {
22               for(int x=0;x<7;x++) {
23                digitalWrite(led[x], num[n][x]==1?HIGH:LOW);
24               }
25           }
26       }
27
28       void setup() {
29       display_init();
30       }
31
32       void loop() {
33       display_clear();
34       display_number(0);
35       delay(500);
36
37       display_clear();
38       display_number(1);
39       delay(500);
40       }
```

20~26 : display_number 함수를 정의합니다. display_0, display_1 함수를 display_number 함수로 통일합니다. display_
number 함수의 경우 인자로 정수를 받을 수 있도록 합니다. n을 통해 0 또는 1을 넘길 수 있습니다. n의 값은
23번째 줄에 있는 num[n][x]에 적용됩니다.

21 : n을 통해 넘겨받을 수 있는 값은 0과 1로 제한합니다.

02 컴파일과 업로드를 수행합니다.

03 결과를 확인합니다. 이전 예제와 동작은 같습니다.

13 _ for 문을 이용하여 숫자 차례대로 표시하기

다음은 이전 예제의 loop 함수를 for문을 이용하여 일반화해 보도록 합니다.

01 다음과 같이 예제를 수정합니다.

`5113_0.ino`

```
1      const unsigned int led[7] = { 2, 3, 4, 5, 6, 7, 8 };
2
3      const unsigned int num[2][7] = {
4      { 1, 1, 1, 1, 1, 1, 0 },/*0*/
5      { 0, 1, 1, 0, 0, 0, 0 }/*1*/
6      };
7
8      void display_init() {
9       for(int x=0;x<7;x++) {
10             pinMode(led[x], OUTPUT);
11      }
12      }
13
14      void display_clear() {
15       for(int x=0;x<7;x++) {
16             digitalWrite(led[x], LOW);
17      }
18      }
19
20      void display_number(int n) {
21       if(0<=n&&n<=1) {
22             for(int x=0;x<7;x++) {
23              digitalWrite(led[x], num[n][x]==1?HIGH:LOW);
24             }
25      }
26      }
27
28      void setup() {
29       display_init();
30      }
31
32      void loop() {
33       for(int n=0;n<=1;n++) {
34             display_clear();
35             display_number(n);
36             delay(500);
37      }
38      }
```

32~38 : loop 함수의 내용을 수정합니다.

33 : 정수 n에 대해서 0부터 1까지

34 : display_clear 함수를 호출하여 7 세그먼트의 모든 LED를 끕니다.

36 : display_number(n) 함수를 호출하여 7 세그먼트에 n 변수가 가진 값 0 또는 1을 표시합니다.

36 : 0.5초 기다립니다.

02 컴파일과 업로드를 수행합니다.

03 결과를 확인합니다. 이전 예제와 동작은 같습니다.

14 _ 0~9 숫자 표시하기

이제 2차 배열을 통하여 0~9까지의 모든 숫자를 표시할 수 있도록 해 봅니다.

01 다음과 같이 예제를 수정합니다.

```
5114_0.ino
1    const unsigned int led[7] = { 2, 3, 4, 5, 6, 7, 8 };
2
3    const unsigned int num[10][7] = {
4    { 1, 1, 1, 1, 1, 1, 0, },/*0*/
5    { 0, 1, 1, 0, 0, 0, 0, },/*1*/
6    { 1, 1, 0, 1, 1, 0, 1, },/*2*/
7    { 1, 1, 1, 1, 0, 0, 1, },/*3*/
8    { 0, 1, 1, 0, 0, 1, 1, },/*4*/
9    { 1, 0, 1, 1, 0, 1, 1, },/*5*/
10   { 1, 0, 1, 1, 1, 1, 1, },/*6*/
11   { 1, 1, 0, 0, 0, 1, 0, },/*7*/
12   { 1, 1, 1, 1, 1, 1, 1, },/*8*/
13   { 1, 1, 1, 1, 0, 1, 1, },/*9*/
14   };
15
16   void display_init() {
17   for(int x=0;x<7;x++) {
18           pinMode(led[x], OUTPUT);
19   }
20   }
21
```

```
22      void display_clear() {
23       for(int x=0;x<7;x++) {
24              digitalWrite(led[x], LOW);
25       }
26      }
27
28      void display_number(int n) {
29       if(0<=n&&n<=9) {
30              for(int x=0;x<7;x++) {
31               digitalWrite(led[x], num[n][x]==1?HIGH:LOW);
32              }
33       }
34      }
35
36      void setup() {
37       display_init();
38      }
39
40      void loop() {
41       for(int n=0;n<=9;n++) {
42              display_clear();
43              display_number(n);
44              delay(500);
45       }
46      }
```

3~14 : num 이차 배열을 0~9까지 표시할 수 있는 10개의 7 세그먼트 값으로 초기화합니다.

29 : 인자로 넘어온 n의 범위 값을 0~9가 되도록 수정합니다.

41 : 정수 n의 범위 값이 0~9까지 변경되도록 합니다.

02 컴파일과 업로드를 수행합니다.

03 결과를 확인합니다.

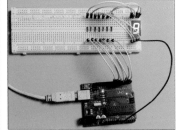

0.5초 간격으로 7 세그먼트에 0~9까지의 숫자가 차례대로 표시되는 것을 볼 수 있습니다.

15 _ 시리얼 입력으로 숫자 표시하기

여기서는 사용자 입력을 받아 7 세그먼트에 숫자를 표시해봅니다.

01 다음과 같이 예제를 작성합니다.

5115_0.ino

```
1       const unsigned int led[7] = { 2, 3, 4, 5, 6, 7, 8 };
2
3       const unsigned int num[10][7] = {
4       { 1, 1, 1, 1, 1, 1, 0, },/*0*/
5       { 0, 1, 1, 0, 0, 0, 0, },/*1*/
6       { 1, 1, 0, 1, 1, 0, 1, },/*2*/
7       { 1, 1, 1, 1, 0, 0, 1, },/*3*/
8       { 0, 1, 1, 0, 0, 1, 1, },/*4*/
9       { 1, 0, 1, 1, 0, 1, 1, },/*5*/
10      { 1, 0, 1, 1, 1, 1, 1, },/*6*/
11      { 1, 1, 1, 0, 0, 1, 0, },/*7*/
12      { 1, 1, 1, 1, 1, 1, 1, },/*8*/
13      { 1, 1, 1, 1, 0, 1, 1, },/*9*/
14      };
15
16      void display_init() {
17       for(int x=0;x<7;x++) {
18       pinMode(led[x], OUTPUT);
19       }
20      }
21
22      void display_clear() {
23       for(int x=0;x<7;x++) {
24       digitalWrite(led[x], LOW);
25       }
26      }
27
28      void display_number(int n) {
29       if(0<=n&&n<=9) {
30       for(int x=0;x<7;x++) {
31               digitalWrite(led[x], num[n][x]==1?HIGH:LOW);
32       }
33       }
34      }
35
36      void setup() {
37       Serial.begin(115200);
38       display_init();
```

```
39        }
40
41      void loop() {
42       if(Serial.available()) {
43              char userInput = Serial.read();
44              if('0' <= userInput && userInput <= '9') {
45                int num = userInput - '0';
46
47                display_clear();
48                display_number(num);
49              }
50       }
51      }
```

37 : Serial.begin 함수를 호출하여 통신 속도를 115200 bps로 설정합니다.
44 : 사용자 입력 값이 '0' ∼ '9' 문자이면
45 : 사용자 입력 값에서 '0'을 빼서 숫자로 만듭니다.
47 : display_clear 함수를 호출해 7 세그먼트의 LED를 모두 끈 후,
48 : display_number 함수를 호출해 입력 받은 숫자를 7 세그먼트에 출력합니다.

02 컴파일과 업로드를 수행합니다.

03 [시리얼 모니터] 버튼을 눌러줍니다.

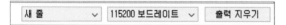

04 시리얼 모니터 창이 뜨면, 우측 하단에서 통신 속도를 115200으로 맞춰줍니다.

새 줄 ∨	115200 보드레이트 ∨	출력 지우기

05 결과를 확인합니다. 시리얼 모니터 창의 입력 창에 0∼9를 입력해 봅니다. 7 세그먼트에 해당 숫자가 표시되는 것을 확인합니다.

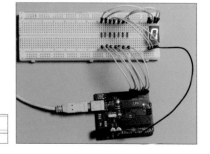

4 자리 7 세그먼트 활용하기

4 자리 7 세그먼트는 7 세그먼트 4개로 구성되며, 4 자리 숫자를 표시할 수 있는 모듈입니다. 각각의 숫자는 동시에 표시하면 같은 숫자가 표시되게 됩니다. 서로 다른 숫자를 표시하려면 숫자를 차례대로 표시해야 합니다. 또 빠르게 표시해야 동시에 4숫자가 켜진 것처럼 보입니다. 여기서는 4 자리 7 세그먼트에 동시에 서로 다른 4숫자를 표시하는 방법을 살펴봅니다.

01 _ 4 자리 7 세그먼트 살펴보기

4 자리 7 세그먼트는 아래와 같이 4 개의 7 세그먼트로 구성됩니다.

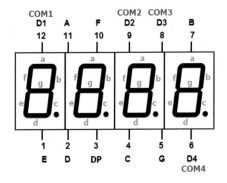

각각의 7 세그먼트는 "8"자 모양의 LED들로 구성되어 있습니다. 각각의 7 세그먼트는 실제로는 8 개의 LED를 가집니다. 8번째 LED는 숫자의 오른쪽에 있는 점으로 소수점을 표시할 수 있습니다.

각각의 LED는 A에서 G까지의 이름을 가집니다. 소수점을 나타내는 LED의 이름은 DP(decimal point)입니다. A에서 G까지 연결되는 핀은 각각의 7 세그먼트가 공통으로 사용합니다. 각각의 세그먼트를 구분하는 핀은 COM1, COM2, COM3, COM4로 이 핀들을 높은 주파수로 제어하여 서로 다른 숫자를 표시해야 합니다.

01-1 4 자리 7 세그먼트의 종류

4 자리 7 세그먼트에는 두 종류가 있습니다. 각각 공통 음극 4 자리 7 세그먼트와 공통 양극 4 자리 7 세그먼트라고 합니다.

❶ 공통 음극 4 자리 7 세그먼트
다음은 공통 음극 4 자리 7 세그먼트의 회로를 나타냅니다.

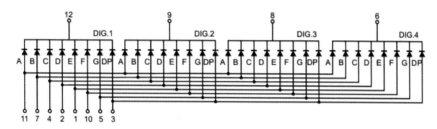

공통 음극 4 자리 7 세그먼트에서 각각의 7 세그먼트는 해당 7 세그먼트의 모든 LED의 음극을 GND에 연결한 후, 각 LED의 양극을 VCC에 연결해 켜거나 GND에 연결해 끕니다. 각각의 7 세그먼트는 순차적으로 제어를 합니다. 예를 들어, 위 그림에서 12, 9, 8, 6번 핀을 차례대로 GND에 연결하여 각각의 7 세그먼트를 차례대로 켜게 됩니다. 예를 들어, 12번 핀을 GND로 연결할 경우 나머지 9, 8, 6 핀들은 VCC로 연결하여 7 세그먼트의 LED가 켜지지 않도록 합니다. 이 동작을 빨리 하면 모든 7 세그먼트에 원하는 숫자나 문자를 표시할 수 있습니다.

❷ 공통 양극 4 자리 7 세그먼트
다음은 공통 양극 4 자리 7 세그먼트의 회로를 나타냅니다.

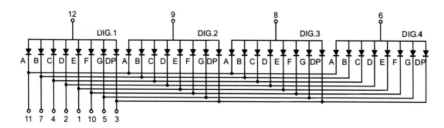

공통 양극 4 자리 7 세그먼트에서 각각의 7 세그먼트는 해당 7 세그먼트의 모든 LED의 양극을 VCC 에 연결한 후, 각 LED의 음극을 GND에 연결해 켜거나 VCC에 연결해 끕니다. 각각의 7 세그먼트는 순차적으로 제어를 합니다. 예를 들어, 위 그림에서 12, 9, 8, 6번 핀을 차례대로 VCC에 연결하여 각각의 7 세그먼트를 차례대로 켜게 됩니다. 예를 들어, 12번 핀을 VCC로 연결할 경우 나머지 9, 8, 6 핀들은 GND로 연결하여 7 세그먼트의 LED가 켜지지 않도록 합니다. 이 동작을 빨리 하면 모든 7 세그먼트에 원하는 숫자나 문자를 표시할 수 있습니다.

02 _ 4 자리 7 세그먼트 회로 구성하기

02-1 공통 양극 4 자리 7 세그먼트와 공통 음극 4 자리 7 세그먼트 구분

4 자리 7 세그먼트가 공통 양극인지 공통 음극인지 구분이 안 될 경우 다음과 같은 형태로 회로를 구성해서 테스트를 합니다.

❶ 공통 음극 구분
다음과 같이 회로를 구성해서 가장 왼쪽에 있는 7 세그먼트의 a 해당하는 LED가 켜질 경우 공통 음극입니다.

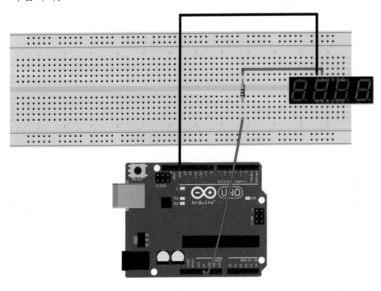

위 그림에서 저항은 반드시 연결해 주어야 합니다. 그렇지 않을 경우 해당 LED가 망가집니다. 회로 구성 시 아래 그림을 참조합니다.

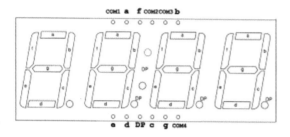

❷ 공통 양극 구분

다음과 같이 회로를 구성해서 가장 왼쪽에 있는 7 세그먼트의 a 해당하는 LED가 켜질 경우 공통 양극입니다.

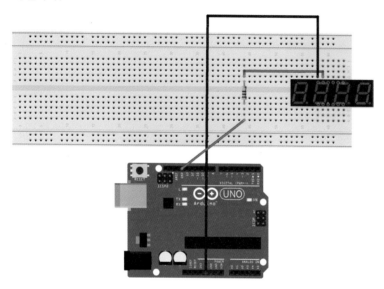

위 그림에서 저항은 반드시 연결해 주어야 합니다. 그렇지 않을 경우 해당 LED가 망가집니다. 회로 구성 시 아래 그림을 참조합니다.

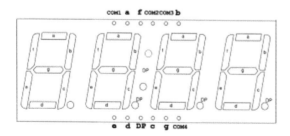

02-2 4 자리 7 세그먼트 회로 연결

이 책에서는 공통 음극의 4 자리 7 세그먼트를 사용합니다. 다음과 같이 회로를 구성합니다.

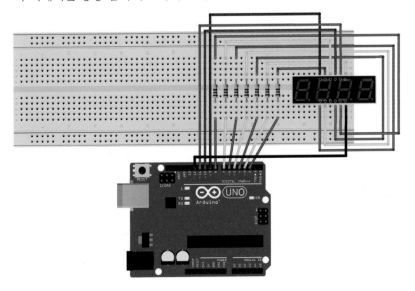

4 자리 7 세그먼트의 a, b, c, d, e, f, g핀을 220 Ohm 저항을 통해 아두이노의 2, 3, 4, 5, 6, 7, 8번 핀에 연결합니다. dp는 여기서는 사용하지 않습니다. 4 자리 7 세그먼트의 COM1, COM2, COM3, COM4 공통 음극선을 아두이노의 9, 10, 11, 12번 핀에 연결합니다. 회로구성 시 아래 그림을 참조합니다.

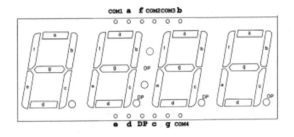

다음 사진을 참조합니다.

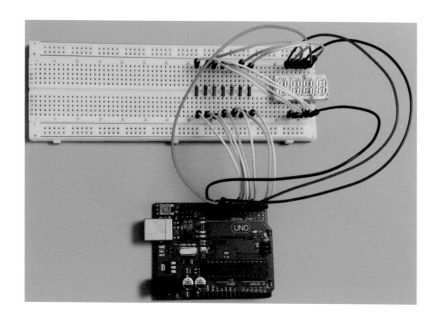

03 _ 4 자리 숫자 차례대로 표시하기

여기서는 1234의 1, 2, 3, 4를 0.5초 간격으로 차례대로 4 자리 7 세그먼트에 표시해 보도록 합니다.
그리고 0.5초 간격으로 0.05, 0.005, 0.001로 줄여가면서 동시에 네 숫자가 표시되도록 해 봅니다.

01 다음과 같이 이전 예제를 복사한 후, 수정합니다.

523_0.ino

```
1       const unsigned int led[7] = { 2, 3, 4, 5, 6, 7, 8 };
2       const unsigned int com[1+4] = { -1, 9, 10, 11, 12 };
3
4       const unsigned int num[10][7] = {
5         { 1, 1, 1, 1, 1, 1, 0, },/*0*/
6         { 0, 1, 1, 0, 0, 0, 0, },/*1*/
7         { 1, 1, 0, 1, 1, 0, 1, },/*2*/
8         { 1, 1, 1, 1, 0, 0, 1, },/*3*/
9         { 0, 1, 1, 0, 0, 1, 1, },/*4*/
10        { 1, 0, 1, 1, 0, 1, 1, },/*5*/
11        { 1, 0, 1, 1, 1, 1, 1, },/*6*/
12        { 1, 1, 1, 0, 0, 1, 0, },/*7*/
13        { 1, 1, 1, 1, 1, 1, 1, },/*8*/
14        { 1, 1, 1, 1, 0, 1, 1, },/*9*/
15      };
```

```
16
17     void display_init() {
18      for(int x=0;x<7;x++) {
19             pinMode(led[x], OUTPUT);
20      }
21      for(int y=1;y<=4;y++) {
22             pinMode(com[y], OUTPUT);
23      }
24     }
25
26     void display_clear() {
27      for(int x=0;x<7;x++) {
28             digitalWrite(led[x], LOW);
29      }
30      for(int y=1;y<=4;y++) {
31             digitalWrite(com[y], HIGH);
32      }
33     }
34
35     void display_number(unsigned int n, unsigned int m) {
36
37      display_clear();
38
39      if(0<=n&&n<=9 && 1<=m&&m<=4) {
40             for(int x=0;x<7;x++) {
41              digitalWrite(led[x], num[n][x]==1?HIGH:LOW);
42             }
43             digitalWrite(com[m], LOW);
44      }
45     }
46
47     void setup() {
48      display_init();
49     }
50
51     void loop() {
52      display_number(1, 1);
53      delay(500);
54      display_number(2, 2);
55      delay(500);
56      display_number(3, 3);
57      delay(500);
58      display_number(4, 4);
59      delay(500);
60     }
```

<table>
<tr><td>2</td><td>: COM1, COM2, COM3, COM4에 연결할 아두이노 핀 값을 담을 상수 배열 com을 선언한 후, -1, 9, 10, 11, 12로 초기화합니다. 배열은 4개면 충분하지만 com[1], com[2], com[3], com[4] 배열 항목 내에 있는 숫자를 맞추기 위해 5개의 항목을 가진 배열로 선언합니다. com[0]은 사용하지 않으며, 사용하지 않는다는 의미로 여기서는 -1로 초기화를 합니다.</td></tr>
</table>

17~24 : display_init 함수의 내용을 수정합니다.

18~20 : led[0]~led[6]에 할당된 아두이노 핀을 pinMode 함수를 호출하여 출력으로 설정합니다.

21~23 : com[1], com[2], com[3], com[4]에 할당된 아두이노 핀을 pinMode 함수를 호출하여 출력으로 설정합니다.

26~33 : display_clear 함수의 내용을 수정합니다.

27~29 : led[0]~led[6]에 할당된 아두이노 핀을 digitalWrite 함수를 호출하여 LOW값으로 연결합니다.

30~32 : com[1], com[2], com[3], com[4]에 할당된 아두이노 핀을 digitalWrite 함수를 호출하여 HIGH값으로 연결합니다. 이렇게 하면 전류가 흐를 수 없어 모든 LED가 꺼집니다. 아래 그림을 참조합니다.

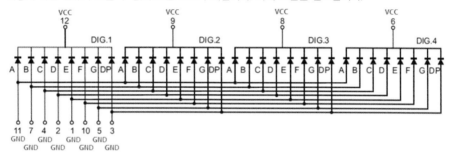

35~45 : display_number 함수를 수정합니다. COM1~COM4에 해당하는 숫자 값을 받기 위해 m 정수 인자를 추가합니다.

37 : display_clear 함수를 호출하여 4자리 7세그먼트의 모든 LED를 끕니다.

39 : 각각의 7세그먼트에 표시한 숫자는 0~9로 선택한 자리 수는 1~4로 제한합니다.

40~42 : 4자리 7세그먼트의 a~g에 해당하는 LED를 인자 n을 통해 넘어온 숫자 값에 따라 켜거나 끕니다.

43 : 인자 m을 통해 넘어온 숫자의 자리 수에 해당하는 com[m] 핀에 대해 digitalWrite 함수를 호출하여 LOW 값으로 연결해 줍니다. 예를 들어, COM1에 해당하는 7세그먼트에 1을 표시할 경우엔 다음과 같이 핀을 연결하게 됩니다.

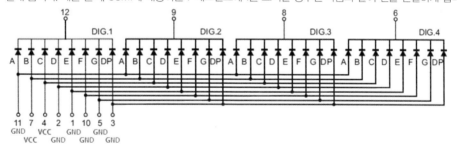

다음 그림도 참조합니다.

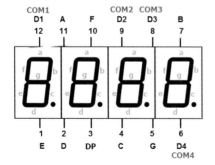

52 : display_number 함수를 호출하여 숫자 1을 왼쪽부터 첫 번째 자리에·표시합니다.

53	: 0.5 초 기다립니다.
54	: display_number 함수를 호출하여 숫자 2를 왼쪽부터 두 번째 자리에 표시합니다.
55	: 0.5 초 기다립니다.
56	: display_number 함수를 호출하여 숫자 3을 왼쪽부터 세 번째 자리에 표시합니다.
57	: 0.5 초 기다립니다.
58	: display_number 함수를 호출하여 숫자 4를 왼쪽부터 네 번째 자리에 표시합니다.
59	: 0.5 초 기다립니다.
52~59	: 이렇게 하면 4 자리 숫자 전체를 한 번 표시하는데 2초가 걸립니다. 그러면 1초당 0.5회 표시를 할 수 있으며, 결론적으로 0.5Hz의 주파수로 동작합니다.

02 컴파일과 업로드를 수행합니다.

03 결과를 확인합니다.

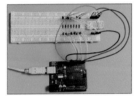 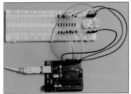 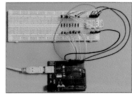 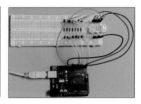

왼쪽 자리부터 0.5초 간격으로 1, 2, 3, 4가 표시되는 것을 볼 수 있습니다. 4 자리 숫자 모두를 표시하는데 2초가 걸립니다.

04 이전 예제의 53, 55, 57, 59번 째 줄을 다음과 같이 수정합니다.

```
51    void loop() {
52      display_number(1, 1);
53      delay(50);
54      display_number(2, 2);
55      delay(50);
56      display_number(3, 3);
57      delay(50);
58      display_number(4, 4);
59      delay(50);
60    }
```

53, 55, 57, 59 : 지연 시간을 50으로 줄여 동작을 10배 빨리 하도록 합니다. 이렇게 하면 4 자리 숫자 전체를 한 번 표시하는데 초당 5회 수행하게 됩니다. 즉, 5Hz가 됩니다.

05 컴파일과 업로드를 수행합니다.

06 결과를 확인합니다.

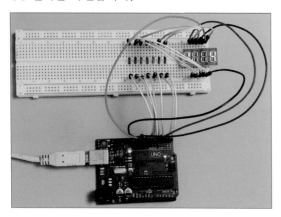

왼쪽 자리부터 0.05초 간격으로 1, 2, 3, 4가 표시되는 것을 볼 수 있습니다. 4 자리 숫자 모두를 표시하는데 0.2초가 걸립니다. 숫자가 표시되는 게 빠르지만 모두 볼 수 있습니다.

07 이전 예제의 53, 55, 57, 59번 째 줄을 다음과 같이 수정합니다.

```
51      void loop() {
52        display_number(1, 1);
53        delay(5);
54        display_number(2, 2);
55        delay(5);
56        display_number(3, 3);
57        delay(5);
58        display_number(4, 4);
59        delay(5);
60      }
```

53, 55, 57, 59 : 지연 시간을 5로 줄여 동작을 처음보다 100배 빨리 하도록 합니다. 이렇게 하면 4 자리 숫자 전체를 한 번 표시하는데 초당 50회 수행하게 됩니다. 즉, 50Hz가 됩니다.

08 컴파일과 업로드를 수행합니다.

09 결과를 확인합니다.

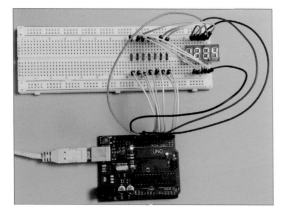

왼쪽 자리부터 0.005초 간격으로 1, 2, 3, 4가 표시되지만 동시에 표시되는 것처럼 보입니다. 50Hz로 동작하기 때문에 육안으로 구분하기 어렵습니다.

10 이전 예제의 53, 55, 57, 59번 째 줄을 다음과 같이 수정합니다.

```
51      void loop() {
52        display_number(1, 1);
53        delay(1);
54        display_number(2, 2);
55        delay(1);
56        display_number(3, 3);
57        delay(1);
58        display_number(4, 4);
59        delay(1);
60      }
```

53, 55, 57, 59 : 지연 시간을 1로 줄여 동작을 처음보다 500배 빨리 하도록 합니다. 이렇게 하면 4 자리 숫자 전체를 한 번 표시하는데 초당 500회 수행하게 됩니다. 즉, 250Hz가 됩니다.

11 컴파일과 업로드를 수행합니다.

12 결과를 확인합니다.

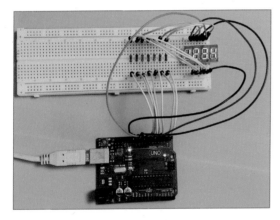

왼쪽 자리부터 0.001초 간격으로 1, 2, 3, 4가 표시되지만 동시에 표시되는 것처럼 보입니다. 250Hz로 동작하기 때문에 육안으로 구분할 수 없습니다.

04 _ 카운터 만들기

여기서는 0000~9999까지 표시되는 카운터를 구현해 보도록 합니다. 카운터는 숫자가 차례대로 증가하도록 하는 기능을 가집니다.

01 다음과 같이 예제를 수정합니다.

524_0.ino

```
1        const unsigned int led[7] = { 2, 3, 4, 5, 6, 7, 8 };
2        const unsigned int com[1+4] = { -1, 9, 10, 11, 12 };
3
4        const unsigned int num[10][7] = {
5        { 1, 1, 1, 1, 1, 1, 0, },/*0*/
6        { 0, 1, 1, 0, 0, 0, 0, },/*1*/
7        { 1, 1, 0, 1, 1, 0, 1, },/*2*/
8        { 1, 1, 1, 1, 0, 0, 1, },/*3*/
9        { 0, 1, 1, 0, 0, 1, 1, },/*4*/
10       { 1, 0, 1, 1, 0, 1, 1, },/*5*/
11       { 1, 0, 1, 1, 1, 1, 1, },/*6*/
12       { 1, 1, 1, 0, 0, 1, 0, },/*7*/
13       { 1, 1, 1, 1, 1, 1, 1, },/*8*/
14       { 1, 1, 1, 1, 0, 1, 1, },/*9*/
15       };
16
17       void display_init() {
18        for(int x=0;x<7;x++) {
19               pinMode(led[x], OUTPUT);
20        }
21        for(int y=1;y<=4;y++) {
22               pinMode(com[y], OUTPUT);
23        }
24       }
25
26       void display_clear() {
27        for(int x=0;x<7;x++) {
28               digitalWrite(led[x], LOW);
29        }
30        for(int y=1;y<=4;y++) {
31               digitalWrite(com[y], HIGH);
32        }
33       }
34
35       void display_number(unsigned int n, unsigned int m) {
36
```

```
37          display_clear();
38
39          if(0<=n&&n<=9 && 1<=m&&m<=4) {
40              for(int x=0;x<7;x++) {
41                  digitalWrite(led[x], num[n][x]==1?HIGH:LOW);
42              }
43              digitalWrite(com[m], LOW);
44          }
45      }
46
47      void display_numbers(unsigned int num) {
48      unsigned int num_1000 = num/1000;
49      unsigned int num_100 = (num%1000)/100;
50      unsigned int num_10 = (num%100)/10;
51      unsigned int num_1 = num%10;
52
53      display_number(num_1000, 1);
54      delay(1);
55      display_number(num_100, 2);
56      delay(1);
57      display_number(num_10, 3);
58      delay(1);
59      display_number(num_1, 4);
60      delay(1);
61      }
62
63      void setup() {
64      display_init();
65      }
66
67      void loop() {
68      static unsigned int num = 0;
69      num ++;
70      display_numbers(num);
71      }
```

47~61 : display_numbers 함수를 정의하여 0000~9999까지 표시할 수 있도록 합니다.

48 : num 인자로 넘어온 값을 1000으로 나눈 몫은 첫 번째 높은 자리 수가 됩니다. 예를 들어, num 인자로 1234가 넘어올 경우 1234/1000=1이 됩니다.

49 : num 인자로 넘어온 값을 1000으로 나눈 나머지를 100으로 나눈 몫이 두 번째 높은 자리 수가 됩니다. 예를 들어, num 인자로 1234가 넘어올 경우 1234%1000=234가 되고 234/100은 2가 됩니다.

50 : num 인자로 넘어온 값을 100으로 나눈 나머지를 10으로 나눈 몫이 세 번째 높은 자리 수가 됩니다. 예를 들어, num 인자로 1234가 넘어올 경우 1234%100=34가 되고 34/10은 3이 됩니다.

51 : num 인자로 넘어온 값을 10으로 나눈 나머지가 네 번째 높은 자리 수가 됩니다. 즉, 가장 낮은 자리 수가 됩니다. 예를 들어, num 인자로 1234가 넘어올 경우 1234%10=4가 됩니다.

68 : 정적 정수 변수 num를 선언한 후, 0으로 초기화합니다. 정적 변수는 loop 함수를 빠져 나가도 그 값을 유지할 수 있는 변수입니다.

69 : num 변수를 하나 증가시킵니다.

70 : display_numbers 함수를 호출하여 num 변수가 가진 값을 4 자리 7 세그먼트에 표시합니다. display_numbers 함수를 1회 수행하는 데는 약 4 밀리 초가 걸립니다. 따라서 loop 함수는 1초당 약 250회 정도 수행됩니다. 즉, 1초에 4 자리 7 세그먼트는 약 250까지 증가합니다.

02 컴파일과 업로드를 수행합니다.

03 결과를 확인합니다.

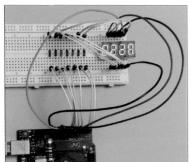 

1초에 4 자리 7 세그먼트가 약 250 정도씩 증가합니다.

04 이전 예제의 loop 함수를 다음과 같이 수정합니다.

```
67    void loop() {
68      static unsigned int num = 0;
69      num ++;
70
71      unsigned int cnt = 0;
72      while(1) {
73          display_numbers(num);
74          cnt++;
75          if(cnt == 250) break;
76      }
77    }
```

71 : cnt 정수 변수를 선언한 후, 0으로 초기화합니다.

72, 74, 75 : cnt 변수를 0~250까지 증가시키며, while 문을 250 회 수행한 후, 빠져 나옵니다. 이렇게 하면 display_numbers 함수를 수행하는데 약 4 밀리 초가 걸리며 250회를 수행하기 때문에 약 1초에 한 번씩 num 값이 증가하게 됩니다.

05 컴파일과 업로드를 수행합니다.

06 결과를 확인합니다.

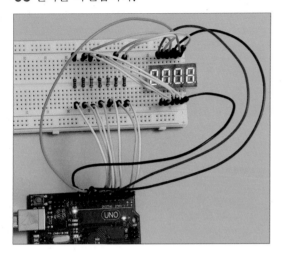

1초에 4 자리 7 세그먼트가 약 1 정도씩 증가합니다.

07 이전 예제의 loop 함수를 다음과 같이 수정합니다.

```
67      void loop() {
68        static unsigned int num = 0;
69        num ++;
70
71        unsigned int cnt = 0;
72        while(1) {
73              display_numbers(num);
74              cnt++;
75              if(cnt == 25) break;
76        }
77      }
```

72, 75, 76 : cnt 변수 값이 25가 되면 while 문을 빠져 나옵니다.

08 컴파일과 업로드를 수행합니다.

09 결과를 확인합니다.

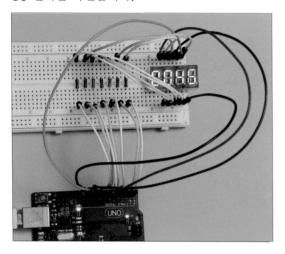

1초에 4 자리 7 세그먼트가 약 10 정도씩 증가합니다.

05 _ 시리얼 입력으로 숫자 표시하기

여기서는 사용자가 키보드의 숫자, 문자, 엔터키 등을 입력했을 때마다 숫자를 늘여가며 4 자리 7 세 그먼트에 숫자를 표시해봅니다.

01 다음과 같이 예제를 작성합니다.

525_0.ino

```
1    const unsigned int led[7] = { 2, 3, 4, 5, 6, 7, 8 };
2    const unsigned int com[1+4] = { -1, 9, 10, 11, 12 };
3
4    const unsigned int num[10][7] = {
5    { 1, 1, 1, 1, 1, 1, 0, },/*0*/
6    { 0, 1, 1, 0, 0, 0, 0, },/*1*/
7    { 1, 1, 0, 1, 1, 0, 1, },/*2*/
8    { 1, 1, 1, 1, 0, 0, 1, },/*3*/
9    { 0, 1, 1, 0, 0, 1, 1, },/*4*/
10   { 1, 0, 1, 1, 0, 1, 1, },/*5*/
11   { 1, 0, 1, 1, 1, 1, 1, },/*6*/
12   { 1, 1, 1, 0, 0, 1, 0, },/*7*/
13   { 1, 1, 1, 1, 1, 1, 1, },/*8*/
14   { 1, 1, 1, 1, 0, 1, 1, },/*9*/
15   };
16
```

```
17    void display_init() {
18     for(int x=0;x<7;x++) {
19            pinMode(led[x], OUTPUT);
20     }
21     for(int y=1;y<=4;y++) {
22            pinMode(com[y], OUTPUT);
23     }
24    }
25
26    void display_clear() {
27     for(int x=0;x<7;x++) {
28            digitalWrite(led[x], LOW);
29     }
30     for(int y=1;y<=4;y++) {
31            digitalWrite(com[y], HIGH);
32     }
33    }
34
35    void display_number(unsigned int n, unsigned int m) {
36
37     display_clear();
38
39     if(0<=n&&n<=9 && 1<=m&&m<=4) {
40            for(int x=0;x<7;x++) {
41             digitalWrite(led[x], num[n][x]==1?HIGH:LOW);
42            }
43            digitalWrite(com[m], LOW);
44     }
45    }
46
47    void display_numbers(unsigned int num) {
48     unsigned int num_1000 = num/1000;
49     unsigned int num_100 = (num%1000)/100;
50     unsigned int num_10 = (num%100)/10;
51     unsigned int num_1 = num%10;
52
53     display_number(num_1000, 1);
54     delay(1);
55     display_number(num_100, 2);
56     delay(1);
57     display_number(num_10, 3);
58     delay(1);
59     display_number(num_1, 4);
60     delay(1);
61    }
62
63    void setup() {
64     Serial.begin(115200);
65     display_init();
66    }
```

```
67
68     void loop() {
69       static unsigned int num = 0;
70
71       if(Serial.available()) {
72             char userInput = Serial.read();
73             num ++;
74       }
75
76       display_numbers(num);
77     }
```

64   : Serial.begin 함수를 호출하여 통신 속도를 115200 bps로 설정합니다.

69   : 정적 정수 변수 num를 선언하고 0으로 초기화합니다. 정적 변수는 loop 함수를 빠져나가도 값을 유지하는 변수입니다.

71~74 : 사용자 입력이 있으면 num 변수의 값을 하나 증가시킵니다.

76   : display_numbers 함수를 호출하여 num 변수가 가진 값을 4 자리 7 세그먼트에 표시합니다.

02 컴파일과 업로드를 수행합니다.

03 [시리얼 모니터] 버튼을 눌러줍니다.

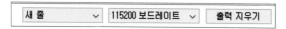

04 시리얼 모니터 창이 뜨면, 우측 하단에서 통신 속도를 115200으로 맞춰줍니다.

새 줄 ∨	115200 보드레이트 ∨	출력 지우기

05 결과를 확인합니다.

시리얼 모니터 창의 입력 창에 숫자, 문자, 엔터키 등을 입력해 봅니다. 4 자리 7 세그먼트에 숫자가 하나씩 증가하는 것을 확인합니다.

03

LED 도트 매트릭스 활용하기

여기서 사용하는 LED 도트 매트릭스는 64개의 LED로 구성됩니다. LED 도트 매트릭스는 16개의 핀으로 제어합니다. 16개의 핀으로 어떻게 64개의 LED를 제어할 수 있을까요? 여기서는 16개의 핀을 이용하여 64개의 LED를 제어하는 방법에 대해서 살펴봅니다.

01 _ LED 도트 매트릭스 살펴보기

LED 도트 매트릭스는 거의 모든 것을 표시하는데 사용합니다. 예를 들어 그림이나 글자를 표시할 수 있습니다. 8x8 LED 도트 매트릭스는 64 개의 도트(=점) 또는 픽셀로 구성됩니다. 각각의 도트마다 하나의 LED가 있으며 이 LED들은 전체 16개의 핀에 연결됩니다.

다음 그림은 LED 도트 매트릭스의 핀 배치와 내부 회로를 보여줍니다.

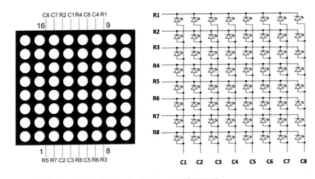

8x8 LED 도트 매트릭스는 8개의 열과 8개의 행으로 구성되며, 열 단위로 제어를 하거나 행 단위로 제어를 해야 합니다. 예를 들어 R1과 C1~C8을 한 단위로 제어를 합니다. R1을 제어할 때 R2~R8에 해당하는 열은 켜지지 않도록 해야 합니다. 그러면서 R1~R8이 동시에 켜지는 것처럼 보여야하기 때문에 높은 주파수로 각 열과 행을 제어해야 합니다.

01-1 LED 도트 매트릭스의 종류

LED 도트 매트릭스에는 두 종류가 있습니다. 각각 공통 음극 LED 도트 매트릭스와 공통 양극 LED 도트 매트릭스라고 합니다.

❶ 공통 음극 LED 도트 매트릭스

다음은 공통 음극 LED 도트 매트릭스의 회로를 나타냅니다.

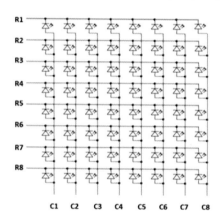

공통 음극 LED 도트 매트릭스에서 각각의 가로 줄(R1~R8)은 해당 가로 줄을 GND에 연결한 후, 각각의 세로 줄(C1~C8)을 VCC에 연결해 켜거나 GND에 연결해 끕니다. 또는 각각의 세로 줄 (C1~C8)을 VCC에 연결한 후, 각각의 가로 줄(R1~R8)을 GND에 연결해 켜거나 VCC에 연결해 끕니다. 각각의 가로 줄(R1~R8)은 순차적으로 제어를 합니다. 예를 들어, 위 그림에서 R1~R8 핀을 차례대로 GND에 연결하여 각각의 열을 차례대로 켤 수 있게 합니다. 해당 가로 줄(R1~R8)의 가각의 세로 줄은 C1~C8 핀을 VCC로 연결하여 켜거나 GND로 언설하여 끄게 됩니다. 예를 들어, R1 핀을 GND로 연결할 경우 나머지 R2~R8 핀들은 VCC로 연결하여 해당 줄이 켜지지 않도록 합니다. R1의 각 세로 줄은 C1~C8 핀을 VCC로 연결하여 켜거나 GND로 연결하여 끄면 원하는 LED만 켜거나 끌 수 있습니다. 이 동작을 빨리 하면 원하는 그림이나 글자를 표시할 수 있습니다.

❷ 공통 양극 LED 도트 매트릭스

다음은 공통 양극 LED 도트 매트릭스의 회로를 나타냅니다.

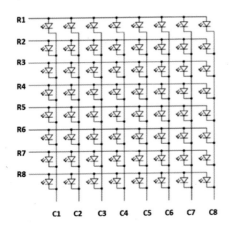

공통 양극 LED 도트 매트릭스에서 각각의 가로 줄(R1~R8)은 해당 가로 줄을 VCC에 연결한 후, 각각의 세로 줄(C1~C8)을 GND에 연결해 켜거나 VCC에 연결해 끕니다. 또는 각각의 세로 줄(C1~C8)을 GND에 연결한 후, 각각의 가로 줄(R1~R8)을 VCC에 연결해 켜거나 GND에 연결해 끕니다. 각각의 가로 줄(R1~R8)은 순차적으로 제어를 합니다. 예를 들어, 위 그림에서 R1~R8 핀을 차례대로 VCC에 연결하여 각각의 열을 차례대로 켤 수 있게 합니다. 해당 가로 줄(R1~R8)의 각각의 세로 줄은 C1~C8 핀을 GND로 연결하여 켜거나 VCC로 연결하여 끄게 됩니다. 예를 들어, R1 핀을 VCC로 연결할 경우 나머지 R2~R8 핀들은 GND로 연결하여 해당 줄이 켜지지 않도록 합니다. R1의 각 세로 줄은 C1~C8 핀을 GND로 연결하여 켜거나 VCC로 연결하여 끄면 원하는 LED만 켜거나 끌 수 있습니다. 이 동작을 빨리 하면 원하는 그림이나 글자를 표시할 수 있습니다.

※ 공통 음극과 공통 양극의 회로는 제품에 따라 반대인 경우가 있습니다. 이 책에서는 788AS(공통 음극), 788BS(공통 양극) 기준으로 회로를 표시하고 있습니다.

02 _ LED 도트 매트릭스 회로 구성하기

02-1 공통 음극, 공통 양극 LED 도트 매트릭스 구분

LED 도트 매트릭스가 공통 음극인지 공통 양극인지 구분이 안 될 경우 다음과 같은 형태로 회로를
구성해서 테스트를 합니다.

❶ 공통 음극 LED 도트 매트릭스 구분

다음과 같이 회로를 구성해서 (R1, C6) 또는 (R5, C2)에 해당하는 LED가 켜질 경우 공통 음극입니다.

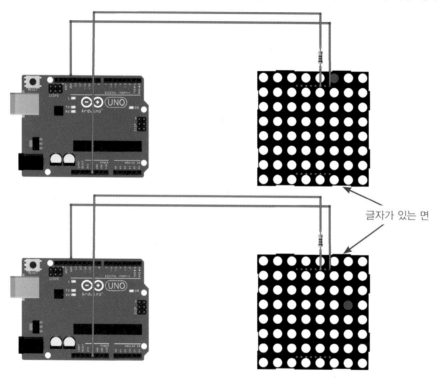

글자가 있는 면

위 그림에서 저항은 반드시 연결해 주어야 합니다. 그렇지 않을 경우 해당 LED가 망가집니다. 도트
매트릭스의 상하 구분은 상관없습니다.

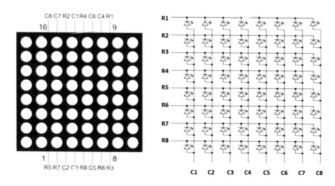

❷ 공통 양극 LED 도트 매트릭스 구분

다음과 같이 회로를 구성해서 (R1, C6) 또는 (R5, C2)에 해당하는 LED가 켜질 경우 공통 양극입니다.

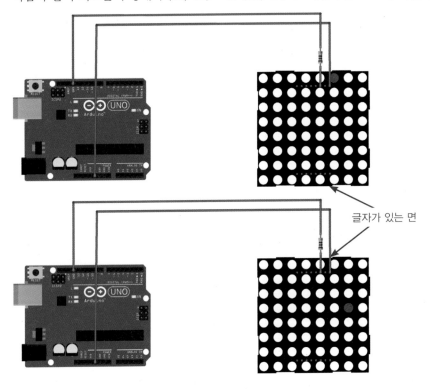

글자가 있는 면

위 그림에서 저항은 반드시 연결해 주어야 합니다. 그렇지 않을 경우 해당 LED가 망가집니다. 도트 매트릭스의 상하 구분은 상관없습니다.

※ 아래 왼쪽 그림에서 9~16번 줄에 R1, C6를 연결할 경우 (R1, C6)의 LED가 켜집니다. 또는 1~8번 줄에 R5, C2를 연결할 경우 (R5, C2)의 LED가 켜집니다.

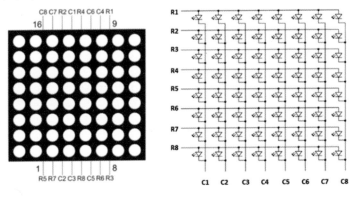

02-2 도트 매트릭스 회로 연결

이 책에서는 공통 음극의 도트 매트릭스를 사용합니다.

다음과 같이 LED가 켜지도록 도트 매트릭스를 배치합니다.

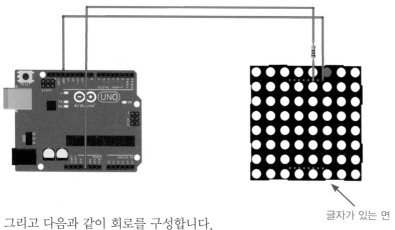

글자가 있는 면

그리고 다음과 같이 회로를 구성합니다.

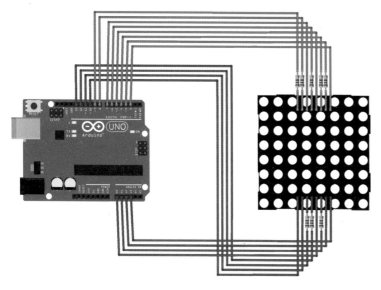

도트 매트릭스의 C1~C8번 핀에 220 Ohm 저항을 연결합니다. C1~C8번 핀은 차례대로 6, 12, 13, 3, 15, 4, 8, 9번이 됩니다. R1~R8번 핀은 차례대로 2, 7, 17, 5, 10, 16, 11, 14번이 됩니다. R1~R8번 핀은 직접 연결하고 C1~C8번 핀은 저항을 통해 연결합니다. 아두이노 우노의 14~17번 핀은 A0~A3번 핀에 해당합니다. 회로구성 시 다음 그림을 참조합니다.

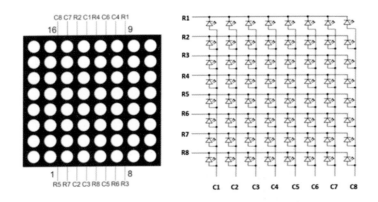

도트 매트릭스 장착 시 글자가 있는 부분(❶)이 아래 쪽(1~8 핀)입니다.

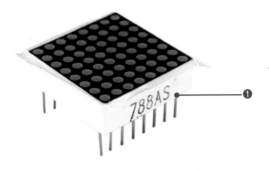

회로 구성 시 다음 사진을 참조합니다.

다음과 같이 저항을 연결합니다.

다음은 도트 매트릭스 핀에 연결할 아두이노 핀 번호를 나타냅니다.

03 _ 도트 매트릭스 전체 LED 켜보기

여기서는 도트 매트릭스에 있는 LED 전체를 켜 보도록 합니다. 예제 작성 시 다음 그림을 참조합니다.

01 다음과 같이 예제를 작성합니다.

533_0.ino

```
1    enum { R5=1,R7,C2,C3,R8,C5,R6,R3,R1,C4,C6,R4,C1,R2,C7,C8 };
2    const unsigned int pins[1+16] = {
3     -1, 10,11,12,13,14,15,16,17, 2,3,4,5,6,7,8,9
4    };
5
6    const unsigned int R[1+8] = { -1, R1, R2, R3, R4, R5, R6, R7, R8 };
7    const unsigned int C[1+8] = { -1, C1, C2, C3, C4, C5, C6, C7, C8 };
8
9    void setup() {
10   // 도트 매트릭스 핀 초기화
11   for(int n=1;n<=8;n++) {
12           pinMode(pins[R[n]], OUTPUT);
13           pinMode(pins[C[n]], OUTPUT);
14   }
15
16   // 도트 매트릭스 끄기
17   for(int n=1;n<=8;n++) {
18           digitalWrite(pins[R[n]], HIGH);
19           digitalWrite(pins[C[n]], HIGH);
20   }
21
22   // 도트 매트릭스 켜기
23   for(int n=1;n<=8;n++) {
24           digitalWrite(pins[R[n]], LOW);
25   }
26   }
27
28   void loop() {
29
30   }
```

1   : enum은 숫자의 집합에 이름을 붙이는 방법을 제공합니다. 숫자에 이름을 붙이는 방법은 이 외에도 #define을 이용하거나 const 키워드를 이용하는 방법이 있습니다. 도트 매트릭스의 핀 번호는 그림에서 나온 것처럼 아래쪽 핀이 1~8, 위쪽 핀이 9~16이 있습니다. 그리고 1~16번 핀에 그 역할에 따라 각각 R5,R7,C2,C3,R8,C5,R6,R3,R1,C4,C6,R4,C1,R2,C7,C8의 이름을 갖습니다. 1~16번 핀에 R5~C8 이름을 enum을 통해서 붙여 주었습니다. enum을 통해 R1은 1로 정의되고 뒤의 이름들은 차례대로 하나씩 증가하는 숫자로 정의됩니다. R7, C2, ...C8은 각각 2, 3, ..., 16으로 정의됩니다. 다음 그림을 참조합니다.

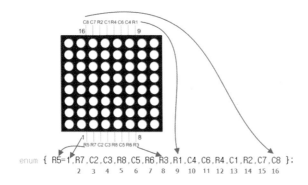

enum { R5=1,R7,C2,C3,R8,C5,R6,R3,R1,C4,C6,R4,C1,R2,C7,C8 };

2~4 : pins 상수 배열을 선언하여 도트 매트릭스의 핀을 연결할 아두이노 핀 값을 할당합니다. 아두이노 핀은 2~17번까지 16개를 사용합니다. 배열 항목은 16 개면 되지만 배열 항목을 1부터 접근하기 위하여 17개를 선언하였습니다. 0번 배열은 사용하지 않는다는 의미로 -1로 초기화하였습니다. 다음 그림을 참조합니다.

6 : 도트 매트릭스의 열에 해당하는 핀 번호를 저장할 상수 배열 R을 선언하고 enum을 통해 정의된 R1~R8을 할당합니다. 배열 항목은 8개만 필요하지만 0번 배열을 사용하지 않기 위해 9개로 선언하였습니다. R[0] 번 항목은 사용하지 않으며, 그런 의미로 -1로 초기화합니다. 이렇게 하면 예를 들어, R[1]의 값은 R10l 되고 R1은 enum에서 정의한 숫자 9가 됩니다. 즉, R[1]은 9가 됩니다. 또, 2번째 줄에 정의된 아두이노 핀을 연결시켜 보면 pins[R[1]]은 pins[9]가 되고 pins[9]는 아두이노 2번 핀에 대응됩니다. 즉, 도트 매트릭스의 R1인 9번 핀이 아두이노 2번 핀에 대응하게 됩니다.

7 : 도트 매트릭스의 행에 해당하는 핀 번호를 저장할 상수 배열 C를 선언하고 enum을 통해 정의된 C1~C8을 할당합니다. 배열 항목은 8개만 필요하지만 0번 배열을 사용하지 않기 위해 9개로 선언하였습니다. C[0] 번 항목은 사용하지 않으며, 그런 의미로 -1로 초기화합니다. 이렇게 하면 예를 들어, C[1]의 값은 C1이 되고 C1은 enum에서 정의한 숫자 13이 됩니다. 즉, C[1]은 13가 됩니다. 또, 2번째 줄에 정의된 아두이노 핀을 연결시켜 보면 pins[C[1]]은 pins[13]이 되고 pins[13]는 아두이노 6번 핀에 대응됩니다. 즉, 도트 매트릭스의 C1인 13번 핀이 아두이노 6번 핀에 대응되게 됩니다.

11 : 열과 행 번호 1~8에 대해

12 : pinMode 함수를 호출하여 pins[R[n]]을 출력으로 설정합니다. pins[R[1]], pins[R[2]], ..., pins[R[8]]은 차례대로 아두이노의 2, 7, .., 14번 핀이 됩니다.

13 : pinMode 함수를 호출하여 pins[C[n]]을 출력으로 설정합니다. pins[C[1]], pins[C[2]], ..., pins[C[8]]은 차례대로 아두이노의 6, 12, ..., 9번 핀이 됩니다.

17 : 열과 행 번호 1~8에 대해

18 : digitalWrite 함수를 호출하여 pins[R[n]]을 HIGH 값으로 연결합니다.

19 : digitalWrite 함수를 호출하여 pins[C[n]]을 HIGH 값으로 연결합니다. 이렇게 하면 아래 그림과 같이 되어 모든 LED가 꺼집니다.

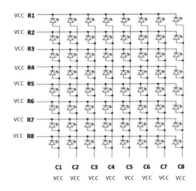

23 : 열 번호 1~8에 대해

24 : digitalWrite 함수를 호출하여 pins[R[n]]을 LOW 값으로 연결합니다. 이렇게 하면 아래 그림과 같이 되어 모든 LED 가 켜집니다.

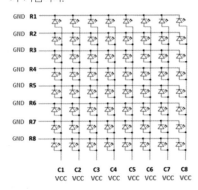

02 컴파일과 업로드를 수행합니다.

03 결과를 확인합니다. 도트 매트릭스의 모든 LED가 켜진 것을 확인합니다.

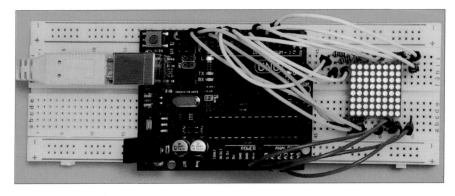

04 _ 도트 매트릭스 열 별로 차례대로 켜기

이번엔 R1, R2, R3, …, R8까지 도트 매트릭스의 LED를 8개씩 차례대로 켜 봅니다.

01 다음과 같이 예제를 수정합니다.

```
534_0.ino
1    enum { R5=1,R7,C2,C3,R8,C5,R6,R3,R1,C4,C6,R4,C1,R2,C7,C8 };
2    const unsigned int pins[1+16] = {
3     -1, 10,11,12,13,14,15,16,17, 2,3,4,5,6,7,8,9
4    };
5
6    const unsigned int R[1+8] = { -1, R1, R2, R3, R4, R5, R6, R7, R8 };
7    const unsigned int C[1+8] = { -1, C1, C2, C3, C4, C5, C6, C7, C8 };
8
9    void setup() {
10    // 도트 매트릭스 핀 초기화
11    for(int n=1;n<=8;n++) {
12            pinMode(pins[R[n]], OUTPUT);
13            pinMode(pins[C[n]], OUTPUT);
14    }
15
16    // 도트 매트릭스 끄기
17    for(int n=1;n<=8;n++) {
18            digitalWrite(pins[R[n]], HIGH);
19            digitalWrite(pins[C[n]], HIGH);
20    }
21
22    // 도트 매트릭스 켜기
23    for(int n=1;n<=8;n++) {
24            digitalWrite(pins[R[n]], LOW);
25            delay(500);
26    }
27    }
28
29    void loop() {
30
31    }
```

23 : 열 번호 1~8에 대해
24 : digitalWrite 함수를 호출하여 pins[R[n]]을 LOW 값으로 연결합니다.
25 : 0.5 초 기다립니다.

02 컴파일과 업로드를 수행합니다.

03 결과를 확인합니다.

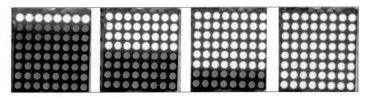

R1, R2, R3, ..., R8까지 차례대로 도트 매트릭스의 LED가 8개씩 켜집니다.

05 _ 도트 매트릭스 열 별로 파도타기

이번엔 열 별로 8개의 LED를 차례대로 켜고 꺼보도록 합니다.

01 다음과 같이 예제를 수정합니다.

`535_0.ino`

```
1    enum { R5=1,R7,C2,C3,R8,C5,R6,R3,R1,C4,C6,R4,C1,R2,C7,C8 };
2    const unsigned int pins[1+16] = {
3     -1, 10,11,12,13,14,15,16,17, 2,3,4,5,6,7,8,9
4    };
5
6    const unsigned int R[1+8] = { -1, R1, R2, R3, R4, R5, R6, R7, R8 };
7    const unsigned int C[1+8] = { -1, C1, C2, C3, C4, C5, C6, C7, C8 };
8
9    void setup() {
10   // 도트 매트릭스 핀 초기화
11   for(int n=1;n<=8;n++) {
12           pinMode(pins[R[n]], OUTPUT);
13           pinMode(pins[C[n]], OUTPUT);
14   }
15
16   // 도트 매트릭스 끄기
17   for(int n=1;n<=8;n++) {
18           digitalWrite(pins[R[n]], HIGH);
19           digitalWrite(pins[C[n]], HIGH);
20   }
21   }
22
23   void loop() {
24   // 도트 매트릭스 파도
25   for(int n=1;n<=8;n++) {
26           if(n>1) digitalWrite(pins[R[n-1]], HIGH);
27           if(n==1) digitalWrite(pins[R[8]], HIGH);
28
```

```
29                   digitalWrite(pins[R[n]], LOW);
30                   delay(500);
31          }
32      }
```

25 : 열 번호 1~8에 대해

29 : digitalWrite 함수를 호출하여 pins[R[n]]을 LOW 값으로 연결합니다.

30 : 0.5 초 기다립니다.

26 : n이 1보다 클 경우, 즉, 2, 3, 4, 5, 6, 7, 8일 경우엔 값이 하나 적은 1, 2, 3, 4, 5, 6, 7번열에 대해 digitalWrite 함수를 호출하여 해당 열의 LED 8개를 끕니다.

27 : n이 1일 경우 digitalWrite 함수를 호출하여 8번열의 LED 8개를 끕니다. 이렇게 하면 n이 차례대로 1, 2, 3, ..., 8, 1과 같이 변할 경우 아래 그림과 같이 되어 1, 2, 3, ..., 8, 1열의 LED가 차례대로 켜집니다.

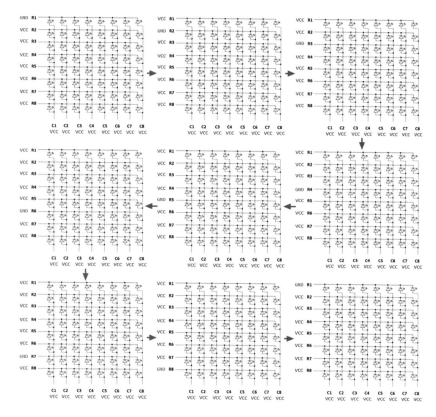

이 예제는 23~32줄의 동작을 수행하는데 약 4초가 걸립니다. for 문을 한 번 수행하는데 delay 함수에 의해 0.5초 정도 걸리고 n은 1~8까지 총 8회를 수행하니 for 전체를 수행하는 데 4초 정도가 걸립니다. delay 함수에 비해 다른 함수를 수행하는 시간은 무시할 정도로 작습니다. 도트 매트릭스의 열 8개를 1회 차례대로 켜고 끄는데 걸리는 시간이 4초이니 주파수는 Tf=1 식에 의해 f=1/T가 되어 1/4=0.25Hz가 됩니다.

02 컴파일과 업로드를 수행합니다.

03 결과를 확인합니다.

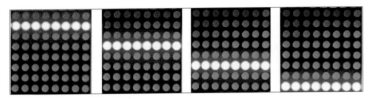

R1, R2, R3, …, R8까지 차례대로 도트 매트릭스의 LED가 8개씩 켜고 꺼집니다.

04 이전 예제의 30번 째 줄을 다음과 같이 수정합니다.

```
30                    delay(50);//10/4=2.5Hz
```

30 : 지연 시간을 50으로 줄여 동작을 10배 빨리 하도록 합니다. 이렇게 하면 도트 매트릭스의 열 8 개를 1회 차례대로 켜고 끄는데 초당 2.5회 수행하게 됩니다. 즉, 2.5Hz가 됩니다.

05 컴파일과 업로드를 수행합니다.

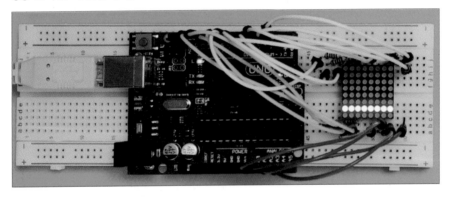

06 결과를 확인합니다.

R1~R8까지의 LED가 차례대로 0.05초 간격으로 켜지고 꺼지는 것을 볼 수 있습니다. 개별 열의 LED 8개가 켜지고 꺼지는 것을 볼 수 있습니다.

07 이전 예제의 30번 째 줄을 다음과 같이 수정합니다.

```
30                    delay(5);//100/4=25Hz
```

30 : 지연 시간을 5로 줄여 동작을 처음보다 100배 빨리 하도록 합니다. 이렇게 하면 도트 매트릭스의 열 8 개를 1회 차례대로 켜고 끄는데 초당 25회 수행하게 됩니다. 즉, 25Hz가 됩니다.

08 컴파일과 업로드를 수행합니다.

09 결과를 확인합니다.

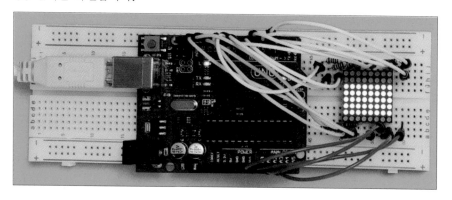

R1~R8까지의 LED가 차례대로 0.005초 간격으로 켜지고 꺼지지만 제대로 볼 수 없습니다. 전체 LED가 흔들리는 것처럼 켜져 있다고 느껴집니다.

10 이전 예제의 30번 째 줄을 다음과 같이 수정합니다.

```
30              delay(1);//1000/8=125Hz
```

30 : 지연 시간을 1로 줄여 동작을 처음보다 500배 빨리 하도록 합니다. 이렇게 하면 도트 매트릭스의 열 8 개를 1회 차례 대로 켜고 끄는데 초당 125회 수행하게 됩니다. 즉, 125Hz가 됩니다.

11 컴파일과 업로드를 수행합니다.

12 결과를 확인합니다.

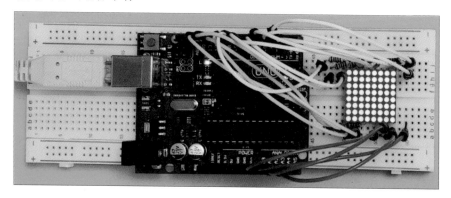

R1~R8까지의 LED가 차례대로 0.001초 간격으로 켜지고 꺼지지만 제대로 볼 수 없습니다. 전체 LED가 안정적으로 켜져 있다고 느껴집니다.

06 _ 하트 그려보기

여기서는 2 차 배열을 이용하여 하트를 도트 매트릭스에 그려보도록 합니다.

01 다음과 같이 예제를 수정합니다.

`536_0.ino`

```
1    enum { R5=1,R7,C2,C3,R8,C5,R6,R3,R1,C4,C6,R4,C1,R2,C7,C8 };
2    const unsigned int pins[1+16] = {
3    -1, 10,11,12,13,14,15,16,17, 2,3,4,5,6,7,8,9
4    };
5
6    const unsigned int R[1+8] = { -1, R1, R2, R3, R4, R5, R6, R7, R8 };
7    const unsigned int C[1+8] = { -1, C1, C2, C3, C4, C5, C6, C7, C8 };
8
9    unsigned int heart[1+8][1+8] = {
10   {-1, -1, -1, -1, -1, -1, -1, -1},
11   {-1, 0, 0, 0, 0, 0, 0, 0, 0},
12   {-1, 0, 1, 1, 0, 0, 1, 1, 0},
13   {-1, 1, 1, 1, 1, 1, 1, 1, 1},
14   {-1, 1, 1, 1, 1, 1, 1, 1, 1},
15   {-1, 0, 1, 1, 1, 1, 1, 1, 0},
16   {-1, 0, 0, 1, 1, 1, 1, 0, 0},
17   {-1, 0, 0, 0, 1, 1, 0, 0, 0},
18   {-1, 0, 0, 0, 0, 0, 0, 0, 0},
19   };
20
21   void setup() {
22   // 도트 매트릭스 핀 초기화
23   for(int n=1;n<=8;n++) {
24           pinMode(pins[R[n]], OUTPUT);
25           pinMode(pins[C[n]], OUTPUT);
26   }
27
28   // 도트 매트릭스 끄기
29   for(int n=1;n<=8;n++) {
30           digitalWrite(pins[R[n]], HIGH);
31           digitalWrite(pins[C[n]], HIGH);
32   }
33   }
34
35   void loop() {
36   // 도트 매트릭스 그리기
37   for(int n=1;n<=8;n++) {
38           // 열을 꺼준다.
39           if(n>1) digitalWrite(pins[R[n-1]], HIGH);
40           if(n==1) digitalWrite(pins[R[8]], HIGH);
41
```

```
42              // 행을 켤 준비를 한다.
43              for(int m=1;m<=8;m++) {
44               if(heart[n][m] == 1)
45                      digitalWrite(pins[C[m]], HIGH);
46               else digitalWrite(pins[C[m]], LOW);
47              }
48
49              // 열을 켜준다.
50              for(int m=1;m<=8;m++) {
51               if(heart[n][m] == 1) {
52                      digitalWrite(pins[R[n]], LOW);
53                      break;
54               }
55              }
56
57              delay(1);
58         }
59      }
```

9~19 : heart 정수 이차 배열을 선언한 후, 하트 모양에 맞게 LED를 켜거나 끌 수 있는 값으로 설정합니다. 1로 설정된
부분은 LED가 켜지고 0으로 설정된 부분은 LED가 꺼집니다.

37 : 열 1~8에 대해

39, 40 : 이전에 켜졌던 열의 모든 LED를 끕니다.

43 : 행 1~8에 대해

44 : heart[n][m] 값이 1이면

45 : digitalWrite 함수를 호출하여 pins[C[m]] 핀을 HIGH로 연결하여 LED를 켤 준비를 하고

46 : 그렇지 않을 경우 해당 핀을 LOW로 연결하여 LED를 끌 준비를 합니다.

50 : 행 1~8에 대해

51 : heart[n][m] 값이 하나로도 1이면

52 : digitalWrite 함수를 호출하여 pins[R[n]] 핀을 LOW로 연결하여 LED를 켭니다.

02 컴파일과 업로드를 수행합니다.

03 결과를 확인합니다. 하트가 그려진 것을 확인합니다.

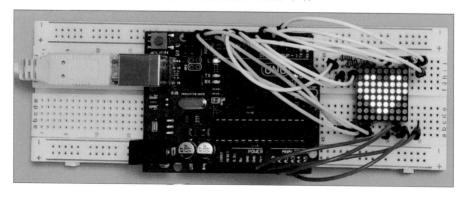

07 _ 함수 정리하기

여기서는 도트 매트릭스를 초기화하는 부분과 도트 매트릭스에 그림을 그리는 부분을 함수로 정리합니다.

01 다음과 같이 예제를 수정합니다.

```
537_0.ino
```

```
1    enum { R5=1,R7,C2,C3,R8,C5,R6,R3,R1,C4,C6,R4,C1,R2,C7,C8 };
2    const unsigned int pins[1+16] = {
3     -1, 10,11,12,13,14,15,16,17, 2,3,4,5,6,7,8,9
4    };
5
6    const unsigned int R[1+8] = { -1, R1, R2, R3, R4, R5, R6, R7, R8 };
7    const unsigned int C[1+8] = { -1, C1, C2, C3, C4, C5, C6, C7, C8 };
8
9    const unsigned int heart[1+8][1+8] = {
10    {-1, -1, -1, -1, -1, -1, -1, -1},
11    {-1, 0, 0, 0, 0, 0, 0, 0, 0},
12    {-1, 0, 1, 1, 0, 0, 1, 1, 0},
13    {-1, 1, 1, 1, 1, 1, 1, 1, 1},
14    {-1, 1, 1, 1, 1, 1, 1, 1, 1},
15    {-1, 0, 1, 1, 1, 1, 1, 1, 0},
16    {-1, 0, 0, 1, 1, 1, 1, 0, 0},
17    {-1, 0, 0, 0, 1, 1, 0, 0, 0},
18    {-1, 0, 0, 0, 0, 0, 0, 0, 0},
19    };
20
21   void dot_matrix_init() {
22    // 도트 매트릭스 핀 초기화
23    for(int n=1;n<=8;n++) {
24            pinMode(pins[R[n]], OUTPUT);
25            pinMode(pins[C[n]], OUTPUT);
26    }
27
28    // 도트 매트릭스 끄기
29    for(int n=1;n<=8;n++) {
30            digitalWrite(pins[R[n]], HIGH);
31            digitalWrite(pins[C[n]], HIGH);
32    }
33   }
34
35   void dot_matrix_draw(const unsigned int image[1+8][1+8]) {
36    // 도트 매트릭스 그리기
37    for(int n=1;n<=8;n++) {
38            // 열을 꺼준다.
39            if(n>1) digitalWrite(pins[R[n-1]], HIGH);
```

```
40              if(n==1) digitalWrite(pins[R[8]], HIGH);
41
42              // 행을 켤 준비를 한다.
43              for(int m=1;m<=8;m++) {
44               if(image[n][m] == 1)
45                      digitalWrite(pins[C[m]], HIGH);
46               else digitalWrite(pins[C[m]], LOW);
47              }
48
49              // 열을 켜준다.
50              for(int m=1;m<=8;m++) {
51               if(image[n][m] == 1) {
52                      digitalWrite(pins[R[n]], LOW);
53                      break;
54               }
55              }
56
57              delay(1);
58          }
59      }
60
61      void setup() {
62          dot_matrix_init();
63      }
64
65      void loop() {
66          dot_matrix_draw(heart);
67      }
```

21~33 : dot_matrix_init 함수를 정의합니다. 이전 예제의 setup 함수의 내용과 같습니다.

35~59 : dot_matrix_draw 함수를 정의합니다. 이전 예제의 loop 함수의 내용과 같습니다.

dot_matrix_draw 함수는 상수 이차 배열을 받을 수 있도록 image 매개 변수를 추가합니다. 받고자 하는 배열과 같은 모양으로 매개 변수를 추가해주면 됩니다. const는 인자로 받는 배열의 값을 수정하지 않는다는 의미입니다.

44, 51 : dot_matrix를 image로 변경합니다.

※ 참고로 image 매개 변수는 다음과 같은 형태로 변경해도 의미는 같습니다.

```
const unsigned int image[][1+8]
const unsigned int (* image)[1+8]
```

자세한 내용은 C 문법을 참고하기 바랍니다.

62 : dot_matrix_init 함수를 호출하여 노트 매트릭스를 초기화합니다.

66 : dot_matrix_draw 함수를 호출하여 도트 매트릭스에 하트를 그립니다.

02 컴파일과 업로드를 수행합니다.

03 결과를 확인합니다. 이전 예제와 결과가 같습니다.

08 _ 큰 하트와 작은 하트 교대로 그리기

여기서는 작은 하트의 모양을 저장할 상수 2차 배열을 선언하고 0.5초 간격으로 큰 하트와 작은 하트를 교대로 그려보도록 합니다.

01 다음과 같이 예제를 수정합니다.

538_0.ino

```
1    enum { R5=1,R7,C2,C3,R8,C5,R6,R3,R1,C4,C6,R4,C1,R2,C7,C8 };
2    const unsigned int pins[1+16] = {
3    -1, 10,11,12,13,14,15,16,17, 2,3,4,5,6,7,8,9
4    };
5
6    const unsigned int R[1+8] = { -1, R1, R2, R3, R4, R5, R6, R7, R8 };
7    const unsigned int C[1+8] = { -1, C1, C2, C3, C4, C5, C6, C7, C8 };
8
9    const unsigned int heart[1+8][1+8] = {
10   {-1, -1, -1, -1, -1, -1, -1, -1},
11   {-1, 0, 0, 0, 0, 0, 0, 0, 0},
12   {-1, 0, 1, 1, 0, 0, 1, 1, 0},
13   {-1, 1, 1, 1, 1, 1, 1, 1, 1},
14   {-1, 1, 1, 1, 1, 1, 1, 1, 1},
15   {-1, 0, 1, 1, 1, 1, 1, 1, 0},
16   {-1, 0, 0, 1, 1, 1, 1, 0, 0},
17   {-1, 0, 0, 0, 1, 1, 0, 0, 0},
18   {-1, 0, 0, 0, 0, 0, 0, 0, 0},
19   };
20
21   const unsigned int heart_small[1+8][1+8] = {
22   {-1, -1, -1, -1, -1, -1, -1, -1},
23   {-1, 0, 0, 0, 0, 0, 0, 0, 0},
24   {-1, 0, 0, 0, 0, 0, 0, 0, 0},
25   {-1, 0, 0, 1, 0, 0, 1, 0, 0},
26   {-1, 0, 1, 1, 1, 1, 1, 1, 0},
27   {-1, 0, 0, 1, 1, 1, 1, 0, 0},
28   {-1, 0, 0, 0, 1, 1, 0, 0, 0},
29   {-1, 0, 0, 0, 0, 0, 0, 0, 0},
30   {-1, 0, 0, 0, 0, 0, 0, 0, 0},
31   };
32
33   void dot_matrix_init() {
34~44    // 이전 예제와 같습니다.
45   }
46
47   void dot_matrix_draw(const unsigned int image[1+8][1+8]) {
48~70    // 이전 예제와 같습니다.
71   }
72
```

```
73    void setup() {
74     dot_matrix_init();
75    }
76
77    void loop() {
78     dot_matrix_draw(heart);
79     delay(500);
80
81     dot_matrix_draw(heart_small);
82     delay(500);
83    }
```

21~31 : heart_small 상수 이차 배열을 선언한 후, 작은 하트 모양에 맞게 LED를 켜거나 끌 수 있는 값으로 설정합니다.
1로 설정된 부분은 LED가 켜지고 0으로 설정된 부분은 LED가 꺼집니다.

77 : dot_matrix_draw 함수를 호출하여 도트 매트릭스에 하트를 그립니다.

79 : 0.5초간 기다립니다.

81 : dot_matrix_draw 함수를 호출하여 도트 매트릭스에 작은 하트를 그립니다.

82 : 0.5초간 기다립니다.

02 컴파일과 업로드를 수행합니다.

03 결과를 확인합니다.

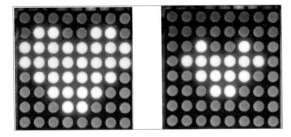

큰 하트와 작은 하트가 깜빡이듯이 0.5초 간격으로 그려지는 것을 볼 수 있습니다. 이것은 dot_matrix_draw 함수를 1회 수행하는데 약 8밀리 초가 걸립니다. 그래서 8밀리 초간 큰 하트를 그리고 마지막 상태인 모든 LED가 꺼진 상태로 0.5초를 기다린 후, 다시 8밀리 초간 작은 하트를 그리고 마지막 상태인 모든 LED가 꺼진 상태로 0.5초를 기다리게 됩니다. 이 동작을 반복하기 때문에 우리 눈에는 깜빡이듯이 보이게 됩니다. 도트 매트릭스에 그림을 계속 표현하려면 dot_matrix_draw 함수의 외부에서 delay 함수를 호출하면 이런 문제가 발생하게 됩니다. 우리는 dot_matrix_draw 함수 내부에 있는 delay 함수를 이용해야 합니다. dot_matrix_draw 함수를 1회 수행하는데 8밀리 초가 걸리기 때문에 0.5초 동안 표시되게 하기 위해서는 해당 함수의 수행을 약 63회 수행해야 합니다.

04 이전 예제의 loop 함수를 다음과 같이 수정합니다.

```
77      void loop() {
78       int cnt = 0;
79       while(1) {
80              dot_matrix_draw(heart);
81              cnt++;
82              if(cnt == 63) break;
83       }
84
85       cnt = 0;
86       while(1) {
87              dot_matrix_draw(heart_small);
88              cnt++;
89              if(cnt == 63) break;
90       }
91      }
```

78　　　 : cnt 정수 변수를 선언한 후, 0으로 초기화합니다.

79, 81, 82 : cnt 변수를 0~63까지 증가시키며, while 문을 63회 수행한 후, 빠져 나옵니다. 이렇게 하면 dot_matrix_draw
　　　　　　 함수를 수행하는데 약 8밀리 초가 걸리며 63회를 수행하기 때문에 약 0.5초 동안 dot_matrix_draw 함수를 수
　　　　　　 행합니다.

85~90　 : 78~83과 같습니다.

05 컴파일과 업로드를 수행합니다.

06 결과를 확인합니다.

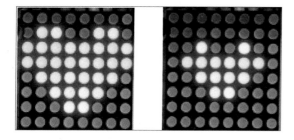

큰 하트와 작은 하트가 0.5초 간격으로 그려지는 것을 볼 수 있습니다.

04

벽돌 깨기 애니메이션 구현하기

우리는 뒤에서 도트 매트릭스를 이용하여 벽돌 깨기 게임을 짜보게 됩니다. 여기서는 벽돌 깨기 애니메이션을 구현해 보도록 합니다. 먼저 움직이는 공을 그려보고, 다음은 벽돌을 추가해보고, 마지막으로 벽돌을 깨는 동작을 추가해봅니다.

01 _ 움직이는 공 그려보기

우리는 뒤에서 도트 매트릭스를 이용하여 벽돌 깨기 게임을 짜게 됩니다. 여기서는 움직이는 공을 그려보도록 합니다.

01 다음과 같이 예제를 수정합니다.

541_0.ino

```
1    enum { R5=1,R7,C2,C3,R8,C5,R6,R3,R1,C4,C6,R4,C1,R2,C7,C8 };
2    const unsigned int pins[1+16] = {
3     -1, 10,11,12,13,14,15,16,17, 2,3,4,5,6,7,8,9
4    };
5
6    const unsigned int R[1+8] = { -1, R1, R2, R3, R4, R5, R6, R7, R8 };
7    const unsigned int C[1+8] = { -1, C1, C2, C3, C4, C5, C6, C7, C8 };
8
9    unsigned int game_display[1+8][1+8] = {
10    {-1, -1, -1, -1, -1, -1, -1, -1},
11    {-1, 0, 0, 0, 0, 0, 0, 0, 0},
12    {-1, 0, 0, 0, 0, 0, 0, 0, 0},
13    {-1, 0, 0, 0, 0, 0, 0, 0, 0},
14    {-1, 0, 0, 0, 0, 0, 0, 0, 0},
15    {-1, 0, 0, 0, 0, 0, 0, 0, 0},
16    {-1, 0, 0, 0, 0, 0, 0, 0, 0},
17    {-1, 0, 0, 0, 0, 0, 0, 0, 0},
18    {-1, 0, 0, 0, 1, 0, 0, 0, 0},
19    };
```

```
20
21      void dot_matrix_init() {
22~32     // 이전 예제와 같습니다.
33      }
34
35      void dot_matrix_draw(const unsigned int (* image)[1+8]) {
36~58     // 이전 예제와 같습니다.
59      }
60
61      void setup() {
62       dot_matrix_init();
63      }
64
65      void loop() {
66       dot_matrix_draw(game_display);
67      }
```

9~19 : game_display 상수 이차 배열을 선언한 후, 바닥에 공이 놓여 있는 모양에 맞게 LED를 켜거나 끌 수 있는 값으로 설정합니다. 1로 설정된 부분은 LED가 켜지고 0으로 설정된 부분은 LED가 꺼집니다.

66   : dot_matrix_draw 함수를 호출하여 도트 매트릭스에 game_display를 그립니다.

02 컴파일과 업로드를 수행합니다.

03 결과를 확인합니다.

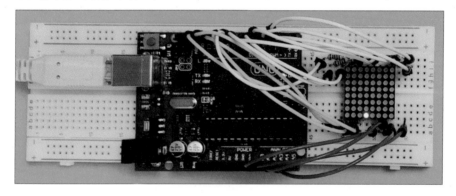

바닥에 LED가 하나 켜진 것을 확인합니다.

02 _ 공 좌우로 움직이기

먼저 공을 좌우로 움직여 봅니다. 0.5 초 간격으로 움직이게 합니다.

01 다음과 같이 예제를 수정합니다.

`542_0.ino`

```
1      enum { R5=1,R7,C2,C3,R8,C5,R6,R3,R1,C4,C6,R4,C1,R2,C7,C8 };
2      const unsigned int pins[1+16] = {
3      -1, 10,11,12,13,14,15,16,17, 2,3,4,5,6,7,8,9
4      };
5
6      const unsigned int R[1+8] = { -1, R1, R2, R3, R4, R5, R6, R7, R8 };
7      const unsigned int C[1+8] = { -1, C1, C2, C3, C4, C5, C6, C7, C8 };
8
9      unsigned int game_display[1+8][1+8] = {
10     {-1, -1, -1, -1, -1, -1, -1, -1},
11     {-1, 0, 0, 0, 0, 0, 0, 0, 0},
12     {-1, 0, 0, 0, 0, 0, 0, 0, 0},
13     {-1, 0, 0, 0, 0, 0, 0, 0, 0},
14     {-1, 0, 0, 0, 0, 0, 0, 0, 0},
15     {-1, 0, 0, 0, 0, 0, 0, 0, 0},
16     {-1, 0, 0, 0, 0, 0, 0, 0, 0},
17     {-1, 0, 0, 0, 0, 0, 0, 0, 0},
18     {-1, 0, 0, 0, 1, 0, 0, 0, 0},
19     };
20
21     int ball_x = 4;
22     int ball_x_dir = 1;
23     int ball_y = 8;
24     int ball_y_dir = 1;
25
26     void ball_move() {
27      game_display[ball_y][ball_x] = 0;
28      ball_x += ball_x_dir;
29      if(ball_x>=8) {
30             ball_x=8;
31             ball_x_dir=-ball_x_dir;
32      }
33      if(ball_x<=1) {
34             ball_x=1;
35             ball_x_dir=-ball_x_dir;
36      }
37      game_display[ball_y][ball_x] = 1;
38     }
39
40     void dot_matrix_init() {
41~51   // 이전 예제와 같습니다.
```

```
52        }
53
54      void dot_matrix_draw(const unsigned int (* image)[1+8]) {
55~77     // 이전 예제와 같습니다.
78        }
79
80      void setup() {
81       dot_matrix_init();
82       }
83
84      void loop() {
85       ball_move();
86
87        dot_matrix_draw(game_display);
88        }
```

21   : 공의 최초 행 위치를 저장할 정수 변수 ball_x를 선언한 후 4로 초기화합니다.
22   : 공이 좌우로 움직일 방향을 저장할 정수 변수 ball_x_dir을 선언한 후 1로 초기화합니다.
23   : 공의 최초 열 위치를 저장할 정수 변수 ball_y를 선언한 후 8로 초기화합니다.
24   : 공이 상하로 움직일 방향을 저장할 정수 변수 ball_y_dir을 선언한 후 1로 초기화합니다.
26~38 : ball_move 함수를 정의하여 공의 움직임을 처리합니다.
27   : 공을 움직이기 전에 현재 공의 위치 값에 해당하는 game_display[ball_x][ball_y] 값을 0으로 설정하여 공을 지웁니다.
28   : ball_x 값에 ball_x_dir 값을 더해 공의 좌우 위치를 변경해 줍니다. ball_x_dir 값이 양수면 오른쪽으로 음수면
          왼쪽으로 이동합니다.
29~32 : ball_x 값이 8보다 크거나 같으면, 즉 공이 오른쪽 벽에 부딪치면 ball_x 값을 8로 설정하고 공의 방향을 바꿉니다.
33~36 : ball_x 값이 1보다 작거나 같으면, 즉 공이 왼쪽 벽에 부딪치면 ball_x 값을 1로 설정하고 공의 방향을 바꿉니다.
37   : 변경된 공의 위치 값에 해당하는 game_display[ball_x][ball_y] 값을 1로 설정하여 공의 위치를 변경합니다.
85   : ball_move 함수를 호출하여 공을 좌우로 움직이게 합니다.

02 컴파일과 업로드를 수행합니다.

03 결과를 확인합니다.

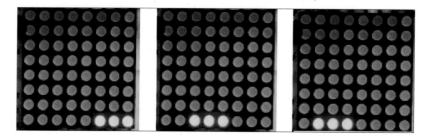

공이 좌우로 움직이기는 하지만 너무 빠릅니다. 초당 약 125번 움직입니다.

04 loop 함수를 다음과 같이 수정합니다.

```
84    void loop() {
85     ball_move();
86
87     int cnt = 0;
88     while(1) {
89            dot_matrix_draw(game_display);
90            cnt++;
91            if(cnt==63) break;
92     }
93    }
```

87   **:** cnt 정수 변수를 선언한 후, 0으로 초기화합니다.

88, 90, 91 : cnt 변수를 0~63까지 증가시키며, while 문을 63 회 수행한 후, 빠져 나옵니다. 이렇게 하면 dot_matrix_
draw 함수를 수행하는데 약 8밀리 초가 걸리며 63회를 수행하기 때문에 약 0.5초 동안 dot_matrix_draw 함
수를 수행합니다.

05 컴파일과 업로드를 수행합니다.

06 결과를 확인합니다.

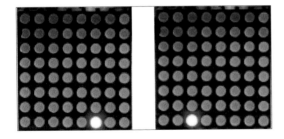

공이 좌우로 0.5초 마다 움직입니다.

03 _ 공 상하로 움직이기

다음은 공을 상하로 움직여 봅니다.

01 다음과 같이 예제를 수정합니다.

```
543_0.ino
26    void ball_move() {
27    game_display[ball_y][ball_x] = 0;
28    ball_x += ball_x_dir;
29    if(ball_x>=8) {
30            ball_x=8;
31            ball_x_dir=-ball_x_dir;
32    }
33    if(ball_x<=1) {
34            ball_x=1;
35            ball_x_dir=-ball_x_dir;
36    }
37    ball_y += ball_y_dir;
38    if(ball_y>=8) {
39            ball_y=8;
40            ball_y_dir=-ball_y_dir;
41    }
42    if(ball_y<=1) {
43            ball_y=1;
44            ball_y_dir=-ball_y_dir;
45    }
46    game_display[ball_y][ball_x] = 1;
47    }
```

37 : ball_y 값에 ball_y_dir 값을 더해 공의 상하 위치를 변경해 줍니다. ball_y_dir 값이 양수면 아래쪽으로 음수면 위쪽으로 이동합니다.

38~41 : ball_y 값이 8보다 크거나 같으면, 즉 공이 아래쪽 벽에 부닥치면 ball_y 값을 8로 설정하고 공의 방향을 바꿉니다.

42~45 : ball_y 값이 1보다 작거나 같으면, 즉 공이 위쪽 벽에 부닥치면 ball_y 값을 1로 설정하고 공의 방향을 바꿉니다.

02 컴파일과 업로드를 수행합니다.

03 결과를 확인합니다.

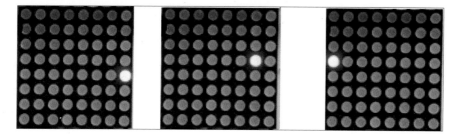

공이 상하로도 움직입니다.

04 _ 벽돌 추가하기

이번엔 게임 화면 윗부분에 벽돌을 추가해봅니다.

01 다음과 같이 예제를 수정합니다.

544_0.ino

```
9     unsigned int game_display[1+8][1+8] = {
10      {-1, -1, -1, -1, -1, -1, -1, -1},
11      {-1, 1, 1, 1, 1, 1, 1, 1, 1},
12      {-1, 1, 1, 1, 1, 1, 1, 1, 1},
13      {-1, 1, 1, 1, 1, 1, 1, 1, 1},
14      {-1, 0, 0, 0, 0, 0, 0, 0, 0},
15      {-1, 0, 0, 0, 0, 0, 0, 0, 0},
16      {-1, 0, 0, 0, 0, 0, 0, 0, 0},
17      {-1, 0, 0, 0, 0, 0, 0, 0, 0},
18      {-1, 0, 0, 0, 1, 0, 0, 0, 0},
19      };
```

11~13 : 벽돌이 놓일 위치의 값을 1로 설정합니다.

02 컴파일과 업로드를 수행합니다.

03 결과를 확인합니다.

위쪽 3 줄에 벽돌이 표시되는 것을 볼 수 있습니다.

05 _ 위 방향 벽돌 깨기

여기서는 공이 바로 위의 벽돌에 부닥쳤을 때 벽돌이 깨지는 동작을 추가합니다.

01 다음과 같이 예제를 수정합니다.

`545_0.ino`

```
26      void ball_move() {
27          game_display[ball_y][ball_x] = 0;
28          ball_x += ball_x_dir;
29          if(ball_x>=8) {
30                  ball_x=8;
31                  ball_x_dir=-ball_x_dir;
32          }
33          if(ball_x<=1) {
34                  ball_x=1;
35                  ball_x_dir=-ball_x_dir;
36          }
37          ball_y += ball_y_dir;
38          if(ball_y>=8) {
39                  ball_y=8;
40                  ball_y_dir=-ball_y_dir;
41          }
42          if(ball_y<=1) {
43                  ball_y=1;
44                  ball_y_dir=-ball_y_dir;
45          }
46          if(game_display[ball_y+ball_y_dir][ball_x]==1) {
47                  game_display[ball_y+ball_y_dir][ball_x]=0;
48                  ball_y_dir=-ball_y_dir;
49          }
50          game_display[ball_y][ball_x] = 1;
51      }
```

46 : 공의 바로 위의 위치에 벽돌이 있으면
47 : 해당 벽돌의 값을 0으로 설정하고
48 : 상하에 대한 공의 방향을 반대로 바꿉니다.

02 컴파일과 업로드를 수행합니다.

03 결과를 확인합니다.

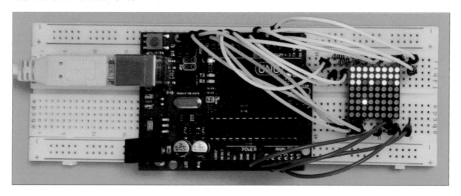

공이 벽돌 바로 아래 도달하면 바로 위에 있는 벽돌이 사라지는 것을 확인합니다.

06 _ 대각선 방향 벽돌 깨기

여기서는 공이 대각선 방향의 벽돌에 부닥쳤을 때 벽돌이 깨지는 동작을 추가합니다.

01 다음과 같이 예제를 수정합니다.

`546_0.ino`

```
26    void ball_move() {
27    game_display[ball_y][ball_x] = 0;
28    ball_x += ball_x_dir;
29    if(ball_x>=8) {
30            ball_x=8;
31            ball_x_dir=-ball_x_dir;
32    }
33    if(ball_x<=1) {
34            ball_x=1;
35            ball_x_dir=-ball_x_dir;
36    }
37    ball_y += ball_y_dir;
38    if(ball_y>=8) {
39            ball_y=8;
40            ball_y_dir=-ball_y_dir;
41    }
42    if(ball_y<=1) {
43            ball_y=1;
44            ball_y_dir=-ball_y_dir;
45    }
46    if(game_display[ball_y+ball_y_dir][ball_x]==1) {
```

```
47          game_display[ball_y+ball_y_dir][ball_x]=0;
48          ball_y_dir=-ball_y_dir;
49       } else if(game_display[ball_y+ball_y_dir][ball_x+ball_x_dir]==1) {
50          game_display[ball_y+ball_y_dir][ball_x+ball_x_dir]=0;
51          ball_y_dir=-ball_y_dir;
52          ball_x_dir=-ball_x_dir;
53       }
54       game_display[ball_y][ball_x] = 1;
55    }
```

49 : 공이 대각선 방향 바로 다음 위치에 벽돌이 있으면
50 : 해당 벽돌의 값을 0으로 설정하고
51, 52 : 상하좌우에 대한 공의 방향을 반대로 바꿉니다.

02 컴파일과 업로드를 수행합니다.

03 결과를 확인합니다.

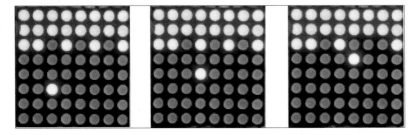

공이 대각선 방향으로 벽돌 바로 전 위치에 도달하면 해당 벽돌이 사라지는 것을 확인합니다.

07 _ 전체 소스 확인하기

이상의 예제를 정리하면 다음과 같습니다.

547_0.ino
```
1    enum { R5=1,R7,C2,C3,R8,C5,R6,R3,R1,C4,C6,R4,C1,R2,C7,C8 };
2    const unsigned int pins[1+16] = {
3      -1, 10,11,12,13,14,15,16,17, 2,3,4,5,6,7,8,9
4    };
```

```
5
6       const unsigned int R[1+8] = { -1, R1, R2, R3, R4, R5, R6, R7, R8 };
7       const unsigned int C[1+8] = { -1, C1, C2, C3, C4, C5, C6, C7, C8 };
8
9       unsigned int game_display[1+8][1+8] = {
10      {-1, -1, -1, -1, -1, -1, -1, -1},
11      {-1, 1, 1, 1, 1, 1, 1, 1, 1},
12      {-1, 1, 1, 1, 1, 1, 1, 1, 1},
13      {-1, 1, 1, 1, 1, 1, 1, 1, 1},
14      {-1, 0, 0, 0, 0, 0, 0, 0, 0},
15      {-1, 0, 0, 0, 0, 0, 0, 0, 0},
16      {-1, 0, 0, 0, 0, 0, 0, 0, 0},
17      {-1, 0, 0, 0, 0, 0, 0, 0, 0},
18      {-1, 0, 0, 0, 1, 0, 0, 0, 0},
19      };
20
21      int ball_x = 4;
22      int ball_x_dir = 1;
23      int ball_y = 8;
24      int ball_y_dir = 1;
25
26      void ball_move() {
27      game_display[ball_y][ball_x] = 0;
28      ball_x += ball_x_dir;
29      if(ball_x>=8) {
30              ball_x=8;
31              ball_x_dir=-ball_x_dir;
32      }
33      if(ball_x<=1) {
34              ball_x=1;
35              ball_x_dir=-ball_x_dir;
36      }
37      ball_y += ball_y_dir;
38      if(ball_y>=8) {
39              ball_y=8;
40              ball_y_dir=-ball_y_dir;
41      }
42      if(ball_y<=1) {
43              ball_y=1;
44              ball_y_dir=-ball_y_dir;
45      }
46      if(game_display[ball_y+ball_y_dir][ball_x]==1) {
47              game_display[ball_y+ball_y_dir][ball_x]=0;
48              ball_y_dir=-ball_y_dir;
49      } else if(game_display[ball_y+ball_y_dir][ball_x+ball_x_dir]==1) {
```

```
50              game_display[ball_y+ball_y_dir][ball_x+ball_x_dir]=0;
51              ball_y_dir=-ball_y_dir;
52              ball_x_dir=-ball_x_dir;
53        }
54        game_display[ball_y][ball_x] = 1;
55      }
56
57      void dot_matrix_init() {
58      // 도트 매트릭스 핀 초기화
59        for(int n=1;n<=8;n++) {
60              pinMode(pins[R[n]], OUTPUT);
61              pinMode(pins[C[n]], OUTPUT);
62        }
63
64        // 도트 매트릭스 끄기
65        for(int n=1;n<=8;n++) {
66              digitalWrite(pins[R[n]], HIGH);
67              digitalWrite(pins[C[n]], HIGH);
68        }
69      }
70
71      void dot_matrix_draw(const unsigned int image[1+8][1+8]) {
72      // 도트 매트릭스 그리기
73        for(int n=1;n<=8;n++) {
74              // 열을 꺼준다.
75              if(n>1) digitalWrite(pins[R[n-1]], HIGH);
76              if(n==1) digitalWrite(pins[R[8]], HIGH);
77
78              // 행을 켤 준비를 한다.
79              for(int m=1;m<=8;m++) {
80               if(image[n][m] == 1)
81                     digitalWrite(pins[C[m]], HIGH);
82               else digitalWrite(pins[C[m]], LOW);
83              }
84
85              // 열을 켜준다.
86              for(int m=1;m<=8;m++) {
87               if(image[n][m] == 1) {
88                     digitalWrite(pins[R[n]], LOW);
89                     break;
90               }
91              }
92
93              delay(1);
94        }
95      }
```

```
96
97      void setup() {
98       dot_matrix_init();
99      }
100
101     void loop() {
102      ball_move();
103
104      int cnt = 0;
105      while(1) {
106              dot_matrix_draw(game_display);
107              cnt++;
108              if(cnt==63) break;
109      }
110     }
```

이상에서 벽돌 깨기 애니메이션을 구현해 보았습니다. Chapter 06에서 벽돌 깨기 게임을 완성해
보도록 합니다.

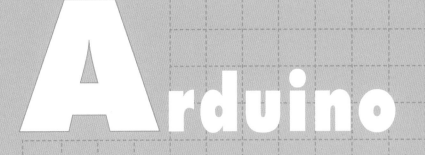

이번 장에서는 아두이노 프로젝트를 구성하기 위한 여러 가지 기법을 소개합니다. 프로젝트에 여러 가지 기능을 넣기 위해 delay를 millis 함수로 대체하는 방법, millis 함수를 쓰기 편하게 클래스로 만들고 이용하는 방법, 도트 매트릭스의 복잡한 부분을 숨기기 위해 클래스로 만들고 이용하는 방법, 마지막으로 벽돌 깨기 게임을 구현하는 방법을 살펴봅니다.

Chapter 06

아두이노 프로젝트

millis 함수 살펴보기

아두이노를 이용하여 여러가지 기능을 하는 프로젝트를 수행하려면 delay 함수는 사용하지 말아야 합니다. 대신 millis 함수를 사용하여야 합니다. 여기서는 delay 함수를 대체할 수 있는 millis 함수에 대해 소개합니다.

우리는 지금까지 시간에 대한 지연을 주어야 할 경우에 delay 함수를 사용하였습니다. 그러나 delay 함수에는 단점이 있습니다. delay 함수를 수행하는 동안에 CPU는 아무 일도 수행하지 않습니다. 예를 들어, delay(1000)을 호출했다면 CPU는 delay 함수 내에서 1초가 지나기를 기다리면서 아무 일도 하지 않습니다. 마치 우리가 1시간이 지나기를 기다려야 한다면 시계만 1시간동안 보고 있으면서 아무 일도 하지 않는 것과 같습니다.

delay 함수는 하나의 일을 주기적으로 수행하는 경우엔 사용하기 편리하지만 여러 가지 일을 동시에 주기적으로 수행하는 프로그램에는 적합하지 않습니다. 이런 경우에는 millis 함수를 사용해야 합니다.

millis 함수는 아두이노의 동작이 시작된 이후의 현재 시간을 밀리 초 단위로 돌려줍니다. millis 함수를 수행하면 현재 시간을 알 수 있습니다. 이것은 마치 우리가 시계를 보고 시간을 확인하는 것과 같습니다. 시계를 보았더니 약속 시간이 되었습니다. 그러면 약속했던 일을 하면 됩니다. 약속 시간이 되지 않았다면 다른 일을 하면 됩니다.

millis 함수를 호출하여 특정한 일을 수행할 시간이 되었다면 CPU는 그 일을 수행하면 됩니다. 그렇지 않으면 CPU는 다른 일을 수행할 수 있습니다.

01 _ millis 함수로 현재 시간 확인하기

여기서는 millis 함수를 이용하여 현재 시간을 밀리 초 단위로 읽어 봅니다.

01 다음과 같이 예제를 작성합니다.

`611_0.ino`

```
1      void setup() {
2        Serial.begin(115200);
3      }
4
5      void loop() {
6        unsigned long t_now = millis();
7        Serial.println(t_now);
8      }
```

2 : Serial.begin 함수를 호출하여 시리얼 통신 속도를 115200 bps로 설정합니다.

6 : millis 함수를 호출하여 아두이노가 시작된 이후 현재 시간을 밀리 초 단위로 읽어냅니다. t_now 변수는 unsigned long 형의 데이터로 4 바이트 크기를 갖습니다. 아두이노에서는 아주 큰 정수 값을 담아야 할 때 사용하는 자료 형입니다.

7 : Serial.println 함수를 호출하여 현재 시간을 출력해 줍니다.

02 컴파일과 업로드를 수행합니다.

03 결과를 확인합니다. 실행 결과는 다음과 같습니다.

```
72833
72833
72834
72834
72835
```

아두이노가 시작된 이후, 72초 정도의 시간입니다. 1초에 1000 값이 증가하는 것을 볼 수 있습니다.

02 _ millis 함수로 delay 대체하기

여기서는 millis 함수를 이용하여 1초 간격으로 문자열을 출력해 봅니다.

01 다음과 같이 예제를 수정합니다.

```
612_0.ino
1      unsigned long t_prev = 0;
2      const unsigned long t_delay = 1000;
3
4      void setup() {
5       Serial.begin(115200);
6      }
7
8      void loop() {
9       unsigned long t_now = millis();
10      if(t_now - t_prev >= t_delay) {
11              t_prev = t_now;
12
13              Serial.println(t_now);
14      }
15      }
```

1 : 이전 시간을 저장하기 위해 t_prev 변수를 선언합니다.
2 : 주기 값을 저장하기 위해 t_delay 변수를 선언합니다. 여기서는 1000 밀리 초로 초기화하였습니다.
9 : millis 함수를 호출하여 현재 시간을 밀리 초 단위로 읽어내어 t_now 변수에 저장합니다.
10 : 현재 시간과 이전 시간의 차가 주기보다 크거나 같은 지 확인한 후, 크거나 같으면 10~14 줄을 수행합니다. 즉,
1000밀리 초 간격으로 10~14 줄을 수행합니다.
11 : 다음 주기에는 현재 시간이 이전 시간이 되므로 t_prev 변수에 t_now 값을 저장합니다.
13 : t_now를 시리얼 모니터로 출력합니다.

02 컴파일과 업로드를 수행합니다.

03 결과를 확인합니다

```
30000
31000
32000
33000
34000
```

시리얼 모니터를 통해 1초에 한 번씩 현재 시간이 밀리 초 단위로 출력되는 것을 확인합니다.

03 _ millis 함수로 다중 작업하기

여기서는 millis 함수를 이용하여 2 개의 작업을 주기적으로 수행해 봅니다. 첫 번째 작업은 1초 간격으로 "t1" 문자열을 출력하고, 두 번째 작업은 0.5초 간격으로 "t2" 문자열을 출력하도록 합니다.

01 다음과 같이 예제를 수정합니다.

613_0.ino

```
1      unsigned long t1_prev = 0;
2      const unsigned long t1_delay = 1000;
3
4      unsigned long t2_prev = 0;
5      const unsigned long t2_delay = 500;
6
7      void setup() {
8       Serial.begin(115200);
9      }
10
11     void loop() {
12      unsigned long t1_now = millis();
13      if(t1_now - t1_prev >= t1_delay) {
14             t1_prev = t1_now;
15
16             Serial.println("t1");
17       }
18
19      unsigned long t2_now = millis();
20      if(t2_now - t2_prev >= t2_delay) {
21             t2_prev = t2_now;
22
23             Serial.println("\tt2");
24       }
25      }
```

1, 4 : 이전 시간을 저장하기 위해 t1_prev, t2_prev 변수를 선언합니다.

2, 5 : 주기 값을 저장하기 위해 t1_delay, t2_delay 변수를 선언합니다. 여기서는 각각 1000, 500 밀리 초로 초기화하였습니다.

12, 19 : millis 함수를 호출하여 현재 시간을 밀리 초 단위로 읽어내어 t1_now, t2_now 변수에 저장합니다.

13, 20 : 현재 시간과 이전 시간의 차가 주기보다 크거나 같은 지 확인한 후, 크거나 같으면 각각 13~17, 20~24줄을 수행합니다.

14, 21 : 다음 주기에는 현재 시간이 이전 시간이 되므로 각각 t1_prev, t2_prev 변수에 t1_now, t2_now 값을 저장합니다.

16, 23 : 각각 "t1", "\tt2" 문자열을 출력합니다. "\tt2" 문자열의 \t는 탭 문자를 나타냅니다.

02 컴파일과 업로드를 수행합니다.

03 결과를 확인합니다

```
t1
        t2
        t2
t1
        t2
        t2
```

시리얼 모니터를 통해 1초에 한 번씩 "t1" 문자열이, 0.5초에 한 번씩 "t2" 문자열이 출력되는 것을
확인합니다

04 _ millis 함수로 LED 점멸 반복해보기

우리는 앞에서 다음과 같은 예제를 수행해 보았습니다.

614_1.ino

```
const int LED = 13;

void setup() {
pinMode(LED, OUTPUT);
}

void loop() {
digitalWrite(LED, HIGH);
delay(500);
digitalWrite(LED, LOW);
delay(500);
}
```

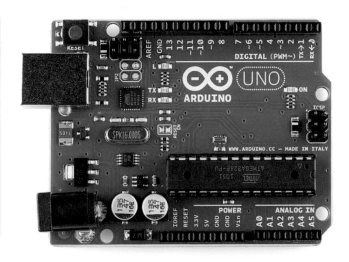

이 예제는 단일 작업을 수행하는 데는 문제가 없지만 여러 가지 작업을 동시에 수행하고자 할 경우
엔 문제가 생깁니다. 예를 들어, 세 개의 LED를 주기적으로 켜고 끄고자 하는 경우를 생각해 봅니
다. 첫 번째 LED를 1초 주기로, 두 번째 LED를 0.499초 주기로, 세 번째 LED를 0.299초 주기로
켜고 끄고를 반복하고자 할 경우엔 루틴을 작성하기가 쉽지 않습니다. 10개의 LED를 각각 다른 주
기로 켜고 끄고자 할 경우엔 문제가 더 어려워지게 됩니다.

위 예제를 먼저 for 문 형태로 변경한 후, delay 함수가 아닌 millis 함수를 이용하여 같은 동작을 수행해 보도록 하겠습니다. for 문 형태로 변경을 하면 millis 함수를 이용하는 형태로의 변경 방식이 일정해집니다.

01 예제를 다음과 같이 수정합니다.

614_2.ino

```
1        const int LED = 13;
2
3        void setup() {
4         pinMode(LED, OUTPUT);
5        }
6
7        void loop() {
8         for(int on_off = 0; on_off <= 1; on_off++) {
9                digitalWrite(LED, on_off);
10               delay(500);
11         }
12        }
```

8~11 : on_off 변수가 0, 1인 동작을 반복합니다. 즉, on_off 변수 값에 따라 2가지의 상태 값을 가집니다. on_off 변수는 시간에 따른 LED의 상태를 나타냅니다.
9   : digitalWrite 함수를 호출하여 LED로 on_off 값을 씁니다.
10   : 500 밀리 지연 시간을 줍니다.

02 컴파일과 업로드를 수행합니다.

03 결과를 확인합니다.
0.5 초 간격으로 LED가 켜지고 꺼지고 합니다.

04 다음과 같이 예제를 수정합니다.

614_3.ino

```
1        const int LED = 13;
2        int on_off = 0;
3
4        unsigned long t_prev = 0;
5        const unsigned long t_delay = 500;
6
7        void setup() {
8         pinMode(LED, OUTPUT);
9        }
```

```
10
11      void loop() {
12       unsigned long t_now = millis();
13       if(t_now - t_prev >= t_delay) {
14              t_prev = t_now;
15
16              on_off++;
17              if(on_off>1) on_off = 0;
18              digitalWrite(LED, on_off);
19       }
20      }
```

2   : 시간에 따른 LED의 상태를 나타내기 위해 on_off 변수를 선언하고 0으로 초기화합니다.

4   : 이전 시간을 저장하기 위해 t_prev 변수를 선언합니다.

5   : 주기 값을 저장하기 위해 t_delay 변수를 선언합니다. 여기서는 500 밀리 초로 초기화하였습니다.

12   : millis 함수를 호출하여 현재 시간을 밀리 초 단위로 읽어내어 t_now 변수에 저장합니다.

13   : 현재 시간과 이전 시간의 차가 주기보다 크거나 같은 지 확인한 후, 크거나 같으면 13~19 줄을 수행합니다. 즉, 500밀리 초 간격으로 13~19 줄을 수행합니다.

14   : 다음 주기에는 현재 시간이 이전 시간이 되므로 t_prev 변수에 t_now 값을 저장합니다.

16, 17 : on_off를 하나 증가시키고 1보다 크면 0으로 설정합니다.

18   : digitalWrite 함수를 호출하여 LED로 on_off 값을 씁니다.

05 컴파일과 업로드를 수행합니다.

06 결과를 확인합니다.

1초 주기로 LED가 켜지고 꺼지는 것을 확인합니다. 위 두 예제의 관계는 다음과 같습니다.

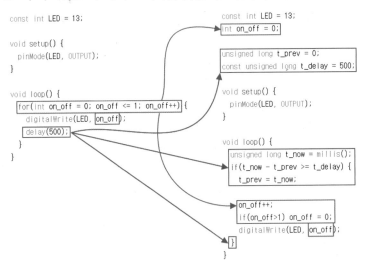

왼쪽 예제의 빨간 박스 내에 있는 delay 함수는 오른쪽에 있는 빨간 박스의 내용에 대응됩니다. 왼쪽에 있는 파란 박스 내에 있는 for 문과 on_off 변수는 오른쪽에 있는 파란 박스의 내용에 대응됩니

다. 시간의 관리 부분 때문에 예제는 좀 더 복잡해졌지만 시간을 효율적으로 쓸 수 있기 때문에 여러 가지 작업을 동시에 해야 할 경우에는 꼭 필요합니다.

05 _ millis 함수로 LED 밝기 조절해보기

우리는 앞에서 다음과 같은 예제를 수행해 보았습니다.

615_1.ino

```
1    const int LED = 10;
2
3    void setup() {
4
5    }
6
7    void loop() {
8      for(int t_high=0;t_high<=255;t_high++) {
9            analogWrite(LED, t_high);
10           delay(4);
11     }
12   }
```

이 예제의 경우 millis 함수를 이용하여 어떻게 해결해야 할까요? 이 예제는 t_high 변수 값에 따라 256가지의 상태 값을 가집니다. 즉, t_high 변수 값이 0, 1, 2, ..., 255와 같은 상태로 변합니다.

01 먼저 다음과 같이 회로를 구성합니다.

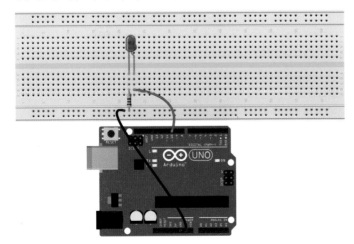

LED의 긴 핀이 PWM 파형을 내는 10번 핀에 연결되어 있습니다.

02 다음과 같이 예제를 수정합니다.

```
615_2.ino
1    const int LED = 10;
2    int t_high = 0;
3
4    unsigned long t_prev = 0;
5    const unsigned long t_delay = 4;
6
7    void setup() {
8
9    }
10
11   void loop() {
12    unsigned long t_now = millis();
13    if(t_now - t_prev >= t_delay) {
14          t_prev = t_now;
15
16          t_high++;
17          if(t_high>255) t_high = 0;
18          analogWrite(LED, t_high);
19    }
20   }
```

2 : 시간에 따른 LED의 상태를 나타내기 위해 t_high 변수를 선언하고 0으로 초기화합니다.

4 : 이전 시간을 저장하기 위해 t_prev 변수를 선언합니다.

5 : 주기 값을 저장하기 위해 t_delay 변수를 선언합니다. 여기서는 4 밀리 초로 초기화하였습니다.

12 : millis 함수를 호출하여 현재 시간을 밀리 초 단위로 읽어내어 t_now 변수에 저장합니다.

13 : 현재 시간과 이전 시간의 차가 주기보다 크거나 같은 지 확인한 후, 크거나 같으면 13~19 줄을 수행합니다. 즉, 4 밀리 초 간격으로 13~19 줄을 수행합니다.

14 : 다음 주기에는 현재 시간이 이전 시간이 되므로 t_prev 변수에 t_now 값을 저장합니다.

16, 17 : t_high를 하나 증가시키고 255보다 크면 0으로 설정합니다.

18 : analogWrite 함수를 호출하여 LED로 t_high 값을 씁니다.

03 컴파일과 업로드를 수행합니다.

04 결과를 확인합니다.

약 1초간 256 단계로 LED의 밝기가 증가하는 동작을 반복하는 것을 볼 수 있습니다.

위 2 예제의 관계는 다음과 같습니다.

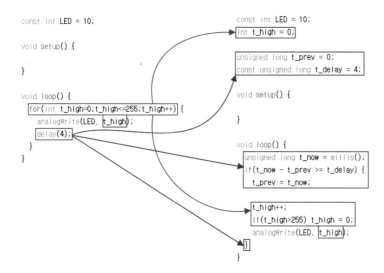

```
const int LED = 10;

void setup() {

}

void loop() {
  for(int t_high=0;t_high<=255;t_high++) {
    analogWrite(LED, t_high);
    delay(4);
  }
}
```

```
const int LED = 10;
int t_high = 0;

unsigned long t_prev = 0;
const unsigned long t_delay = 4;

void setup() {

}

void loop() {
  unsigned long t_now = millis();
  if(t_now - t_prev >= t_delay) {
    t_prev = t_now;

    t_high++;
    if(t_high>255) t_high = 0;
    analogWrite(LED, t_high);
  }
}
```

왼쪽 예제의 빨간 박스 내에 있는 delay 함수는 오른쪽에 있는 빨간 박스의 내용에 대응됩니다. 왼쪽에 있는 파란 박스 내에 있는 for 문과 on_off 변수는 오른쪽에 있는 파란 박스의 내용에 대응됩니다. 시간의 관리 부분 때문에 예제는 좀 더 복잡해졌지만 시간을 효율적으로 쓸 수 있기 때문에 여러 가지 작업을 동시에 해야 할 경우에는 꼭 필요합니다.

06 _ millis 함수로 다중 작업하기 2

이제 앞의 두 예제를 millis 함수를 이용하여 동시에 수행해 보도록 하겠습니다.

01 다음과 같이 예제를 작성합니다.

616_0.ino

```
1    const int t1_LED = 13;
2    unsigned int on_off = 0;
3
4    const int t2_LED = 10;
5    unsigned int t_high = 0;
6
7    unsigned long t1_prev = 0;
8    const unsigned long t1_delay = 500;
9
10   unsigned long t2_prev = 0;
11   const unsigned long t2_delay = 4;
12
```

```
13      void setup() {
14       pinMode(t1_LED, OUTPUT);
15      }
16
17      void loop() {
18       unsigned long t1_now = millis();
19       if(t1_now - t1_prev >= t1_delay) {
20              t1_prev = t1_now;
21
22              on_off++;
23              if(on_off>1) on_off = 0;
24              digitalWrite(t1_LED, on_off);
25       }
26
27       unsigned long t2_now = millis();
28       if(t2_now - t2_prev >= t2_delay) {
29              t2_prev = t2_now;
30
31              t_high++;
32              if(t_high>255) t_high = 0;
33              analogWrite(t2_LED, t_high);
34       }
35      }
```

2   : 시간에 따른 t1_LED의 상태를 나타내기 위해 on_off 변수를 선언하고 0으로 초기화합니다.

5   : 시간에 따른 t2_LED의 상태를 나타내기 위해 t_high 변수를 선언하고 0으로 초기화합니다.

7, 10 : 이전 시간을 저장하기 위해 t1_prev, t2_prev 변수를 선언합니다.

8, 11 : 주기 값을 저장하기 위해 t1_delay, t2_delay 변수를 선언합니다. 여기서는 각각 500, 4 밀리 초로 초기화하였습니다.

18, 27 : millis 함수를 호출하여 현재 시간을 밀리 초 단위로 읽어내어 t1_now, t2_now 변수에 저장합니다.

19, 28 : 현재 시간과 이전 시간의 차가 주기보다 크거나 같은 지 확인한 후, 크거나 같으면 각각 20~24, 29~33줄을 수행합니다.

20, 29 : 다음 주기에는 현재 시간이 이전 시간이 되므로 각각 t1_prev, t2_prev 변수에 t1_now, t2_now 값을 저장합니다.

22, 23 : on_off를 하나 증가시키고 1보다 크면 0으로 설정합니다.

24   : digitalWrite 함수를 호출하여 LED로 on_off 값을 씁니다.

31, 32 : t_high를 하나 증가시키고 255보다 크면 0으로 설정합니다.

33   : analogWrite 함수를 호출하여 LED로 t_high 값을 씁니다.

02 컴파일과 업로드를 수행합니다.

03 결과를 확인합니다.

13번 핀에 연결된 LED는 0.5 초 간격으로 켜지고 꺼지고를 반복하고 10번 핀에 연결된 LED는 약 1초 주기로 밝아지는 것을 볼 수 있습니다.

07 _ NDelay 클래스 만들기

millis 함수를 이용하면 여러 가지 작업을 수행하기에는 적합합니다. 하지만 중복된 소스량이 많아져 가독성이 떨어집니다. 여기서는 조금 어려울 수 있지만 클래스를 만들어 이 문제를 해결해 보도록 합니다. 클래스의 이름은 NDelayFunc로 정합니다. 이 부분은 C++ 언어에 대한 지식이 어느 정도 필요합니다. 독자 여러분은 구경하는 느낌으로 이 예제를 수행하시고 필요하다고 느끼시면 나중에 C++ 언어에 대한 공부를 하시면 좋을 것 같습니다. 05 millis 함수로 LED 밝기 조절해보기 예제를 클래스를 이용한 형태로 변경해 보도록 합니다.

01 다음과 같이 예제를 변경합니다.

`617_0.ino`

```
1    class NDelayFunc {
2     unsigned long t_prev;
3     const unsigned long t_delay;
4     void (* func)();
5
6     public:
7     NDelayFunc(
8             const unsigned long t_delay,
9             void (* func)())
10            : t_prev(0), t_delay(t_delay), func(func) {}
11
12    void run() {
13            unsigned long t_now = millis();
14            if(t_now - t_prev >= t_delay) {
15             t_prev = t_now;
16
17             func();
18            }
19     }
20    };
21
22    const int LED = 10;
23    unsigned int t_high = 0;
24
25    void fading() {
26     t_high++;
27     if(t_high>255) t_high = 0;
28     analogWrite(LED, t_high);
29    }
30
```

```
31        NDelayFunc nDelayFading(4, fading);
32
33        void setup() {
34
35        }
36
37        void loop() {
38         nDelayFading.run();
39        }
```

1~20   : NDelayFunc 클래스를 정의합니다. 클래스는 관련된 변수와 함수를 묶어 정리하는 방법입니다. 즉, 사용자가 관련된 변수와 함수를 포함한 새로운 영역을 정의할 때 사용합니다.

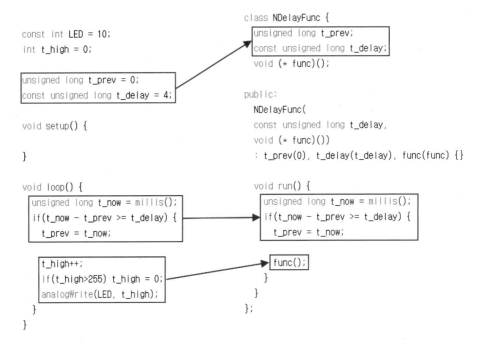

위 그림에서 빨간 사각형 내에 있는 변수와 함수는 밀접하게 관련되어 있습니다. 이 부분을 묶어서 대표 이름을 붙인 것이 NDelayFunc입니다. 묶을 때는 생각해야할 것이 많지만 잘 묶으면 사용하기 편리합니다.

2~4   : 관련된 변수 부분입니다.

2, 3   : millis 함수를 이용할 때 필요한 변수입니다. 이 두 변수는 10, 31번째 줄에서 초기화됩니다.

4   : 함수 포인터로 주기적으로 수행할 동작을 가리키는 역할을 합니다. 이 함수 포인터가 가리키는 함수는 10, 31번 째 줄에서 초기화되고 17번 째 줄에서 호출되어 수행됩니다.

6   : 클래스의 public 키워드 아래쪽에 있는 부분은 외부에서 접근할 수 있는 부분입니다. 예를 들어 38번째 줄에서처럼 외부 영역인 loop 함수에서 run 함수를 호출하는 형태로 접근할 수 있습니다.

7~10, 12~19   : 관련된 함수 부분입니다.

7~10   : 클래스 내에 정의된 변수를 초기화하기 위해 정의된 함수로 C++에서 생성자라고 합니다.

12~19   : millis 함수를 읽어 기다리고자 하는 시간이 됐으면 수행하고자 하는 함수를 수행합니다.

25~29   : 4 밀리 초마다 주기적으로 수행하고자 하는 함수를 정의합니다. 이 함수는 31번째 줄에서 NDelayFunc 형의 nDelayFading 객체를 만들면서 두 번째 인자로 넘어갑니다. 첫 번째 인자는 4 밀리 초 주기 시간을 나타냅니다.

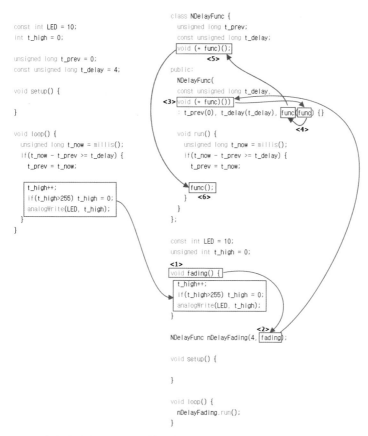

```
                                        class NDelayFunc {
    const int LED = 10;                   unsigned long t_prev;
    int t_high = 0;                       const unsigned long t_delay;
                                          void (* func)();
    unsigned long t_prev = 0;                          <5>
    const unsigned long t_delay = 4;    public:
                                          NDelayFunc(
    void setup() {                          const unsigned long t_delay,
                                      <3>   void (* func)())
    }                                       : t_prev(0), t_delay(t_delay), func(func) {}
                                                                    <4>
    void loop() {                         void run() {
      unsigned long t_now = millis();       unsigned long t_now = millis();
      if(t_now - t_prev >= t_delay) {       if(t_now - t_prev >= t_delay) {
        t_prev = t_now;                       t_prev = t_now;

        t_high++;                             func();
        if(t_high>255) t_high = 0;        }          <6>
        analogWrite(LED, t_high);           }
      }                                   };
    }
                                        const int LED = 10;
                                        unsigned int t_high = 0;

                                        <1>
                                        void fading() {
                                          t_high++;
                                          if(t_high>255) t_high = 0;
                                          analogWrite(LED, t_high);
                                        }
                                                            <2>
                                        NDelayFunc nDelayFading(4, fading);

                                        void setup() {

                                        }

                                        void loop() {
                                          nDelayFading.run();
                                        }
```

오른쪽에서 정의된 fading 함수〈1〉는 〈2〉 부분으로 넘어갑니다. 〈2〉 부분으로 넘어간 함수는 〈3, 4〉에 의해 func〈5〉에 할당됩니다. 〈2, 3, 4, 5〉 에서 func = fading의 형태로 넘어갑니다.

31 : NDelayFunc 형의 nDelayFading 객체를 만듭니다. 객체는 변수와 같은 개념입니다. int i와 같은 선언했을 NDelayFunc는 int와 같은 역할 nDelayFading은 i와 같은 역할을 합니다. 이 과정에서 다음 그림과 같은 3 변수의 공간을 가진 DelayFunc 클래스 형의 객체인 nDelayFading 객체가 생성됩니다.

```
unsigned long t_prev;
const unsigned long t_delay;
void (* func)();
```

그리고 7~10의 생성자 함수에 의해 각 멤버 변수가 초기화됩니다.

38 : nDelayFading 객체에 대해 run 함수를 수행합니다.

02 컴파일과 업로드를 수행합니다.

03 결과를 확인합니다.

약 1초간 256 단계로 LED의 밝기가 증가하는 동작을 반복하는 것을 볼 수 있습니다.

08 _ NDelayFunc 사용자 정의 라이브러리 만들기

여기서는 이전 예제에서 정의했던 클래스를 계속해서 사용할 수 있도록 라이브러리로 만들도록 합니다.

01 다음 디렉터리로 이동합니다.

> 내 PC > 문서 > Arduino > libraries >

02 libraries 디렉터리 내에서 마우스 오른쪽 버튼을 눌러 팝업창이 뜨면 [새로 만들기(W)]–[폴더(F)]를 선택합니다.

새로 만들기(W) > 폴더(F)

03 다음과 같이 NDelayFunc 디렉터리를 생성합니다.

NDelayFunc

04 다음과 같이 새로 생성된 NDelayFunc 디렉터리로 이동합니다.

> 내 PC > 문서 > Arduino > libraries > NDelayFunc

05 다음과 같이 2개의 파일을 생성합니다.

NDelayFunc.cpp
NDelayFunc.h

클래스의 정의는 일반적으로 .h 파일과 .cpp 파일로 구성됩니다.

06 다음과 같이 NDelayFunc.h 파일의 내용을 채웁니다.

NDelayFunc.h

```
1    #ifndef NDelayFunc_h_
2    #define NDelayFunc_h_
3
4    class NDelayFunc {
5      unsigned long t_prev;
6      const unsigned long t_delay;
7      void (* func)();
8
9    public:
10     NDelayFunc(
```

```
11              const unsigned long t_delay,
12              void (* func)());
13
14      void run();
15      };
16
17      #endif
```

1, 2, 17 : 헤더 파일의 중복 포함을 막기 위한 매크로입니다.

5~7 : 멤버 변수 선언 부분입니다.

9 : public 키워드에 의해 10~12번째 줄에 선언된 NDelayFunc 함수와 14번째 줄에 선언된 run 함수를 외부에서 접근할 수 있습니다.

10~12 : NDelayFunc 생성자 함수 선언 부분입니다. 선언 부분에는 중괄호 { }를 통한 정의 부분이 빠집니다.

14 : run 멤버 함수에 대한 선언 부분입니다.

07 다음과 같이 NDelayFunc.cpp 파일의 내용을 채웁니다.

NDelayFunc.cpp

```
1       #include " Arduino.h "
2       #include " NDelayFunc.h "
3
4       NDelayFunc::NDelayFunc(
5               const unsigned long t_delay,
6               void (* func)())
7               : t_prev(0), t_delay(t_delay), func(func) {}
8
9       void NDelayFunc::run() {
10              unsigned long t_now = millis();
11              if(t_now - t_prev >= t_delay) {
12                 t_prev = t_now;
13
14                 func();
15              }
16      }
```

1 : Arduino.h 파일을 포함합니다. 아두이노 소프트웨어에서 제공된 함수들을 사용하기 위해 필요합니다.

2 : NDelayFunc.h 파일을 포함합니다.

4~7 : NDelayFunc 생성자 함수를 정의합니다. NDelayFunc::는 NDelayFunc 클래스 함수라는 의미입니다.

9~15 : run 함수를 정의합니다.

09 _ NDelayFunc 사용자 정의 라이브러리 사용하기 1

이제 앞에서 정의한 NDelayFunc 라이브러리를 확인하고 사용해 봅니다.

01 모든 아두이노 창을 닫습니다.

02 아두이노 소프트웨어를 재구동 시킵니다.

03 다음과 같이 [스케치]-[라이브러리 포함하기]-[NDelayFunc] 메뉴를 확인합니다.

04 다음과 같이 예제를 작성합니다.

619_0.ino

```
1    #include "NDelayFunc.h"
2
3    const int LED = 10;
4    unsigned int t_high = 0;
5
6    void fading() {
7     t_high++;
8     if(t_high>255) t_high = 0;
9     analogWrite(LED, t_high);
10    }
11
12    NDelayFunc nDelayFading(4, fading);
13
14    void setup() {
15
16    }
17
18    void loop() {
19     nDelayFading.run();
20    }
```

12 : NDelayFunc 형의 nDelayFading 객체를 선언한 후, 4밀리초 마다 fading 함수가 수행되도록 등록합니다.
19 : nDelayFading 객체에 대하여 run 함수를 수행하여 앞에서 등록한 fading 함수가 수행되도록 합니다.

05 컴파일과 업로드를 수행합니다.

06 결과를 확인합니다.

약 1초간 256 단계로 LED의 밝기가 증가하는 동작을 반복하는 것을 볼 수 있습니다.

10 _ NDelayFunc 사용자 정의 라이브러리 사용하기 2

우리는 앞에서 다음과 같은 예제를 수행해 보았습니다. 이 예제를 NDelayFunc 라이브러리를 이용하여 다시 작성하고 테스트해봅니다.

6110_1.ino

```
1     const int t1_LED = 13;
2     unsigned int on_off = 0;
3
4     const int t2_LED = 10;
5     unsigned int t_high = 0;
6
7     unsigned long t1_prev = 0;
8     const unsigned long t1_delay = 500;
9
10    unsigned long t2_prev = 0;
11    const unsigned long t2_delay = 4;
12
13    void setup() {
14     pinMode(t1_LED, OUTPUT);
15     }
16
17    void loop() {
18     unsigned long t1_now = millis();
19     if(t1_now - t1_prev >= t1_delay) {
20            t1_prev = t1_now;
21
22            on_off++;
23            if(on_off>1) on_off = 0;
24            digitalWrite(t1_LED, on_off);
25     }
26
27     unsigned long t2_now = millis();
```

```
28        if(t2_now - t2_prev >= t2_delay) {
29            t2_prev = t2_now;
30
31            t_high++;
32            if(t_high>255) t_high = 0;
33            analogWrite(t2_LED, t_high);
34        }
35    }
```

01 먼저 다음과 같이 회로를 구성합니다.

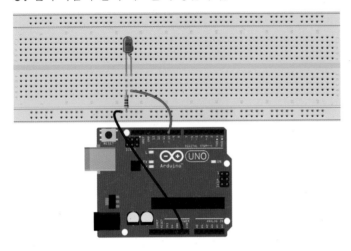

LED의 긴 핀이 PWM 파형을 내는 10번 핀에 연결되어 있습니다.

02 다음과 같이 예제를 작성합니다.

```
6110_2.ino
1     #include "NDelayFunc.h"
2
3     const int blink_LED = 13;
4     unsigned int on_off = 0;
5
6     const int fading_LED = 10;
7     unsigned int t_high = 0;
8
9     void blink() {
10      on_off++;
11      if(on_off>1) on_off = 0;
12      digitalWrite(blink_LED, on_off);
13    }
14
```

```
15    void fading() {
16      t_high++;
17      if(t_high>255) t_high = 0;
18      analogWrite(fading_LED, t_high);
19    }
20
21    NDelayFunc nDelayBlink(500, blink);
22    NDelayFunc nDelayFading(4, fading);
23
24    void setup() {
25      pinMode(blink_LED, OUTPUT);
26    }
27
28    void loop() {
29      nDelayBlink.run();
30      nDelayFading.run();
31    }
```

03 컴파일과 업로드를 수행합니다.

04 결과를 확인합니다.

13번 핀에 연결된 LED는 0.5 초 간격으로 켜지고 꺼지고를 반복하고 10번 핀에 연결된 LED는 약 1 초 주기로 밝아지는 것을 볼 수 있습니다.

NDelayFunc를
활용한 도트 매트릭스 제어

여기서는 NDelayFunc 라이브러리를 이용해 도트 매트릭스 스케치를 작성해 봅니다.

우리는 앞에서 다음과 같은 예제를 수행해 보았습니다.

620_1.ino

```
1    enum { R5=1,R7,C2,C3,R8,C5,R6,R3,R1,C4,C6,R4,C1,R2,C7,C8 };
2    const unsigned int pins[1+16] = {
3     -1, 10,11,12,13,14,15,16,17, 2,3,4,5,6,7,8,9
4    };
5
6    const unsigned int R[1+8] = { -1, R1, R2, R3, R4, R5, R6, R7, R8 };
7    const unsigned int C[1+8] = { -1, C1, C2, C3, C4, C5, C6, C7, C8 };
8
9    const unsigned int heart[1+8][1+8] = {
10    {-1, -1, -1, -1, -1, -1, -1, -1},
11    {-1, 0, 0, 0, 0, 0, 0, 0, 0},
12    {-1, 0, 1, 1, 0, 0, 1, 1, 0},
13    {-1, 1, 1, 1, 1, 1, 1, 1, 1},
14    {-1, 1, 1, 1, 1, 1, 1, 1, 1},
15    {-1, 0, 1, 1, 1, 1, 1, 1, 0},
16    {-1, 0, 0, 1, 1, 1, 1, 0, 0},
17    {-1, 0, 0, 0, 1, 1, 0, 0, 0},
18    {-1, 0, 0, 0, 0, 0, 0, 0, 0},
19    };
20
21    void dot_matrix_init() {
22    // 도트 매트릭스 핀 초기화
23    for(int n=1;n<=8;n++) {
24         pinMode(pins[R[n]], OUTPUT);
25         pinMode(pins[C[n]], OUTPUT);
26    }
```

```
27
28          // 도트 매트릭스 끄기
29          for(int n=1;n<=8;n++) {
30                  digitalWrite(pins[R[n]], HIGH);
31                  digitalWrite(pins[C[n]], HIGH);
32          }
33      }
34
35      void dot_matrix_draw(const unsigned int image[1+8][1+8]) {
36          // 도트 매트릭스 그리기
37          for(int n=1;n<=8;n++) {
38                  // 열을 꺼준다.
39                  if(n>1) digitalWrite(pins[R[n-1]], HIGH);
40                  if(n==1) digitalWrite(pins[R[8]], HIGH);
41
42                  // 행을 켤 준비를 한다.
43                  for(int m=1;m<=8;m++) {
44                   if(image[n][m] == 1)
45                          digitalWrite(pins[C[m]], HIGH);
46                   else digitalWrite(pins[C[m]], LOW);
47                  }
48
49                  // 열을 켜준다.
50                  for(int m=1;m<=8;m++) {
51                   if(image[n][m] == 1) {
52                          digitalWrite(pins[R[n]], LOW);
53                          break;
54                   }
55                  }
56
57                  delay(1);
58          }
59      }
60
61      void setup() {
62       dot_matrix_init();
63      }
64
65      void loop() {
66       dot_matrix_draw(heart);
67      }
```

이 예제를 NDelayFunc 라이브러리를 이용하여 수정해 보도록 합니다.

NDelayFunc를 이용할 경우 dot_matrix_draw 함수는 다음과 같은 형태로 수정해야 합니다.

```
void dot_matrix_draw(const unsigned int image[1+8][1+8]) {
  // 도트 매트릭스 그리기
  for(int n=1;n<=8;n++) {
    // 열을 꺼준다.
    if(n>1) digitalWrite(pins[R[n-1]], HIGH);
    if(n==1) digitalWrite(pins[R[8]], HIGH);

    // 행을 켤 준비를 한다.
    for(int m=1;m<=8;m++) {
      if(image[n][m] == 1)
        digitalWrite(pins[C[m]], HIGH);
      else digitalWrite(pins[C[m]], LOW);
    }

    // 열을 켜준다.
    for(int m=1;m<=8;m++) {
      if(image[n][m] == 1) {
        digitalWrite(pins[R[n]], LOW);
        break;
      }
    }
    delay(1);          → NDelayFunc 부분에서 해결합니다.
  }
}
```

```
void dot_matrix_draw(const unsigned int image[1+8][1+8]) {
  // 도트 매트릭스 그리기
  static int n = 1;
  n++;
  if(n>8) n = 1;

  // 열을 꺼준다.
  if(n>1) digitalWrite(pins[R[n-1]], HIGH);
  if(n==1) digitalWrite(pins[R[8]], HIGH);

  // 행을 켤 준비를 한다.
  for(int m=1;m<=8;m++) {
    if(image[n][m] == 1)
      digitalWrite(pins[C[m]], HIGH);
    else digitalWrite(pins[C[m]], LOW);
  }

  // 열을 켜준다.
  for(int m=1;m<=8;m++) {
    if(image[n][m] == 1) {
      digitalWrite(pins[R[n]], LOW);
      break;
    }
  }
}
```

다음은 delay 함수를 millis 함수로 대체하는 과정에서 for 문이 변경된 형태입니다.

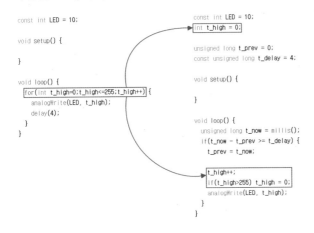

delay 함수 부분은 다음 부분으로 대체되었으며, 대체된 부분이 NDelayFunc 클래스로 구현되었습니다.

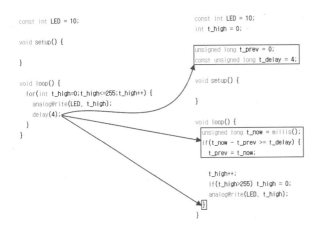

01 다음과 같이 예제를 수정합니다.

```
1       #include "NDelayFunc.h"
2
3       enum { R5=1,R7,C2,C3,R8,C5,R6,R3,R1,C4,C6,R4,C1,R2,C7,C8 };
4       const unsigned int pins[1+16] = {
5        -1, 10,11,12,13,14,15,16,17, 2,3,4,5,6,7,8,9
6       };
7
8       const unsigned int R[1+8] = { -1, R1, R2, R3, R4, R5, R6, R7, R8 };
9       const unsigned int C[1+8] = { -1, C1, C2, C3, C4, C5, C6, C7, C8 };
10
11      const unsigned int heart[1+8][1+8] = {
12       {-1, -1, -1, -1, -1, -1, -1, -1},
13       {-1, 0, 0, 0, 0, 0, 0, 0, 0},
14       {-1, 0, 1, 1, 0, 0, 1, 1, 0},
15       {-1, 1, 1, 1, 1, 1, 1, 1, 1},
16       {-1, 1, 1, 1, 1, 1, 1, 1, 1},
17       {-1, 0, 1, 1, 1, 1, 1, 1, 0},
18       {-1, 0, 0, 1, 1, 1, 1, 0, 0},
19       {-1, 0, 0, 0, 1, 1, 0, 0, 0},
20       {-1, 0, 0, 0, 0, 0, 0, 0, 0},
21      };
22
23      void dot_matrix_init() {
24      // 도트 매트릭스 핀 초기화
25      for(int n=1;n<=8;n++) {
26              pinMode(pins[R[n]], OUTPUT);
27              pinMode(pins[C[n]], OUTPUT);
28      }
29
30      // 도트 매트릭스 끄기
31      for(int n=1;n<=8;n++) {
32              digitalWrite(pins[R[n]], HIGH);
33              digitalWrite(pins[C[n]], HIGH);
34      }
35      }
36
37      void dot_matrix_draw(const unsigned int image[1+8][1+8]) {
38      // 도트 매트릭스 그리기
39      static int n = 1;
40      n++;
41      if(n>8) n = 1;
42
43      // 열을 꺼준다.
```

```
44        if(n>1) digitalWrite(pins[R[n-1]], HIGH);
45        if(n==1) digitalWrite(pins[R[8]], HIGH);
46
47        // 행을 켤 준비를 한다.
48        for(int m=1;m<=8;m++) {
49                if(image[n][m] == 1)
50                 digitalWrite(pins[C[m]], HIGH);
51                else digitalWrite(pins[C[m]], LOW);
52        }
53
54        // 열을 켜준다.
55        for(int m=1;m<=8;m++) {
56                if(image[n][m] == 1) {
57                 digitalWrite(pins[R[n]], LOW);
58                 break;
59                }
60        }
61    }
62
63    void draw() {
64     dot_matrix_draw(heart);
65    }
66    NDelayFunc nDelayDraw(1, draw);
67
68    void setup() {
69     dot_matrix_init();
70    }
71
72    void loop() {
73     nDelayDraw.run();
74    }
```

1 : NDelayFunc 라이브러리를 사용하기 위해 NDelayFunc.h 파일을 포함합니다.

3~35 : 이전 예제와 같습니다.

39~41 : 이전 예제의 for 문이 변형된 부분입니다.

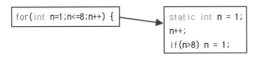

60~61 : delay(1) 문을 없앴습니다. delay 문은 NDelayFunc가 그 기능을 합니다.

63~65 : draw 함수를 정의합니다.

64 : dot_matrix_draw 함수를 호출하여 하트를 그립니다.

66 : NDelayFunc 형의 nDelayDraw 객체를 생성한 후, 1 밀리 초마다 draw 함수를 수행하도록 합니다. 객체는 변수와 같은 개념입니다.

74 : nDelayDraw.run 함수를 수행합니다.

02 컴파일과 업로드를 수행합니다.

03 결과를 확인합니다.

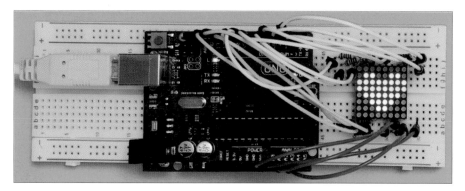

하트가 그려진 것을 확인합니다.

03

DotMatrix 클래스 만들기

여기서는 도트 매트릭스를 간단하게 사용할 수 있도록 사용자 정의 라이브러리로 만들도록 합니다.

01 다음 디렉터리로 이동합니다.

> 내 PC > 문서 > Arduino > libraries >

02 libraries 디렉터리 내에서 마우스 오른쪽 버튼을 눌러 팝업창이 뜨면 [새로 만들기(W)]-[폴더 (F)]를 선택합니다.

새로 만들기(W)   >   폴더(F)

03 다음과 같이 DotMatrix 디렉터리를 생성합니다.

DotMatrix

04 다음과 같이 새로 생성된 DotMatrix 디렉터리로 이동합니다.

> 내 PC > 문서 > Arduino > libraries > DotMatrix

05 다음과 같이 2개의 파일을 생성합니다.

DotMatrix.cpp
DotMatrix.h

클래스의 정의는 일반적으로 .h 파일과 .cpp 파일로 구성됩니다.

06 다음과 같이 DotMatrix.h 파일의 내용을 채웁니다.

DotMatrix.h

```
1      #ifndef DotMatrix_h_
2      #define DotMatrix_h_
3
4      enum { R5=1,R7,C2,C3,R8,C5,R6,R3,R1,C4,C6,R4,C1,R2,C7,C8 };
5
6      class _DotMatrix {
7       static const unsigned int pins[1+16];
8       static const unsigned int R[1+8];
9       static const unsigned int C[1+8];
10
11      public:
12       static void init();
13       static void draw(const unsigned int image[1+8][1+8]);
14      };
15
16      extern _DotMatrix DotMatrix;
17      #endif
```

1, 2, 17 : 헤더 파일의 중복 포함을 막기 위한 매크로입니다.

4 : 이전 예제에서 선언된 enum 부분입니다.

7~9 : 멤버 변수 선언 부분입니다.

11 : public 키워드에 의해 12번째 줄에 선언된 init 함수와 13번째 줄에 선언된 draw 함수를 외부에서 접근할 수 있습니다. 외부에서 접근할 수 있다는 것은 다른 함수에서 호출할 수 있다는 의미입니다.

12 : init 함수 선언 부분입니다. 선언 부분에는 중괄호 { }를 통한 정의 부분이 빠집니다.

13 : draw 멤버 함수에 대한 선언 부분입니다.

16 : _DotMatrix 클래스 형식의 DotMatrix 객체가 외부 파일에 있음을 선언합니다. DotMatrix.cpp 파일에서 선언합니다.

07 다음과 같이 DotMatrix.cpp 파일의 내용을 채웁니다.

DotMatrix.cpp

```
1      #include "Arduino.h"
2      #include "DotMatrix.h"
3
4      const unsigned int _DotMatrix::pins[1+16] = {
5       -1, 10,11,12,13,14,15,16,17, 2,3,4,5,6,7,8,9
6      };
7
8      const unsigned int _DotMatrix::R[1+8] = { -1,R1,R2,R3,R4,R5,R6,R7,R8 };
9      const unsigned int _DotMatrix::C[1+8] = { -1,C1,C2,C3,C4,C5,C6,C7,C8 };
10
11      void _DotMatrix::init() {
12       // 도트 매트릭스 핀 초기화
13       for(int n=1;n<=8;n++) {
```

```
14          pinMode(pins[R[n]], OUTPUT);
15          pinMode(pins[C[n]], OUTPUT);
16      }
17
18      // 도트 매트릭스 끄기
19      for(int n=1;n<=8;n++) {
20          digitalWrite(pins[R[n]], HIGH);
21          digitalWrite(pins[C[n]], HIGH);
22      }
23  }
24
25  void _DotMatrix::draw(const unsigned int image[1+8][1+8]) {
26      // 도트 매트릭스 그리기
27      static int n = 1;
28      n++;
29      if(n>8) n = 1;
30
31      // 열을 꺼준다.
32      if(n>1) digitalWrite(pins[R[n-1]], HIGH);
33      if(n==1) digitalWrite(pins[R[8]], HIGH);
34
35      // 행을 켤 준비를 한다.
36      for(int m=1;m<=8;m++) {
37          if(image[n][m] == 1)
38          digitalWrite(pins[C[m]], HIGH);
39          else digitalWrite(pins[C[m]], LOW);
40      }
41
42      // 열을 켜준다.
43      for(int m=1;m<=8;m++) {
44          if(image[n][m] == 1) {
45          digitalWrite(pins[R[n]], LOW);
46          break;
47          }
48      }
49  }
50
51  _DotMatrix DotMatrix;
```

1   : Arduino.h 파일을 포함합니다. 아두이노 소프트웨어에서 제공된 함수들을 사용하기 위해 필요합니다.

2   : DotMatrix.h 파일을 포함합니다.

8   : _DotMatrix::R 멤버 변수에 대한 초기화를 합니다.

9   : _DotMatrix::C 멤버 변수에 대한 초기화를 합니다.

11~23 : _DotMatrix::init 함수를 정의합니다. 함수의 내용은 이전 예제의 dot_matrix_init과 같습니다. _DotMatrix::는 _DotMatrix 클래스 안의라는 의미입니다.

25~49 : _DotMatrix::draw 함수를 정의합니다. 함수의 내용은 이전 예제의 dot_matrix_draw와 같습니다.

51   : _DotMatrix 클래스 형식의 DotMatrix 객체를 선언합니다.

04

DotMatrix 클래스 활용 1 : 하트 그리기

이제 앞에서 정의한 DotMatrix 라이브러리를 확인하고 사용해 봅니다.

01 모든 아두이노 창을 닫습니다.

02 아두이노 소프트웨어를 재구동 시킵니다.

03 다음과 같이 [스케치]-[라이브러리 포함하기]-[DotMatrix] 메뉴를 확인합니다.

04 다음과 같이 예제를 작성합니다.

`640_0.ino`

```
1     #include " NDelayFunc.h "
2     #include " DotMatrix.h "
3
4     const unsigned int heart[1+8][1+8] = {
5       {-1, -1, -1, -1, -1, -1, -1, -1},
6       {-1, 0, 0, 0, 0, 0, 0, 0},
7       {-1, 0, 1, 1, 0, 0, 1, 1, 0},
8       {-1, 1, 1, 1, 1, 1, 1, 1, 1},
9       {-1, 1, 1, 1, 1, 1, 1, 1, 1},
10      {-1, 0, 1, 1, 1, 1, 1, 1, 0},
11      {-1, 0, 0, 1, 1, 1, 1, 0, 0},
12      {-1, 0, 0, 0, 1, 1, 0, 0, 0},
```

```
13          {-1, 0, 0, 0, 0, 0, 0, 0, 0},
14      };
15
16      void draw() {
17        DotMatrix.draw(heart);
18      }
19      NDelayFunc nDelayDraw(1, draw);
20
21      void setup() {
22        DotMatrix.init();
23      }
24
25      void loop() {
26        nDelayDraw.run();
27      }
```

1　　　: NDelayFunc.h 파일을 포함합니다.

2　　　: DotMatrix.h 파일을 포함합니다.

3　　　: heart 이차 배열을 선언하고 초기화합니다.

16~18 : draw 함수를 정의합니다.

17　　 : DotMatrix.draw 함수를 호출하여 하트를 그립니다. DotMatrix는 DotMatrix.cpp 파일에 선언되어 있습니다.

19　　 : NDelayFunc 클래스 형식의 nDelayDraw 객체를 선언하고 1 밀리 초마다 draw 함수가 수행되도록 합니다.

22　　 : DotMatrix.init 함수를 호출합니다.

26　　 : DotMatrix.run 함수를 호출합니다.

05 컴파일과 업로드를 수행합니다.

06 결과를 확인합니다.

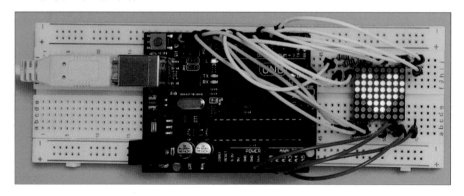

하트가 그려진 것을 확인합니다.

DotMatrix 클래스 활용 2 : 큰 하트와 작은 하트 교대로 그리기

여기서는 DotMatrix 클래스를 이용하여 큰 하트와 작은 하트 교대로 그리기 예제를 수행해 봅니다.

01 다음과 같이 예제를 작성합니다.

650_0.ino

```
1       #include "NDelayFunc.h"
2       #include "DotMatrix.h"
3
4       const unsigned int heart[1+8][1+8] = {
5       {-1, -1, -1, -1, -1, -1, -1, -1},
6       {-1, 0, 0, 0, 0, 0, 0, 0, 0},
7       {-1, 0, 1, 1, 0, 0, 1, 1, 0},
8       {-1, 1, 1, 1, 1, 1, 1, 1, 1},
9       {-1, 1, 1, 1, 1, 1, 1, 1, 1},
10      {-1, 0, 1, 1, 1, 1, 1, 1, 0},
11      {-1, 0, 0, 1, 1, 1, 1, 0, 0},
12      {-1, 0, 0, 0, 1, 1, 0, 0, 0},
13      {-1, 0, 0, 0, 0, 0, 0, 0, 0},
14      };
15
16      const unsigned int heart_small[1+8][1+8] = {
17      {-1, -1, -1, -1, -1, -1, -1, -1},
18      {-1, 0, 0, 0, 0, 0, 0, 0, 0},
19      {-1, 0, 0, 0, 0, 0, 0, 0, 0},
20      {-1, 0, 0, 1, 0, 0, 1, 0, 0},
21      {-1, 0, 1, 1, 1, 1, 1, 1, 0},
22      {-1, 0, 0, 1, 1, 1, 1, 0, 0},
23      {-1, 0, 0, 0, 1, 1, 0, 0, 0},
24      {-1, 0, 0, 0, 0, 0, 0, 0, 0},
25      {-1, 0, 0, 0, 0, 0, 0, 0, 0},
26      };
27
28      int heart_state = 0;
29      void choose() {
30      heart_state++;
31      if(heart_state>1) heart_state = 0;
```

```
32        }
33      NDelayFunc nDelayChoose(500, choose);
34
35      void draw() {
36        if(heart_state == 0) DotMatrix.draw(heart);
37        else if(heart_state == 1) DotMatrix.draw(heart_small);
38      }
39      NDelayFunc nDelayDraw(1, draw);
40
41      void setup() {
42        DotMatrix.init();
43      }
44
45      void loop() {
46        nDelayChoose.run();
47        nDelayDraw.run();
48      }
```

16~26 : heart_small 상수 이차 배열을 선언한 후, 작은 하트 모양에 맞게 LED를 켜거나 끌 수 있는 값으로 설정합니다. 1로 설정된 부분은 LED가 켜지고 0으로 설정된 부분은 LED가 꺼집니다.

28 : 하트의 상태 값을 저장할 변수 heart_state를 선언하고 0으로 초기화합니다.

29~32 : choose 함수를 정의합니다.

30 : heart_state 변수를 증가시키고

31 : heart_state 변수 값이 1 보다 크면 heart_state 변수 값을 0으로 초기화합니다.

33 : NDelayFunc 클래스 형식의 nDelayChoose 객체를 선언하고 500 밀리 초마다 choose 함수가 수행되도록 합니다.

35~38 : draw 함수의 내용을 수정하였습니다.

36 : heart_state 값이 0이면 큰 하트를 그리고

37 : heart_state 값이 1이면 작은 하트를 그립니다.

39 : NDelayFunc 클래스 형식의 nDelayDraw 객체를 선언하고 1 밀리 초마다 draw 함수가 수행되도록 합니다.

46 : nDelayChoose.run 함수를 호출합니다.

02 컴파일과 업로드를 수행합니다.

03 결과를 확인합니다.

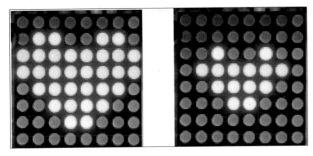

큰 하트와 작은 하트가 0.5초 간격으로 그려지는 것을 볼 수 있습니다.

DotMatrix 클래스 활용 3 :
벽돌 깨기 애니메이션

여기서는 DotMatrix 클래스를 이용하여 벽돌 깨기 애니메이션 예제를 수행해 봅니다.

01 다음과 같이 예제를 작성합니다.

660_0.ino

```
1    #include "NDelayFunc.h"
2    #include "DotMatrix.h"
3
4    unsigned int game_display[1+8][1+8] = {
5     {-1, -1, -1, -1, -1, -1, -1, -1},
6     {-1, 1, 1, 1, 1, 1, 1, 1, 1},
7     {-1, 1, 1, 1, 1, 1, 1, 1, 1},
8     {-1, 1, 1, 1, 1, 1, 1, 1, 1},
9     {-1, 0, 0, 0, 0, 0, 0, 0, 0},
10    {-1, 0, 0, 0, 0, 0, 0, 0, 0},
11    {-1, 0, 0, 0, 0, 0, 0, 0, 0},
12    {-1, 0, 0, 0, 0, 0, 0, 0, 0},
13    {-1, 0, 0, 0, 1, 0, 0, 0, 0},
14    };
15
16    int ball_x = 4;
17    int ball_x_dir = 1;
18    int ball_y = 8;
19    int ball_y_dir = 1;
20
21    void ball_move() {
22     game_display[ball_y][ball_x] = 0;
23     ball_x += ball_x_dir;
24     if(ball_x>=8) {
25          ball_x=8;
26          ball_x_dir=-ball_x_dir;
27     }
```

```
28        if(ball_x<=1) {
29                ball_x=1;
30                ball_x_dir=-ball_x_dir;
31        }
32        ball_y += ball_y_dir;
33        if(ball_y>=8) {
34                ball_y=8;
35                ball_y_dir=-ball_y_dir;
36        }
37        if(ball_y<=1) {
38                ball_y=1;
39                ball_y_dir=-ball_y_dir;
40        }
41        if(game_display[ball_y+ball_y_dir][ball_x]==1) {
42                game_display[ball_y+ball_y_dir][ball_x]=0;
43                ball_y_dir=-ball_y_dir;
44        } else if(game_display[ball_y+ball_y_dir][ball_x+ball_x_dir]==1) {
45                game_display[ball_y+ball_y_dir][ball_x+ball_x_dir]=0;
46                ball_y_dir=-ball_y_dir;
47                ball_x_dir=-ball_x_dir;
48        }
49        game_display[ball_y][ball_x] = 1;
50        }
51  NDelayFunc nDelayGame(500, ball_move);
52
53  void draw() {
54   DotMatrix.draw(game_display);
55  }
56  NDelayFunc nDelayDraw(1, draw);
57
58  void setup() {
59   DotMatrix.init();
60  }
61
62  void loop() {
63   nDelayGame.run();
64   nDelayDraw.run();
65  }
```

51 : NDelayFunc 클래스 형식의 nDelayGame 객체를 선언하고 500 밀리 초마다 ball_move 함수가 수행되도록 합니다.
63 : nDelayGame.run 함수를 호출합니다.

02 컴파일과 업로드를 수행합니다.

03 결과를 확인합니다.

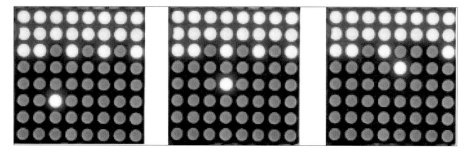

벽돌이 그려진 상태로 공이 튕겨 다니는 것을 볼 수 있습니다.

07

벽돌 깨기 게임 구현하기

이제 본격적으로 벽돌 깨기 게임을 구현해 보도록 합니다. 이전 예제를 이용하여 게임을 구현해 봅니다.

이제 본격적으로 벽돌 깨기 게임을 구현해 보도록 합니다. 이전 예제를 이용하여 게임을 구현해 봅니다.

01 _ 채 그리기

먼저 화면 아랫부분에 공을 받아 치는 채를 추가해봅니다.

01 다음과 같이 예제를 수정합니다.

```
671_1.ino
4        unsigned int game_display[1+8][1+8] = {
5        {-1, -1, -1, -1, -1, -1, -1, -1},
6        {-1, 1, 1, 1, 1, 1, 1, 1, 1},
7        {-1, 1, 1, 1, 1, 1, 1, 1, 1},
8        {-1, 1, 1, 1, 1, 1, 1, 1, 1},
9        {-1, 0, 0, 0, 0, 0, 0, 0, 0},
10       {-1, 0, 0, 0, 0, 0, 0, 0, 0},
11       {-1, 0, 0, 0, 0, 0, 0, 0, 0},
12       {-1, 0, 0, 0, 1, 0, 0, 0, 0},
13       {-1, 0, 0, 1, 1, 1, 0, 0, 0},
14       };
```

12 : 공의 위치가 한 칸 위로 올라갑니다.
13 : 채의 그림을 그립니다.

02 다음과 같이 예제를 수정합니다.

`671_1.ino`

```
16        int ball_x = 4;
17        int ball_x_dir = 1;
18        int ball_y = 7;
19        int ball_y_dir = 1;
20
21     void ball_move() {
22       game_display[ball_y][ball_x] = 0;
23       ball_x += ball_x_dir;
24       if(ball_x>=8) {
25              ball_x=8;
26              ball_x_dir=-ball_x_dir;
27       }
28       if(ball_x<=1) {
29              ball_x=1;
30              ball_x_dir=-ball_x_dir;
31       }
32       ball_y += ball_y_dir;
33       if(ball_y>=8) {
34              if(game_display[ball_y][ball_x]==1)
35                ball_y-=2*ball_y_dir;
36              ball_y_dir=-ball_y_dir;
37       }
38       if(ball_y<=1) {
39              ball_y=1;
40              ball_y_dir=-ball_y_dir;
41       }
42       if(game_display[ball_y+ball_y_dir][ball_x]==1) {
43              if(ball_y != 7)
44                game_display[ball_y+ball_y_dir][ball_x]=0;
45              ball_y_dir=-ball_y_dir;
46       } else if(game_display[ball_y+ball_y_dir][ball_x+ball_x_dir]==1) {
47              if(ball_y != 7)
48                game_display[ball_y+ball_y_dir][ball_x+ball_x_dir]=0;
49              ball_y_dir=-ball_y_dir;
50              ball_x_dir=-ball_x_dir;
51       }
52       game_display[ball_y][ball_x] = 1;
53     }
```

18 : 공의 Y 축에 대한 위치를 한 칸 위로 올려 초기화합니다.

33 : 공의 Y 축에 대한 위치가 8보다 크거나 같고(즉, Y 축에 대한 위치가 8일 경우)

34 : 해당 위치 값이 1로 설정되어 있으면

35 : 공의 Y 축 위치 값을 공의 진행 반대 방향으로 2칸을 후퇴시킵니다. 이렇게 하면 재에 공이 튄 것처럼 표시됩니다.

42 : 공이 이동할 위치의 값이 1이면, 즉 해당 위치에 블록이나 채가 있으면

43 : 공의 Y 축에 대한 위치가 7이 아니면

44 : 공이 이동할 위치의 값을 0으로 설정합니다. 이 경우 블록이 있는 위치의 값을 0으로 설정하여 블록이 깨진 것을 표시합니다.

46 : 공이 대각선 방향으로 이동할 위치의 값이 1이면, 즉 해당 위치에 블록이나 채가 있으면

47 : 공의 Y 축에 대한 위치가 7이 아니면

48 : 공이 이동할 위치의 값을 0으로 설정합니다. 이 경우 블록이 있는 위치의 값을 0으로 설정하여 블록이 깨진 것을 표시합니다.

03 컴파일과 업로드를 수행합니다.

04 결과를 확인합니다.

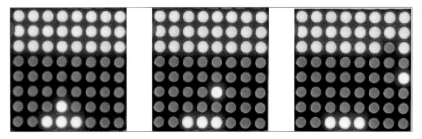

공이 채에 맞을 경우 튀어 오르는 것을 확인합니다.

02 _ 게임 실패 화면 넣기

현재의 게임 상태는 블록도 깨지고 채에도 튕기지만 채의 위치가 아닌 바닥에 공이 닿을 경우도 공이 튀어 오릅니다. 공이 채가 아닌 바닥에 닿을 경우 게임이 끝나면서 게임 실패 화면이 표시되도록 해 봅니다. 게임 실패 화면은 슬픈 표정입니다.

01 다음과 같이 슬픈 화면을 표시하기 위한 이차 배열을 추가합니다. game_display 배열 다음 부분에 추가합니다.

672_0.ino

```
16    const unsigned int game_lose[1+8][1+8] = {
17    {-1, -1, -1, -1, -1, -1, -1, -1},
18    {-1, 0, 0, 0, 0, 0, 0, 0, 0},
19    {-1, 0, 0, 0, 0, 0, 0, 0, 0},
20    {-1, 0, 1, 1, 0, 0, 1, 1, 0},
21    {-1, 0, 0, 0, 0, 0, 0, 0, 0},
22    {-1, 0, 0, 0, 0, 0, 0, 0, 0},
23    {-1, 0, 0, 1, 1, 1, 1, 0, 0},
24    {-1, 0, 1, 0, 0, 0, 0, 1, 0},
25    {-1, 0, 0, 0, 0, 0, 0, 0, 0},
26    };
```

02 다음과 같이 예제를 수정합니다.

`672_0.ino`

```
28    enum {PLAY=0, LOSE, WIN};
29    int game_state = PLAY;
30
31    int ball_x = 4;
32    int ball_x_dir = 1;
33    int ball_y = 7;
34    int ball_y_dir = 1;
35
36    void ball_move() {
37
38      if(game_state!=PLAY) return;
39
40      game_display[ball_y][ball_x] = 0;
41      ball_x += ball_x_dir;
42      if(ball_x>=8) {
43              ball_x=8;
44              ball_x_dir=-ball_x_dir;
45      }
46      if(ball_x<=1) {
47              ball_x=1;
48              ball_x_dir=-ball_x_dir;
49      }
50      ball_y += ball_y_dir;
51      if(ball_y>=8) {
52              if(game_display[ball_y][ball_x]==1) {
53                ball_y-=2*ball_y_dir;
54                ball_y_dir=-ball_y_dir;
55              } else {
56                game_state = LOSE;
57                return;
58              }
59      }
60      if(ball_y<=1) {
61              ball_y=1;
62              ball_y_dir=-ball_y_dir;
63      }
64      if(game_display[ball_y+ball_y_dir][ball_x]==1) {
65              if(ball_y != 7)
66                game_display[ball_y+ball_y_dir][ball_x]=0;
67              ball_y_dir=-ball_y_dir;
68      } else if(game_display[ball_y+ball_y_dir][ball_x+ball_x_dir]==1) {
69              if(ball_y != 7)
70                game_display[ball_y+ball_y_dir][ball_x+ball_x_dir]=0;
71              ball_y_dir=-ball_y_dir;
72              ball_x_dir=-ball_x_dir;
73      }
74      game_display[ball_y][ball_x] = 1;
75    }
```

28 : enum 상수를 추가합니다. 게임이 진행 중임을 나타내는 PLAY, 게임 실패를 나타내는 LOSE, 게임 성공을 나타내는 WIN 상수를 추가합니다.

29 : 게임의 상태를 저장하기 위한 game_state 변수를 선언하고 PLAY 상수로 초기화합니다.

38 : 게임의 상태가 PLAY가 아닌 경우, 즉, LOSE 또는 WIN 상태인 경우에는 공의 상태를 변경할 필요가 없기 때문에 ball_move 함수를 빠져나갑니다.

51 : 공의 Y 축에 대한 위치가 8보다 크거나 같고(즉, Y 축에 대한 위치가 8일 경우)

52 : 해당 위치 값이 1로 설정되어 있으면

53 : 공의 Y 축 위치 값을 공의 진행 반대 방향으로 2칸을 후퇴시킵니다. 이렇게 하면 채에 공이 튄 것처럼 표시됩니다.

54 : 공의 이동 방향을 바꿉니다.

55 : 그렇지 않을 경우, 즉, 공의 Y 축 위치 값이 8인 상태에서 해당 위치에 채가 없으면

56 : 게임의 상태를 LOSE로 설정하고

57 : ball_move 함수를 빠져 나갑니다. 이후에는 38번째 줄에 의해서 ball_move 함수가 수행되지 않습니다.

03 다음과 같이 draw 함수를 수정합니다.

```
78      void draw() {
79        if(game_state==PLAY) DotMatrix.draw(game_display);
80        else if(game_state==LOSE) DotMatrix.draw(game_lose);
81      }
```

79 : 게임 상태가 PLAY이면 게임 수행 화면을 그리고
80 : 그렇지 않고 게임 상태가 LOSE이면 게임 실패 화면을 그립니다.

04 컴파일과 업로드를 수행합니다.

05 결과를 확인합니다.

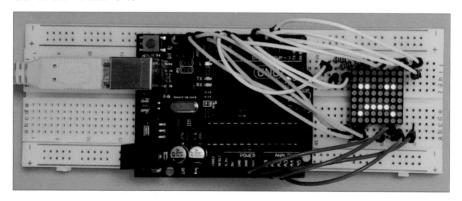

공이 채가 아닌 바닥에 닿을 경우 게임이 끝나면서 게임 실패 화면이 표시됩니다.

03 _ 가변 저항 추가하기

이제 채를 움직여볼 준비를 합니다. 채를 움직이기 위해 가변 저항을 추가합니다. 가변 저항을 추가한 후, 일단 가변 저항 값을 읽어봅니다.

01 다음과 같이 회로를 구성합니다.

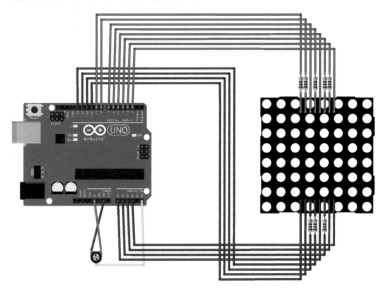

가변 저항을 그림과 같이 추가합니다. 가변 저항의 한 쪽 끝을 5V, 다른 쪽 끝을 0V, 중간 핀을 A5 핀으로 연결합니다.

다음 사진을 참조합니다.

02 setup 함수 바로 위에 다음 부분을 추가합니다.

```
673_0.ino
84        int bar_x = 4;
85        const int bar_y = 8;
86
87        void bar_move() {
88
89
90        }
```

84   : 채의 X 축 위치 값을 저장하기 위한 변수 bar_x를 선언하고 4로 초기화합니다.
85   : 채의 Y 축 위치 값을 저장하기 위한 상수 bar_y를 선언하고 8로 초기화합니다.
87~90 : bar_move 함수를 정의합니다. 일단 빈 함수로 정의합니다.

03 다음과 같이 loop 함수를 수정합니다.

```
673_0.ino
97        void loop() {
98          bar_move();
99          nDelayGame.run();
100         nDelayDraw.run();
101       }
```

98 : bar_move 함수를 호출합니다.

04 다음과 같이 setup 함수를 수정합니다.

```
673_0.ino
92        void setup() {
93          DotMatrix.init();
94          Serial.begin(115200);
95        }
```

94 : Serial.begin 함수를 호출하여 시리얼 통신 속도를 115200으로 초기화합니다.

05 다음과 같이 bar_move 함수를 수정합니다.

```
673_0.ino
87        void bar_move() {
88         int analogValue = analogRead(A5);
89         Serial.println(analogValue);
90        }
```

88 : analogRead 함수를 호출하여 A5번 핀의 값을 읽은 후, analogValue 변수에 저장합니다.
89 : Serial.println 함수를 호출하여 analogValue 변수 값을 출력합니다.

06 컴파일과 업로드를 수행합니다.

07 결과를 확인합니다. 가변저항의 손잡이를 움직임에 따라 0~1023 사이의 값이 출력되는 것을 확인합니다.

0	668	1023
0	668	1023
0	668	1023
0	668	1023
0	668	1023

04 _ 가변 저항 값 매핑하기

여기서는 0~1023 사이의 가변 저항 값이 도트 매트릭스 X 축의 1~8 값에 대응되도록 합니다. 가변 저항의 손잡이를 움직임에 따라 채는 도트 매트릭스 X 축의 1~8 사이에 있어야 하기 때문입니다.

01 다음과 같이 예제를 수정합니다.

674_0.ino

```
87      void bar_move() {
88        int analogValue = analogRead(A5);
89        //Serial.println(analogValue);
90
91        static int prevAnalogValue = 0;
92
93        int new_bar_x = bar_x;
94
95        if(analogValue > prevAnalogValue+1024/8) {
96              prevAnalogValue = analogValue;
97              new_bar_x++;
98              if(new_bar_x>=7) new_bar_x = 7;
99              Serial.println(new_bar_x);
100       } else if(analogValue < prevAnalogValue-1024/8) {
101             prevAnalogValue = analogValue;
102             new_bar_x--;
103             if(new_bar_x<=2) new_bar_x = 2;
104             Serial.println(new_bar_x);
105       }
106
107       bar_x = new_bar_x;
108     }
```

89 : 주석 처리합니다.

91 : 가변 저항을 움직였는지 비교하기 위해 바로 전의 가변 저항 값이 필요합니다. prevAnalogValue 변수는 바로 전의 저항 값을 저장할 변수입니다. static 키워드를 붙이면 bar_move 함수를 수행 중이 아니더라도 변수가 존재할 수 있도록 합니다. 즉, 함수 바깥의 전역 변수와 같이 존재하지만 bar_move 함수 안에서만 접근할 수 있습니다. bar_move 함수만의 전역 변수로 생성됩니다.

93 : 현재의 bar_x 값을 변경하기 전에 new_bar_x 변수에 저장합니다.

95 : 새로 읽은 아날로그 값이 이전 아날로그 값보다 (1024/8) 보다 크다면(1024는 아날로그 입력의 정수 개수이며 8은 도트 매트릭스의 행의 LED 개수입니다.)

96 : 새로 읽은 아날로그 값을 바로 전 아날로그 값으로 저장하고

97 : new_bar_x 값을 1 증가시킵니다. 즉, 채의 이동이 한 칸 오른쪽으로 이동하게 됩니다.

98 : new_bar_x 값이 7 보다 크거나 같으면 7로 설정합니다. 채의 중심위치의 최대값은 7이 됩니다.

99 : Serial.println 함수를 호출하여 new_bar_x의 값을 출력해 봅니다.

100 : 새로 읽은 아날로그 값이 이전 아날로그 값보다 (1024/8) 보다 작다면

101 : 새로 읽은 아날로그 값을 바로 전 아날로그 값으로 저장하고

102 : new_bar_x 값을 1 감소시킵니다. 즉, 채의 이동이 한 칸 왼쪽으로 이동하게 됩니다.

103 : new_bar_x 값이 2 보다 작거나 같으면 2로 설정합니다. 채의 중심위치의 최소값은 2가 됩니다.

104 : Serial.println 함수를 호출하여 new_bar_x의 값을 출력해 봅니다.

107 : 새로 계산된 new_bar_x의 값을 bar_x 변수에 저장합니다.

02 컴파일과 업로드를 수행합니다.

03 결과를 확인합니다.

```
2
2
2
3
4
5
6
7
7
7
```

가변저항의 손잡이를 움직임에 따라 2~7 사이의 값이 출력되는 것을 확인합니다. 한 쪽 값이 나오지 않을 경우 반대 방향으로 가변저항의 손잡이를 돌리면 나오게 됩니다.

05 _ 채 움직이기

이제 채의 위치 값을 이용하여 채를 움직여 보도록 합니다.

01 다음과 같이 예제를 수정합니다.

`675_0.ino`

```
87      void bar_move() {
88
89        if(game_state!=PLAY) return;
90
91        int analogValue = analogRead(A5);
92        //Serial.println(analogValue);
93
94        static int prevAnalogValue = 0;
95
96        int new_bar_x = bar_x;
97
98        if(analogValue > prevAnalogValue+1024/8) {
99                prevAnalogValue = analogValue;
100               new_bar_x++;
101               if(new_bar_x>=7) new_bar_x = 7;
102               Serial.println(new_bar_x);
103       } else if(analogValue < prevAnalogValue-1024/8) {
104               prevAnalogValue = analogValue;
105               new_bar_x--;
106               if(new_bar_x<=2) new_bar_x = 2;
107               Serial.println(new_bar_x);
108       }
109
110       // bar_x = new_bar_x;
111       if(new_bar_x != bar_x) {
112               game_display[bar_y][bar_x] = 0;
113               game_display[bar_y][bar_x-1] = 0;
114               game_display[bar_y][bar_x+1] = 0;
115
116               bar_x = new_bar_x;
117
118               game_display[bar_y][bar_x] = 1;
119               game_display[bar_y][bar_x-1] = 1;
120               game_display[bar_y][bar_x+1] = 1;
121       }
122     }
```

89 : 게임의 상태가 PLAY가 아닌 경우. 즉, LOSE 또는 WIN 상태인 경우에는 채의 상태를 변경할 필요가 없기 때문에 bar_move 함수를 빠져나갑니다.

110 : 주석 처리합니다. 116번째 줄로 옮겨집니다.

111 : 새로운 채의 위치 값이 현재 채의 위치 값과 다르면

112~114 : 현재 채의 위치 값을 0으로 설정하여 채를 지우고

116 : 새로 계산된 채의 위치 값을 bar_x 변수에 저장하고

118~120 : 새로운 bar_x 값을 이용하여 새로 채를 그립니다.

02 컴파일과 업로드를 수행합니다.

03 결과를 확인합니다.

가변저항의 손잡이를 움직임에 따라 도트 매트릭스 상에서 채가 움직이는 것을 확인합니다. 채가 한쪽 방향으로 움직이지 않을 경우 반대 방향으로 끝까지 움직이면 움직이고자 하는 방향으로 움직일수 있습니다.

06 _ 게임 성공 화면 넣기

이제 블록을 모두 깰 경우 게임 성공을 표시할 수 있도록 합니다.

01 다음과 같이 슬픈 화면을 표시하기 위한 이차 배열을 추가합니다. game_lose 배열 다음 부분에추가합니다.

`676_0.ino`

```
28    const unsigned int game_win[1+8][1+8] = {
29    {-1, -1, -1, -1, -1, -1, -1, -1},
30    {-1, 0, 0, 0, 0, 0, 0, 0, 0},
31    {-1, 0, 0, 1, 0, 0, 1, 0, 0},
32    {-1, 0, 0, 1, 0, 0, 1, 0, 0},
33    {-1, 0, 0, 0, 0, 0, 0, 0, 0},
34    {-1, 0, 1, 0, 0, 0, 0, 1, 0},
35    {-1, 0, 0, 1, 1, 1, 1, 0, 0},
36    {-1, 0, 0, 0, 0, 0, 0, 0, 0},
37    {-1, 0, 0, 0, 0, 0, 0, 0, 0},
38    };
```

02 다음과 같이 예제를 수정합니다.

676_0.ino

```
40       enum {PLAY=0, LOSE, WIN};
41       int game_state = PLAY;
42
43       int ball_x = 4;
44       int ball_x_dir = 1;
45       int ball_y = 7;
46       int ball_y_dir = 1;
47
48       int how_many_bricks = 24;
49
50       void ball_move() {
51
52        if(game_state!=PLAY) return;
53
54        game_display[ball_y][ball_x] = 0;
55        ball_x += ball_x_dir;
56        if(ball_x>=8) {
57               ball_x=8;
58               ball_x_dir=-ball_x_dir;
59        }
60        if(ball_x<=1) {
61               ball_x=1;
62               ball_x_dir=-ball_x_dir;
63        }
64        ball_y += ball_y_dir;
65        if(ball_y>=8) {
66               if(game_display[ball_y][ball_x]==1) {
67                ball_y-=2*ball_y_dir;
68                ball_y_dir=-ball_y_dir;
69               } else {
70                game_state = LOSE;
71                return;
72               }
73        }
74        if(ball_y<=1) {
75               ball_y=1;
76               ball_y_dir=-ball_y_dir;
77        }
78        if(game_display[ball_y+ball_y_dir][ball_x]==1) {
79               if(ball_y != 7) {
80                game_display[ball_y+ball_y_dir][ball_x]=0;
81                how_many_bricks--;
82                if(how_many_bricks == 0) game_state = WIN;
83               }
```

```
84            ball_y_dir=-ball_y_dir;
85        } else if(game_display[ball_y+ball_y_dir][ball_x+ball_x_dir]==1) {
86            if(ball_y != 7) {
87                game_display[ball_y+ball_y_dir][ball_x+ball_x_dir]=0;
88                how_many_bricks--;
89                if(how_many_bricks == 0) game_state = WIN;
90            }
91            ball_y_dir=-ball_y_dir;
92            ball_x_dir=-ball_x_dir;
93        }
94        game_display[ball_y][ball_x] = 1;
95    }
```

48 : 깨야할 블록의 개수를 저장할 변수를 선언하고 24개로 설정합니다.

78 : 공이 이동할 위치의 값이 1이면, 즉 해당 위치에 블록이나 채가 있으면

79 : 공의 Y 축에 대한 위치가 7이 아니면

80 : 공이 이동할 위치의 값을 0으로 설정합니다. 이 경우 블록이 있는 위치의 값을 0으로 설정하여 블록이 깨진 것을 표시합니다.

81 : 블록의 개수를 하나 감소시킵니다.

82 : 블록의 개수가 0이면 게임의 상태를 WIN으로 표시합니다.

85 : 공이 대각선 방향으로 이동할 위치의 값이 1이면, 즉 해당 위치에 블록이나 채가 있으면

86 : 공의 Y 축에 대한 위치가 7이 아니면

87 : 공이 이동할 위치의 값을 0으로 설정합니다. 이 경우 블록이 있는 위치의 값을 0으로 설정하여 블록이 깨진 것을 표시합니다.

88 : 블록의 개수를 하나 감소시킵니다.

89 : 블록의 개수가 0이면 게임의 상태를 WIN으로 표시합니다.

03 다음과 같이 draw 함수를 수정합니다.

```
98     void draw() {
99        if(game_state==PLAY) DotMatrix.draw(game_display);
100       else if(game_state==LOSE) DotMatrix.draw(game_lose);
101       else if(game_state==WIN) DotMatrix.draw(game_win);
102    }
```

101 : game_state 값이 WIN이면 게임 성공 화면을 그리도록 합니다.

04 컴파일과 업로드를 수행합니다.

05 결과를 확인합니다.

07 _ 전체 소스 확인하기

지금까지 작성한 전체 소스는 다음과 같습니다.

677_0.ino

```
1    #include "NDelayFunc.h"
2    #include "DotMatrix.h"
3
4    unsigned int game_display[1+8][1+8] = {
5      {-1, -1, -1, -1, -1, -1, -1, -1},
6      {-1, 1, 1, 1, 1, 1, 1, 1, 1},
7      {-1, 1, 1, 1, 1, 1, 1, 1, 1},
8      {-1, 1, 1, 1, 1, 1, 1, 1, 1},
9      {-1, 0, 0, 0, 0, 0, 0, 0, 0},
10     {-1, 0, 0, 0, 0, 0, 0, 0, 0},
11     {-1, 0, 0, 0, 0, 0, 0, 0, 0},
12     {-1, 0, 0, 0, 1, 0, 0, 0, 0},
13     {-1, 0, 0, 1, 1, 1, 0, 0, 0},
14   };
15
16   unsigned int game_lose[1+8][1+8] = {
17     {-1, -1, -1, -1, -1, -1, -1, -1},
18     {-1, 0, 0, 0, 0, 0, 0, 0, 0},
19     {-1, 0, 0, 0, 0, 0, 0, 0, 0},
20     {-1, 0, 1, 1, 0, 0, 1, 1, 0},
21     {-1, 0, 0, 0, 0, 0, 0, 0, 0},
22     {-1, 0, 0, 0, 0, 0, 0, 0, 0},
23     {-1, 0, 0, 1, 1, 1, 1, 0, 0},
```

```
24        {-1, 0, 1, 0, 0, 0, 0, 1, 0},
25        {-1, 0, 0, 0, 0, 0, 0, 0, 0},
26    };
27
28    unsigned int game_win[1+8][1+8] = {
29        {-1, -1, -1, -1, -1, -1, -1, -1},
30        {-1, 0, 0, 0, 0, 0, 0, 0, 0},
31        {-1, 0, 0, 1, 0, 0, 1, 0, 0},
32        {-1, 0, 0, 1, 0, 0, 1, 0, 0},
33        {-1, 0, 0, 0, 0, 0, 0, 0, 0},
34        {-1, 0, 1, 0, 0, 0, 0, 1, 0},
35        {-1, 0, 0, 1, 1, 1, 1, 0, 0},
36        {-1, 0, 0, 0, 0, 0, 0, 0, 0},
37        {-1, 0, 0, 0, 0, 0, 0, 0, 0},
38    };
39
40    enum {PLAY=0, LOSE, WIN};
41    int game_state = PLAY;
42
43    int ball_x = 4;
44    int ball_x_dir = 1;
45    int ball_y = 7;
46    int ball_y_dir = 1;
47
48    int how_many_bricks = 24;
49
50    void ball_move() {
51
52      if(game_state!=PLAY) return;
53
54      game_display[ball_y][ball_x] = 0;
55      ball_x += ball_x_dir;
56      if(ball_x>=8) {
57              ball_x=8;
58              ball_x_dir=-ball_x_dir;
59      }
60      if(ball_x<=1) {
61              ball_x=1;
62              ball_x_dir=-ball_x_dir;
63      }
64      ball_y += ball_y_dir;
65      if(ball_y>=8) {
66              if(game_display[ball_y][ball_x]==1) {
67              ball_y-=2*ball_y_dir;
68              ball_y_dir=-ball_y_dir;
69              } else {
70              game_state = LOSE;
71              return;
```

```
72                     }
73              }
74         if(ball_y<=1) {
75                 ball_y=1;
76                 ball_y_dir=-ball_y_dir;
77         }
78         if(game_display[ball_y+ball_y_dir][ball_x]==1) {
79                 if(ball_y != 7) {
80                  game_display[ball_y+ball_y_dir][ball_x]=0;
81                  how_many_bricks--;
82                  if(how_many_bricks == 0) game_state = WIN;
83                 }
84                 ball_y_dir=-ball_y_dir;
85         } else if(game_display[ball_y+ball_y_dir][ball_x+ball_x_dir]==1) {
86                 if(ball_y != 7) {
87                  game_display[ball_y+ball_y_dir][ball_x+ball_x_dir]=0;
88                  how_many_bricks--;
89                  if(how_many_bricks == 0) game_state = WIN;
90                 }
91                 ball_y_dir=-ball_y_dir;
92                 ball_x_dir=-ball_x_dir;
93         }
94         game_display[ball_y][ball_x] = 1;
95     }
96     NDelayFunc nDelayGame(500, ball_move);
97
98     void draw() {
99      if(game_state==PLAY) DotMatrix.draw(game_display);
100     else if(game_state==LOSE) DotMatrix.draw(game_lose);
101     else if(game_state==WIN) DotMatrix.draw(game_win);
102     }
103    NDelayFunc nDelayDraw(1, draw);
104
105    int bar_x = 4;
106    const int bar_y = 8;
107
108    void bar_move() {
109
110     if(game_state!=PLAY) return;
111
112     int analogValue = analogRead(A5);
113     //Serial.println(analogValue);
114
115     static int prevAnalogValue = 0;
116
117     int new_bar_x = bar_x;
118
119     if(analogValue > prevAnalogValue+1024/8) {
```

```
120         prevAnalogValue = analogValue;
121         new_bar_x++;
122         if(new_bar_x>=7) new_bar_x = 7;
123         Serial.println(new_bar_x);
124     } else if(analogValue < prevAnalogValue-1024/8) {
125         prevAnalogValue = analogValue;
126         new_bar_x--;
127         if(new_bar_x<=2) new_bar_x = 2;
128         Serial.println(new_bar_x);
129     }
130
131 // bar_x = new_bar_x;
132   if(new_bar_x != bar_x) {
133         game_display[bar_y][bar_x] = 0;
134         game_display[bar_y][bar_x-1] = 0;
135         game_display[bar_y][bar_x+1] = 0;
136
137         bar_x = new_bar_x;
138
139         game_display[bar_y][bar_x] = 1;
140         game_display[bar_y][bar_x-1] = 1;
141         game_display[bar_y][bar_x+1] = 1;
142     }
143   }
144
145 void setup() {
146   DotMatrix.init();
147   Serial.begin(115200);
148 }
149
150 void loop() {
151   bar_move();
152   nDelayGame.run();
153   nDelayDraw.run();
154 }
```

이상에서 도트 매트릭스를 이용한 블록 깨기 게임을 작성해 보았습니다. 여러분은 같은 방식으로 탁구 게임, 장애물 피하기 게임, 슈팅 게임 등을 만들어 볼 수 있습니다.

아두이노 자율주행 RC카 소개

여기서는 아두이노 자율주행 RC카에 대해 소개합니다. 이 책을 통해 아두이노에 익숙해지셨다면 아두이노 자율주행 RC카를 이용하여 프로젝트를 수행해 보시기 바랍니다.

01 _ 아두이노 쉴드 핀 살펴보기

다음은 아두이노 쉴드입니다. 아두이노는 이 쉴드를 통해서 아두이노 자율주행 RC 카의 DC 모터 제어, 서보 모터 제어, LED 제어, 부저 제어, 초음파 센서 연결, 빛 센서 입력, 블루투스 모듈 연결을 하게 됩니다. 아두이노 쉴드에는 각 부품이 연결된 아두이노 핀을 표시하고 있습니다. 예를 들어 부저 핀은 아두이노 17번 핀에 연결되어 있고, 빛 센서는 A0 핀에 연결되어 있습니다.

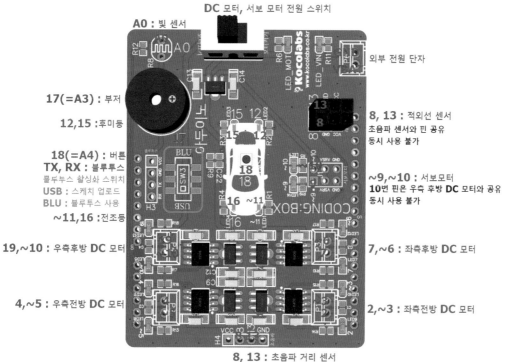

DC 모터, 서보 모터 전원 스위치

A0 : 빛 센서

외부 전원 단자

17(=A3) : 부저

12,15 : 후미등

8, 13 : 적외선 센서
초음파 센서와 핀 공유
동시 사용 불가

18(=A4) : 버튼
TX, RX : 블루투스
블루투스 활성화 스위치
USB : 스케치 업로드
BLU : 블루투스 사용

~9,~10 : 서보모터
10번 핀은 우측 후방 DC 모터와 공유
동시 사용 불가

~11,16 : 전조등

19,~10 : 우측후방 DC 모터

7,~6 : 좌측후방 DC 모터

4,~5 : 우측전방 DC 모터

2,~3 : 좌측전방 DC 모터

8, 13 : 초음파 거리 센서
8 : Trig, 13 : Echo

02 _ RC카 모듈 테스트 스케치 소개

여기서는 아두이노 자율주행 RC카 부품이 제대로 동작하는지 확인하는 테스트 스케치를 소개 합니다.

02-1 LED 테스트

_01_led_test

```
1 : const int leds[] = {15,12,11,16};
2 :
3 : void setup() {
4 : for(int i =0;i <sizeof(leds)/sizeof(leds[0]);i ++)
5 : pinMode(leds[i], OUTPUT);
6 : }
7 :
8 : void loop() {
9 : for(int i =0;i <sizeof(leds)/sizeof(leds[0]);i ++) {
10 : digitalWrite(leds[i], HIGH);
11 : delay(500);
12 : }
13 : for(int i =0;i <sizeof(leds)/sizeof(leds[0]);i ++) {
14 : digitalWrite(leds[i], LOW);
15 : delay(500);
16 : }
17 : }
```

소스 업로드 시 슬라이드 스위치를 USB 모드로 변경합니다. USB 모드로 변경해야 스케치 업로드를 수행할 수 있습니다. BLU 모드는 블루투스 모듈을 사용할 경우에 사용합니다.

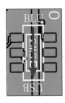

보드 위에 있는 자동차 그림의 전조등, 후미등을 나타내는 LED가 점등되는 것을 확인합니다.

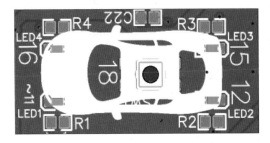

02-2 버튼 테스트

_02_button_test

```
 1 : const int buttons[] = {18};
 2 :
 3 : void setup() {
 4 : for(int i =0;i <sizeof(buttons)/sizeof(buttons[0]);i ++)
 5 : pinMode(buttons[i], INPUT);
 6 :
 7 : Serial.begin(115200);
 8 : }
 9 :
10 : void loop() {
11 : for(int i =0;i <sizeof(buttons)/sizeof(buttons[0]);i ++) {
12 : Serial.print(digitalRead(buttons[i]));
13 : }
14 : Serial.println();
15 : }
```

버튼 테스트는 자동차 그림 가운데 있는 버튼을 눌러 보면서 수행합니다.

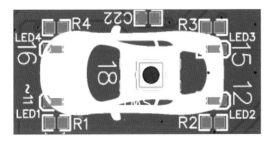

버튼 테스트는 시리얼 모니터를 이용하여 결과를 확인합니다. 아두이노 IDE 우측 상단에 있는 돋보기 모양의 아이콘을 누르면 시리얼 모니터를 띄울 수 있습니다.

시리얼 통신 속도는 115200으로 맞추어 줍니다.

115200 보드레이트 ∨   출력 지우기

02-3 부저 테스트

```
1 : const int buzzer =17;
2 : int howMany =1000;
3 :
4 : void setup() {
5 : pinMode(buzzer, OUTPUT);
6 : }
7 :
8 : void loop() {
9 : if(howMany >0) {
10 : howMany --;
11 :
12 : digitalWrite(buzzer, HIGH);
13 : delay(1);
14 : digitalWrite(buzzer, LOW);
15 : delay(1);
16 :
17 : }
18 : }
```

부저를 테스트 합니다. 다음 부분에서 고음의 소리가 2초간 납니다.

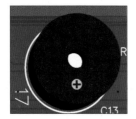

02-4 Cds 빛센서 테스트

```
1 : const int cds = A0;
2 :
3 : void setup() {
4 : Serial.begin(115200);
5 : }
6 :
7 : void loop() {
8 : Serial.println(analogRead(cds));
9 : delay(100);
10 : }
```

Cds는 빛의 세기를 감지하는 센서입니다. 빛의 세기가 크면 숫자가 크게 표시됩니다.
Cds 센서의 경우도 시리얼 모니터를 이용하여 결과를 확인합니다.

다음 부분에 있는 빛 센서를 빛을 가려가면서 테스트를 수행해 봅니다.

02-5 DC 모터 테스트

`_05_dc_test`

```
1 : const int dcMotors[] = {2,3,4,5,7,6,19,10};
2 : const int forward[] = {HIGH,LOW,HIGH,LOW,HIGH,LOW,HIGH,LOW};
3 : const int backward[] = {LOW,HIGH,LOW,HIGH,LOW,HIGH,LOW,HIGH};
4 : const int STOP[] = {LOW,LOW,LOW,LOW,LOW,LOW,LOW,LOW};
5 :
6 : void setup() {
7 : for(int i =0;i <sizeof(dcMotors)/sizeof(dcMotors[0]);i ++)
8 : pinMode(dcMotors[i], OUTPUT);
9 : }
10 :
11 : void loop() {
12 : for(int i =0;i <sizeof(dcMotors)/sizeof(dcMotors[0]);i ++)
13 : digitalWrite(dcMotors[i], forward[i]);
14 : delay(1000);
15 :
16 : for(int i =0;i <sizeof(dcMotors)/sizeof(dcMotors[0]);i ++)
17 : digitalWrite(dcMotors[i], STOP[i]);
18 : delay(500);
19 :
20 : for(int i =0;i <sizeof(dcMotors)/sizeof(dcMotors[0]);i ++)
21 : digitalWrite(dcMotors[i], backward[i]);
22 : delay(1000);
23 :
24 : for(int i =0;i <sizeof(dcMotors)/sizeof(dcMotors[0]);i ++)
25 : digitalWrite(dcMotors[i], STOP[i]);
26 : delay(500);
27 : }
```

DC 모터의 전진 후진 테스트를 수행합니다. DC 모터의 경우 배터리 전원을 사용합니다. 배터리 연결 후, 다음 스위치를 [모터켜기] 방향으로 이동시켜 줍니다.

02-6 서보 모터 테스트

_06_servo_test

```
1 : #include <Servo.h >
2 :
3 : Servo myservo[2];
4 :
5 : int pos =0;
6 :
7 : void setup() {
8 : myservo[0].attach(9);
9 : myservo[1].attach(10);
10 : }
11 :
12 : void loop() {
13 : for (pos =0; pos <=180; pos +=1) {
14 : myservo[0].write(pos);
15 : myservo[1].write(pos);
16 : delay(15);
17 : }
18 : for (pos =180; pos >=0; pos -=1) {
19 : myservo[0].write(pos);
20 : myservo[1].write(pos);
21 : delay(15);
22 : }
23 : }
```

서보를 동작합니다. 서보 모터의 경우 배터리 전원을 사용합니다. 배터리 연결 후, 다음 스위치를 [모터켜기] 방향으로 이동시켜 줍니다.

02-7 초음파 센서 테스트

_07_hc_sr04_test

```
1 : const int trigPin =8;
2 : const int echoPin =13;
3 :
4 : long duration;
5 : int distance;
6 :
7 : void setup() {
8 : pinMode(trigPin, OUTPUT);
9 : pinMode(echoPin, INPUT);
10 : Serial.begin(9600);
11 : }
12 :
13 : void loop() {
14 : digitalWrite(trigPin, LOW);
15 : delayMicroseconds(2);
16 :
17 : digitalWrite(trigPin, HIGH);
18 : delayMicroseconds(10);
19 : digitalWrite(trigPin, LOW);
20 :
21 : duration = pulseIn(echoPin, HIGH);
22 :
23 : distance = duration *0.034 /2;
24 :
25 : Serial.print( "Distance:  " );
26 : Serial.println(distance);
27 : }
```

초음파 센서를 이용하어 거리를 감지합니다. 측정 거리가 cM 단위로 표시됩니다.

초음파 센서의 경우도 시리얼 모니터를 이용하여 결과를 확인합니다.

NODE MCU(ESP32) 드론 키트

특 장 점

❶ ESP 32 NODE 보드 사용

Dual-core 32-bit LX6 microprocessor ESP32를 FC(Flight Control)로 활용하여 처리 속도가 상당히 빨라 드론제어가 용이함

❷ 드론코딩의 이해

자이로 센서 값을 읽고 모터속도를 조정함으로써 드론 코딩의 원리를 손쉽게 이해할 수 있으며, 코드를 직접 코딩할 수 있어 순수 드론 코드로 자율비행이 가능하게 제작

❸ D.I.Y. 제품

직접 조립하고 코딩할 수 있어 나만의 드론 제작이 가능

❹ 모바일 조종

Kocolabs Drone

모바일 앱을 통한 드론 조종기능 추가

❺ 5. PID제어기 장착

드론 PID제어를 위한 블록타입의 제어기 제공

❻ 특강 시 강사 파견

기관에서 원하는 교육시간으로 시간에 알맞은 커리큘럼과 교육을 제공

코코랩스
www.kocolabs.co.kr

소비자 상담실 **T.** 031-319-0768 **F.** 031-8039-4023   교육 상담실 **T.** 070-8623-1203(박찬호 부장)